生活経済学

重川純子

（改訂新版）生活経済学（'20）

©2020　重川純子

装丁・ブックデザイン：畑中　猛

s-65

学習のガイダンス：まえがきにかえて

　シェアリングエコノミーやキャッシュレス，フィンテックなど，働き方や消費の仕方，支払い，金融などにおいて，生活経済に関わる新しい動きが急速に広がりつつある。長寿化，非婚化，ひとり暮らしの増加など，生活する側も変わりつつあるが，様々な欲求を充足するために収入を得て，支出をし，お金を貯めたり，借りたり，それらを管理する活動が必要であることは変わらない。意識的に管理，計画する必要性は一層高まっている。

　本書/本講義を通して，自分自身の家計管理や生活設計を考えるとともに，自分自身の生活，さらに社会の中でともに暮らす様々な人の生活を視野に入れて，各個人の生活が保障され，ゆたかさを実感できるための社会保障制度やその他の生活経済に関する制度や仕組みのあり方について考えていただきたい。

本書の構成

　まず，第1章において，本書/本講義全体に関わる，経済，生活のゆたかさのとらえ方，経済社会における家計の位置づけを確認する。第2章では，家計実態をとらえていくために必要な家計に関する基本概念，家計統計の概要について取り上げる。第3章では，家計統計を資料に，第二次世界大戦後の貨幣を媒介とする生活の変化をあとづける。

　第4章では，家計に関する長期的な計画を含む生活設計の考え方，方法を概説する。第5章から第9章では，家計の構成要素である収入や支出，貯蓄や借金について取り上げている。

　第10章，第11章では，個人を単位として家族の中の経済関係を取り

上げる。家計をとらえる場合，世帯を1つの単位として捉えることが一般的であるが，第10章では，妻と夫，第11章では親と子について取り上げる。家計の観点から，結婚や子育て，親の介護などのライフイベントについても取り上げている。

　第12章では高齢期の経済生活の実態と課題を考える。長寿化が進展し，長くなった高齢期に対し，経済生活面での不安感が高くなっているが，高齢期の家計実態とともに，社会保障などの制度の異なる2つの国との比較から日本の高齢者の生活の課題について考える。

　第13章，第14章では，家計の外部環境として，民間の非営利組織（NPO）と自然環境を取り上げ，日常的な経済生活との関わりを取り上げる。第13章では，経済主体の1つ（第1章参照）であるNPOと家計の関わりをお金と時間を中心に取り上げる。第14章では，自然環境と経済生活の関わりについて取り上げる。全世界的な取組であるSDGsには多くの環境に関わるテーマが設定されている。生活による環境負荷の現状を確認し，環境政策や制度とともに，日々の経済活動における貢献について考える。

　最終章の第15章では，生活経済に関する教育を取り上げる。近年，生活の経済活動に関わる教育が積極的に推進されている。このような教育が推進される背景と教育の内容を取り上げながら，本書/本講義の全体的な総括を行う。（次頁の図参照）

経済活動

　本書では，貨幣を用いた活動だけでなく，貨幣によらない活動も視野に入れて取り上げる。

　生活は，基本的な生命維持に関わるものから自己実現まで様々なレベルの欲求を充足する過程である。そのために，必要な生活資源を調達し，

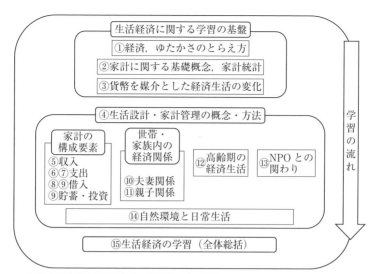

本書/本講義の学習内容（番号は章番号）

時には加工を加えたりする経済活動を行っている。現代社会では，これらの活動を貨幣を用いて行うことが多いが，自分や家庭で生産したり，誰かと交換したり，もらったり，あげたり，貨幣を用いず調達することもある。また，行政により提供される財やサービスのあり方により各個人の支出の必要性が異なる。飲料水の調達に，水道水からの水やペットボトルなどの水を利用する場合にはお金が必要であるが，無料で近くにある湧き水を生態系の循環を乱さない範囲で利用する場合もある。自然，人工的含め近くに安全に飲める水がない場合には，時間をかけて遠くまで水を調達に出かけなければならない。

　個人あるいは世帯の経済活動において，貨幣量で表される部分が家計である。本書の多くの章では「家計調査」などの結果により家計実態を取り上げる。例えば，同じ広さの住宅の家賃（月額）について，Aさんは1万円，Bさんは7万円，保育サービス費用（月額）について，Aさ

んは完全無償化，Bさんは3万円の場合を考えてみよう。Bさんの支出額はAさんより9万円多い。多くお金がかかるBさんは多くのお金を稼ぐように努め，Aさんより9万円多く稼げたとして，支出額や収入額の大きさから判断して，ゆたかな生活といえるだろうか。上記のような背景状況を踏まえながら，家計の金額の大きさを吟味することが必要である。

　なお，本書は，『生活経済学』（2016年）をもとに，改訂をおこなったものである。

2019年10月

重川純子

目次

1 | 生活の経済

《目標＆ポイント》　日々の生活の営みの中で行っている経済活動について考える。個々人の生活における貨幣以外の部分も含む生活の経済的側面のとらえ方について検討し，生活のゆたかさについて考える。
《キーワード》　生活，経済，市場と非市場，家計，経済主体，生活指標

1．生活と経済

　「生活」とは，人が日々行っている営みそのものである。松原治郎は次の3つの次元から生活をとらえている［松原，1973：105-110］。①：「生命」を維持し，「生存」していくこと。単に，生存のための食料を得ることを意味するものではなく，健康維持に必要な自然環境の保全，公害・交通事故・災害等の不安からの解放，環境衛生や医療条件の確保等も含まれる。②：よりゆたかに，より効率的に「生計」が営めること。所得や消費の大きさだけでなく，所得を得る一手段である職業生活を快適にすることや消費を行う購入環境の整備等も含まれている。③：「人生」や「生涯」をゆたかに過ごせること。今現在のゆたかさだけでなく，時間的観念を含む。生活とは，「生命の維持」から「生涯を通じたゆたかさ」まで様々な欲求を充足させる過程である。欲求充足のために生活資源が用いられる。生活資源には，衣食住に用いる物資だけでなく，貨幣，時間，能力，人間関係，情報，利用可能な空間や施設など，生活を営むために用いることができる様々な内容が含まれる。

　本章の学習目標に示した「日々の生活の営みの中で行っている経済活動」というフレーズからどのような行為が想起されるだろうか。生活のために必要な様々な財やサービスを貨幣を媒介として手に入れることが多く，「経済」という言葉は貨幣と重ねて意識されることが多い。

　経済人類学者のカール・ポランニー［1980：58-87］は，経済的（エコノミック）という言葉の意味には互いに共通性を持たない 2 つの根源がある，と指摘している。第 1 の意味は，目的―手段の関係（目的とそれを実現するための手段との関係）の中で，手段をできるだけ利用し，利潤の最大化を図ることであり，論理的な性質の形式的な意味である。「手段をできるだけ利用」は，手段の不足によって選択が引き起こされるという状況，つまり「稀少」であることと関係する。第 2 の意味は，人間は生活のために自然およびその仲間に依存している，という事実を指しており，人間の生活に即した実体＝実在的な意味である。人間は，自分自身と自然環境の間の制度化された相互作用[1]のおかげで生きながらえる，その過程が経済であり，経済は人間が物質的欲求を満たす手段を提供する，としている。ポランニーは，主流派経済学において「形式的意味が経済の意味として定着し，稀少性による制約を必ずしも受けない意味づけ，すなわちより伝統的だが一見平凡な「実体＝実在的であること」の意味は学問上の地位を失って，忘れ去られてしまった」と指摘している［同上：67］。「経済」という言葉を形式的意味を超えて用いる場合，「包括経済」，「経済の全体像」のように言葉が加えられることもある。例えば，ベルナルド・リエターは，貨幣による取引である市場を土台とした競争経済と信頼やネットワークなどの社会関係に基づく協働経済を合わせて「経済の全体像」と呼んでいる［リエター，2000：168］。次節では，これらの考え方に沿った経済の構造のとらえ方を 3 つ取り上げる。

2. 生活の経済の構造

生命系の経済学―経済の構造―

　国の経済状況を示す指標の1つである GNP（国民総生産）や GDP（国内総生産)[2) の大きさが，必ずしも一人ひとりのゆたかさを示すものではないことは，以前から指摘されていた。石見［1990：317］は，「批判の多い GNP 指標にかわって，人格を持った人間としてのニーズ，環境，資源，地球のすべての生命との共存などを基準とした主体的な指標の確立と，それを実現し保障する政策と運動を具体的に提示する経済学」として「生命系の経済学」を紹介している。

　この「生命系の経済学」の立場で書かれている同名の書『生命系の経済学』の執筆者であるヘーゼル・ヘンダーソンらは，経済の構造を示し，

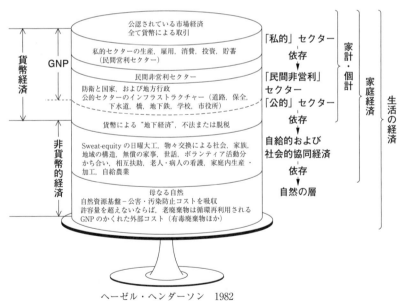

ヘーゼル・ヘンダーソン　1982

ヘーゼル・ヘンダーソンほか（1990）『実質的意味のない諸指標』，ポール・エキンズ編著，『生命系の経済学』御茶の水書房，p.41 に加筆・削除を行った。「家計」・「個計」，「家庭経済」，「生活の経済」については，御船美智子（2000）『生活者の経済』放送大学教育振興会より一部改変して引用。

図 1-1　経済の構造

GNP 等の経済統計で捕捉される部分はその 1 部であることを指摘している（図1-1，ただし一部筆者加筆）。同図では，経済の構造を 3 層のケーキになぞらえ，「貨幣経済の層」，家事労働，自家消費用の農作物生産，ボランティア活動，物々交換，相互扶助など「自給的および社会的協同経済3) の層」，物やエネルギーの資源であるとともに排出物を吸収する機能も果たしている「自然の層」の 3 つに区分している。貨幣経済の層は GNP 等の経済統計で捕捉される取引が主な部分であるが，このほかに経済統計には捕捉されない不法な貨幣取引部分を含んでいる。GNP は「私的セクター（民間営利セクター）」，「私的セクター（民間非営利セクターの市場取引部分）4)」，「公的セクター」の生産量の合計である。

　ヘンダーソンの共同執筆者であるポール・スパローの試算では，経済の構造の全体の中で，GNP 以外（「地下経済」，「自給的および社会的協同経済」，「自然」の合計）の生産価値は GNP の約 60 ％に相当する（元々貨幣による取引が行われていない活動に金銭価値を割り当てることの問題5) はあるが，GNP 以外の部分の規模の概略を示すため，との断り書き付きで数値が示されている）。労働時間により，市場活動（貨幣経済に関わる労働時間，例えば雇用労働の時間）と非市場活動（それ以外の労働時間，例えば家事労働時間）の関与状況を把握すると，OECD 28 カ国の平均では，市場活動が 54 ％，非市場活動が 46 ％を占め，ほぼ同程度の時間をそれぞれの活動にあてている（日本は市場 71 ％，非市場 29 ％と市場割合が高い）6)。

　「貨幣経済の層」，「自給的および社会的協同経済の層」，「自然の層」3 層すべてが経済であり，GNP で表される部分は経済活動の一部分，雇用先から収入を得て，得た収入を消費したり，投資，貯蓄することは，さらにその一部分である。また，図に示されているように，上の層はその下位の層に依存しており，自然の層は，「GNP」，「自給的および社会

的協同経済」に影響を及ぼす。貨幣により行われる私的な消費や貯蓄は
「公的セクター」以下の層の影響を受けることになる。

　御船［1996：232-234, 2000：44-45］は，生活の主体である個人あるいは一緒に暮らし日常生活を共にする世帯の経済活動を経済の構造との対応関係からとらえ，地下経済を除く貨幣経済の層に対応する部分を「個計」・「家計」，それに自給的および社会的協同経済に対応する部分を加えたものを「家庭経済」，経済の構造全体に対応するものを「生活者の経済」または「家庭生活の経済」と整理している。本書では，個人の生活あるいは世帯での生活における経済活動の全体を「生活経済」とする。

ドーナツ経済

　図 1-2 は，限りある資源の範囲内で，すべての人が人間的な生活を営める─尊厳を持ち，機会が与えられ，コミュニティの中で暮らせる─よ

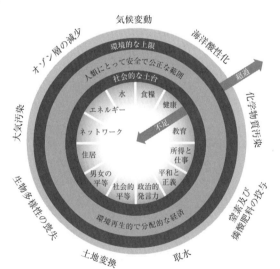

ドーナツ──21 世紀のコンパス。人類の幸福の社会的な土台と地球の環境的な上限の間が，人類にとってもっとも安全で公正な範囲になる。
出典：ケイト・ラワース『ドーナツ経済学が世界を救う』（2018）p.56

図 1-2　ドーナツ経済学の概念図

うにすることを目指す経済や社会のシステムをわかりやすく示したドーナツ経済の図である［ラワース，2018］。ケイト・ラワースは，現在の社会の問題解決，将来に期待する社会像を検討する中で，これまでの主流的な経済学の枠組みを超えて，この図を構想しており，先に取り上げたポランニーやヘンダーソンらの考え方とも共通している。副題としてSeven ways to think like a 21st-century economist が付されており，新しい時代の経済学を考えるため，以下の 7 つの視点が示されている；目標を変える，全体を見る，人間性を育む，システムに精通する，分配を設計する，環境再生を創造する，成長にこだわらない。目指す社会像について，社会的な土台として，国連の持続可能な開発目標（第 14 章コラム参照）で社会の優先課題として取り上げられている 12 の基本項目—食糧，健康，教育，所得と仕事，平和と正義，政治的発言力，社会的平等，男女の平等，住居，ネットワーク，エネルギー，水—をあげ，それらを適正に確保できる状況を保ち，かつ，すべての活動の土台となる大気，土壌，水環境，生物多様性などを損なわないような環境的上限の中での暮らしが可能，としている。環境的な上限の外側の項目は地球システム科学の国際環境グループによって提案された項目である。内側，外側の各項目について，過不足を計る具体的な指標を決め，どの程度過不足が生じているかを濃淡をつけて表すことができるようにしている［前掲：62, 335-340］。

包括経済モデル

　図 1-3 には，ジョン・フリードマンによる市場経済と非市場経済を含む包括経済モデルを示している。フリードマンは，開発途上国の貧困問題を解決するための経済成長（GNP の増加）の推進を目指す開発ではない，オルタナティブな開発（alternative development）の研究者・実践

者である。包括経済モデルは，経済を先に示したポランニーの「人間の生活に即した実体＝実在的な意味」でとらえた枠組みである。世帯を消費の場としてではなく，「いのちと暮らしの糧の生産における出発点」ととらえ，世帯の生産活動に注目している。ここでの世帯とは「同じ屋根の下に住み，同じ釜の飯を食べる人々の同居集団」である。「世帯経済を媒介として，いのちを育み暮らしを営むための生産に関わる市場関係および非市場関係を示すモデル」として包括経済モデルを提示している［フリードマン，1995：28］。このモデルでは，非市場関係として「市民社会」が配置されている。また，時間を世帯の基本的な資源と指摘している。フリードマンは社会行動の領域として市民社会，市場（企業経済），国家，政治コミュニティの4領域をあげ，世帯の資源である時間の配分先はその4領域へ向けられている。包括経済モデルでは，市

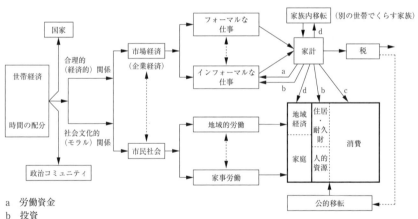

a　労働資金
b　投資
c　消費支出
d　自発的な貢献と社会義務
ジョン・フリードマン（1995）斎藤千宏・雨宮孝悦監訳『市民・政府・NGO』新評論，p.94に一部加筆，削除

図 1-3　包括経済モデル

場経済と市民社会に対する世帯の関係を示している。

　市場経済に配分された時間資源は，フォーマルな仕事とインフォーマルな仕事に向けられる。また，市民社会に配分された時間資源は地域的労働と家事労働に向けられる。フォーマルな仕事，インフォーマルな仕事から得られる貨幣が世帯の収入の源泉となる。このほかの収入の源泉として，別の世帯で暮らしている家族からの贈与（家族内移転）がある。図中の太枠で囲まれた部分は，「世帯の暮らしの糧の生産に投入されるもの」を示している。これは，貨幣による「世帯の支出」のほか，貨幣によらない「家事労働への時間の投入」，「地域の生産活動への時間の投入」で構成されている。包括経済モデルは，世帯の視点で，ヘンダーソンの経済の構造の「貨幣経済の層」と「自給的および社会的協同経済の層」を含む経済の枠組みを示したものである。

3.　社会の貨幣循環─国民経済と家計─

　貨幣経済は現代の経済の構造の一部分であるが，大きな位置を占めている。ここでは経済活動の中で貨幣が関わる部分を取り上げ，社会における貨幣の流れを概観する。図 1-4 には，家計と他の経済主体（企業，政府，民間非営利組織）間の貨幣の流れを示している。これらの主体により国民経済が構成されている。家計は，他の各主体へ労働力を提供し，賃金を得ている。民間非営利組織（NPO：Non-Profit Organization）に対しては，対価のある労働力だけでなく，無償のボランティアとしての労働力を提供する場合もある。

　このほか，家計と企業間では，家計は資本の提供を行い財産収入を得る，企業から商品として財やサービスを購入し代金を支払う関係がある。家計と政府・地方公共団体の関係としては，家計が税金や社会保険料を拠出し，政府・地方公共団体から公共サービスや社会保障給付を受

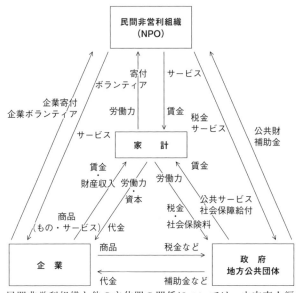

民間非営利組織と他の主体間の関係については，山内直人編
（1999）『NPO データブック』有斐閣，p.3 に一部追加。

図 1-4　貨幣の循環

け取っている（ただし，税金と公共サービス・社会保障給付の場合，社
会全体としてのおおよその対応[7)] はあるが，商品と代金のような個別
な対応関係にはない）。家計と NPO との関係では，家計から NPO への
寄付，NPO から家計へのサービスがある。このほか，家計以外の主体
間でも図に示すような関係がみられる。家計と企業の間には，労働市
場，商品市場（財・サービス市場）が存在し，それぞれの市場において
取引が行われている。家計から企業への資本提供は，株式や社債購入の
ように直接提供先を選ぶ場合（直接金融）と銀行などを通じて提供する
場合（間接金融）がある。これらは，金融市場で行われる。

　図 1-4 では，各主体内の取引は示していないが，それぞれの主体の中

にも貨幣の流れが存在する。家計間で，お祝いやお見舞いなどお金のやりとりは従来からあったが，近年，個人等が保有する活用可能な資産等を，他の個人等が活用できるようにする経済活動であるシェアリングエコノミーが広がりつつある（特に，インターネット上のマッチングプラットフォーム（仲介するサイト）を介する場合を指すことも多い）。仕事との境界が曖昧であるが，事業としてではなく，個人の持つ知識や技能，もの，場所などを活用し収入を得る（相手側は支出する）ことが増加する可能性も考えられる[8]。

　商品の購入については家計がその大きさと内容を決定するが，税金・社会保険料の拠出，公共サービス・社会保障給付の内容，大きさについては，政府・地方公共団体により決定されている。政府・地方公共団体の政策が家計に影響を及ぼすことになる。

4.　ゆたかさを測る

ゆたかさとは

　図1-5には，今後の生活の中で求めるゆたかさに関する調査結果を示している。ここでは，ゆたかさを「物のゆたかさ」と「心のゆたかさ」の2つに大別し，どちらの考えに近いかを尋ねている。1975年までは若干「物のゆたかさ」の選択率が「心のゆたかさ」の選択率を上回っていたが，1970年代後半は両者40％前後で拮抗している。1980年代には「物のゆたかさ」の選択率は低下し，「心のゆたかさ」の選択率が上昇した。1990年以降「物のゆたかさ」は3割前後で推移し，「心のゆたかさ」の選択率が増加傾向にあり，2005年以降は60％以上で推移している。購入によって物を調達することが一般的な消費社会の中では，物のゆたかさは保有する貨幣量により左右される。貨幣の量だけでないゆたかさが重視されつつある。

アマルティア・センは，所有する金銭や財ではなく，達成しうる「機能」により生活をとらえている。生活を「相互に関連した「機能」（ある状態になったり，何かをすること）の集合とみなすことができる」とし，これらが福祉（well-being）（その人の生活の質，いわば「生活の良さ」）の構成要素である，とする［セン，1999：59］。機能には，「適切な栄養を得ている」「健康状態にある」等の基本的なものから「自尊心を持っている」「社会生活に参加している」等の複雑なものまで様々なものが含まれる。選択可能な機能のすべての組み合わせを「潜在能力」（capability）と呼ぶ［同上：60］。物の場合，使用可能な貨幣量（「予算集合」）によりどのような財の組み合わせを購入できるかという個人の「自由」が表される。「機能」の場合，「潜在能力集合」によりどのような生活を選択できるかという個人の「自由」が表される［同上］。適切な栄養を得るためには，購入できるお金を持ち，十分な栄養素を含む食品が存在するだけでなく，摂取の必要性を知ることや，体内に取り込む

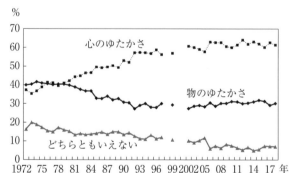

*心のゆたかさ：「物質的にある程度ゆたかになったので，これからは心のゆたか
　　　　　　さやゆとりのある生活をすることに重きをおきたい」
　物のゆたかさ：「まだまだ物質的な面で生活を豊かにすることに重きをおきたい」
　注：74年〜76年は2回調査が実施されているが，いずれも最初の回の調査結果。
　　　98年，2000年は調査が行われていない。2001年は調査項目に含まれていない。
　資料：内閣府『国民生活に関する世論調査』
　　図1-5　心のゆたかさと物のゆたかさ*

力が必要となる。この能力は，当人の健康状態，さらにそれに影響を及ぼす医療サービスや保健サービスの状況に依存することが指摘されている［同上：179］。「潜在能力」が生かされるような社会の制度やしくみ，環境を整えることが必要である。

生活指標

　貨幣面のゆたかさを示す代表的な指標である GDP や GNP に対し，環境汚染等社会的にマイナスとなる活動や無償労働などの扱いが不十分などの問題が指摘され［国民生活審議会調査部会編，1974：5-6］，このような問題意識から新しい指標として，経済審議会により GNP に福祉要素を加えるなどした貨幣表示の指標である国民福祉指標（NNW：Net National Welfare）（1973 年発表）が作成された[9]。国民生活審議会においても，表 1-1 に示すように，それぞれの経済社会状況を背景に生活を多面的に捉えようとする指標が検討されてきた。

　日本だけでなく，国際機関や各国においても生活状況をとらえる指標の検討，作成が行われている［幸福度に関する研究会，2011：参考資料1］。国際連合では，2013 年に World Happiness Report を発表し，1 人あたり GDP，困ったときに頼れる人の有無，健康寿命，人生の選択における自由度，人々の寛容度，汚職の認識などから，国別のランキングを作成している。OECD（経済協力開発機構）では，2011 年からより良い暮らし指標（Better Life Index：BLI）を公表している。住宅，収入，雇用，共同体，教育，環境，ガバナンス，健康，生活満足度，安全，ワークライフバランスの 11 項目で構成されている。この指標は社会のよい状況（幸福）（well-being）はどのようなもので測定できるのかといった議論に人々を巻き込み，生活を形づくる政策決定過程について知ろうとしたり，関わろうとするようになることが意図されている。

24

表1-1　国民生活審議会*による生活指標

指標の名称	作成年	目的	領域・分野等
社会指標 SI：Social Indicators	1974〜1984	社会あるいは国民生活の諸側面の状態を，経済指標以外に非貨幣的指標も用いて包括的かつ体系的に測定する	10の分野（健康，教育・学習・文化，雇用と勤労生活の質，余暇，所得・消費，物的環境，犯罪と法の執行，家族，コミュニティ生活の質，階層と社会移動）
国民生活指標 NSI：New Social Indicators	1986〜1990	国民生活あるいは社会の水準がどのようなレベルにあるかを把握し，経済社会における問題点の指摘や経済社会政策の立案に役立てる	8つの生活領域（健康，環境と安全，経済的安定，家庭生活，勤労生活，地域・社会活動，学習・文化活動），主観的意識，6つの関心領域（国際化，情報化，高齢化，都市化，国民生活と格差，家庭・社会の病理）
新国民生活指標 PLI：People's Life Indicators	1992〜1999	個々人の生活の豊かさをできるだけ把握することに重点をおいて，生活構造の変化に対応した生活水準，豊かさを測定	8つの活動領域（住む，費やす，働く，育てる，癒す，遊ぶ，学ぶ，交わる），4つの生活評価軸（安全・安心，公正，自由，快適）
暮らしの改革指数 LRI：Life Reform Index	2002〜2005	構造改革の成果を国民生活の視点から，ゆとりや安心などの非貨幣的な面も含めて評価し，暮らしの改革がどの程度進んでいるかを明らかにする	目指す社会の9つの側面（住みやすい社会，働きやすい社会，学びやすい社会，子育てしやすい社会，女性が活躍しやすい社会，高齢者が活き活きしている社会，情報や人の流れが活発な社会，環境にやさしい社会，安心できる社会）
幸福度指標** Well-being Indicators	2011	①幸福度の原因・要因を明らかにし，②個人だけでなく社会全体の幸せを深めていくため，国，社会，地域が何処を目指そうとしているか，実際に目指していくのかの検討が不可欠であり，その際の手がかりを提供する	主観的幸福感を上位概念とした三つの柱（経済社会状況，心身の健康，関係性）と持続可能性

＊1961年に経済企画庁（2001年から内閣府）に設置された国民生活の安定や向上，消費者の利益擁護や増進のための政策などを審議する審議会。2009年に廃止。
＊＊国民民生活審議会によるものではなく，内閣府に設置された研究会で検討され，試案として示されている。
資料：消費者庁ウェブサイト内，国民生活審議会資料より作成

ランキングなどの結果は，取り上げる具体的項目や重みづけ方法により
変動するので，作成の趣旨，作成方法の確認が必要である。また，自分
自身が求めるゆたかさの内容を具体的に考えたり，自分の生活実態や居
住している地域の状況を点検したりする際に，すでにある指標の項目を
参考にすることができる[10]。

　具体的な測定指標の検討段階であるが，幸福を持続させるため資源
（資本ストック）[11] との関わりに注目する必要性が示されている
［OECD，2015：208-239］。資本ストックは，現在と将来を結ぶもので
あり，持続につながりうるとしており，経済資本，自然資本，人的資
本，社会関係資本の4つの資本をあげている（図1-6）。

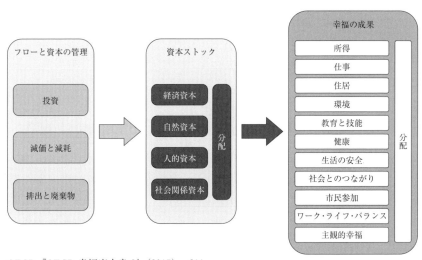

OECD『OECD 幸福度白書2』（2015）p.211

図1-6　より良い暮らし指標と4つの資本

5. 生活の単位—世帯・家族・個人—

　最終的には生活の単位は各個人であるが，日常的な生活が実際に営まれる場として住居が想起され，そこで一緒に暮らす人の集合体を生活の単位と考えることもできる。中川は，生活の単位について，「実感できる」ものとして，以下のように述べている［中川，1997：66-67］。

　　　「行く」，「帰る」という表現は，一日一日の生活の繰り返しにこそふさわしい。そこを出てゆき，そこへ帰るところ。働きに出た大人たちがやがて戻ってくるところ。外で遊びに興じていた子どもたちも，夕方になるとそれぞれに帰ってくる。日々の生活行動の繰り返しの中で，無意識に戻り，帰ってゆくことが予定されてしまっている場所。それが，何人で成り立つところであれ，そこでの関係がどんなに空ろであれ，われわれは，そんな場所が確かにあるかのように日々の生活を送っている。それが生活の単位にほかならない。
　　　このような生活のまとまりを，国の統計調査などでは「世帯」と表している。世帯とは「住居と家計をともにする人の集まり，または独立して住居を維持し，もしくは生計を営む単身者」であり，住居と家計という観察可能なかたちでとらえられている［同上：67］。

　家計は，一緒に暮らす世帯の全員がともにすることを前提としているが，世帯員それぞれの生活が個人別化することによりその前提が崩れてきた。また，ジェンダーへの関心の高まり等から家計内部の構造が問題にされるようになってきている。先述の包括経済モデルにおいて，世帯外に暮らす家族からの，あるいは家族への貨幣の流れとして家族内移転が示されている。病気などの時に離れて暮らす家族に来てもらい助けて

もらう場合もある。家族の場合，一緒に暮らしていなくても経済的な関係があることも少なくない。

　本書で生活の経済を議論するにあたっては，世帯を単位として「家計」を中心に経済について考えるという立場と，個人に焦点をあて，家族間における経済関係を取り上げるという立場を用いている。

（注）

1)　ポランニー［1980：81-86］は，相互作用を，「狩猟，遠征や侵略，森林の伐採や水の導入，そして海運，鉄道，および航空輸送の国際システム」を意味するとする「場所の移動」と「経営と管理，財の流通，所得の分配，貢納と課税」などの「占有の移動」に分けて説明している。

2)　以前は国の経済規模を示す際には GNP（国民総生産）が用いられていた。1993年に国連において新しい国民経済計算の基準（93SNA）が採択され，加盟国に対し採用勧告が行われた。日本では，2000 年に国民経済計算の体系が 68SNA から 93SNA に移行し，経済規模を示す際には GDP（国内総生産）が用いられている。

3)　『生命系の経済学』では「社会的協同対抗経済」

4)　民間非営利セクターによる活動の中には，非貨幣的経済である「自給的および社会的協同経済」の中に位置づけられるものもある。

5)　非貨幣的経済活動に金銭価値を割り当てることは，そもそも金銭価値で測られていないものを，市場の価値尺度に押し込めてしまうことになる。

6)　男女別に比べると，OECD 平均では，女性は非市場労働の割合が 60％，男性は市場労働の割合が 68％であり，男女間で相違がみられる。日本では，女性は非市場労働の割合が 62％，男性は市場労働の割合が 86％であり，男女間の偏りが大きい（OECD の Gender data portal 2014 中，2000 年代以降を中心とした各国の生活時間調査による Time use across the world により算出）。

7)　税金は企業なども拠出しており，必ずしも家計の拠出した分だけで家計に向けた公共サービス・社会保障給付の大きさは決定されない。社会保険の場合には，ゆるやかな対応関係がある。

8)　支出側にとっては支出先が変わるだけの場合もあるし，気軽に利用しやすいサービス提供で支出が増加したり，新品購入ではなく中古品購入や借りてすませるなど支出が減少することも考えられる［重川，2018］。

9) NSI 検討時の報告書（第 10 次国民生活審議会総合政策部会調査委員会中間報告）では，「学説史的背景も短く，国民経済計算推計技術にみられる蓄積もないところから，概念体系そのものについてのコンセンサスがいまだ形成されていない。加除される項目についても貨幣的評価が何らかの形で可能なものに限られるなど恣意的にならざるを得ない面も残されている。このような状況を反映して NNW の開発研究のその後の展開は盛り上がりを欠くものとなっている。」と総括されている。

10) OECD の BLI のウェブサイト（http://www.oecdbetterlifeindex.org）では，閲覧者が 11 項目それぞれをどの程度重視しているかを入力することができ，それぞれの重視の仕方（重み付け）を反映させた国別得点が表示される。

11) 英文原著では resources（or "capital stocks"）。

参考文献

Ekins, Poul（ed），*The Living Economy*，The Other Economic Summit，1986（ポール・エキンズ編著，石見尚他訳『生命系の経済学』御茶ノ水書房，1990）

Friedmann, John, *Empowerment*，1992（ジョン・フリードマン，斎藤千宏・雨宮孝悦監訳『市民・政府・NGO』新評論，1995）

ヘーゼル・ヘンダーソン他「実質的意味のない諸指標」ポール・エキンズ編著，石見尚他訳『生命系の経済学』（御茶ノ水書房，pp.39-48，1990）

石見尚「解題―日本にとって「生命系の経済学の意味するもの」―」ポール・エキンズ編著，石見尚他訳『生命系の経済学』（御茶ノ水書房，pp.317-325，1990）

幸福度に関する研究会『幸福度に関する研究会報告―幸福度指標　試案―』（2011）（http://www5.cao.go.jp/keizai2/koufukudo/pdf/koufukudosian_sankousiryou.pdf）

Lietaer, Bernard, *Das Geld Der Zukunft*，Riemann Verlag，1999（ベルナルド・リエター著，小林一紀・福元初男訳『マネー崩壊』日本経済評論社，2000）

松原治郎『生活優先の原理』（講談社，1973）

松村祥子・岩田正美・宮本みち子『現代生活論』（有斐閣，1988）

御船美智子『家庭生活の経済』（放送大学教育振興会，1996）

御船美智子『生活者の経済』（放送大学教育振興会，2000）

内閣府経済社会総合研究所『無償労働の貨幣評価の調査研究＜報告書＞』（2000）

中川清「生活単位の経済論」中川清・松村祥子編著『生活経済論』（光生館，pp.65-90，1997）

OECD, *How's Life? Measuring Well-being*, OECD Publishing, 2013（OECD，西村美由起訳『OECD 幸福度白書 2』明石書店，2015）

Polanyi, Karl, *The Livelihood of Man*, Academic Press, 1977（K・ポランニー著，玉野井芳郎・栗本慎一郎訳『人間の経済 I』岩波書店，1980）

Sen, Amartya, *Inequality Reexamined*, Oxford University Press, 1992（アマルティア・セン著，池本幸生・野上裕生・佐藤仁訳『不平等の再検討』岩波書店，1999）

重川純子「家庭経済からみるシェアリングエコノミー」（『生活経営学研究』No.53，pp.11-16，2018）

Stiglitz, Joseph E., Amartya Sen, Jean-Paul Fitoussi, *Mismeasuring Our Lives: Why GDP Doesn't Add Up*, The New Press, 2010（ジョセフ・E・スティグリッツ，アマルティア・セン，ジャンポール・フィトィシ，福島清彦訳『暮らしの質を測る　経済成長率を超える幸福度指標の提案』金融財政事情研究会，2012）

Raworth, Kate., *Doughnut Economics: Seven Ways to Think Like a 21st Century Economist*, Chelsea Green Pub Co, 2017（ケイト・ラワース，黒輪篤嗣訳『ドーナツ経済学が世界を救う』河出書房新社，2018）

山内直人『NPO データブック』（有斐閣，1999）

1．ヘーゼル・ヘンダーソンらの経済の構造をもとに，貨幣経済と非貨幣経済の関わりを説明してみよう。

2．自分自身の生活について，企業，国・地方公共団体，民間非営利組織とどのような貨幣のやりとりがあるか説明してみよう。

3．OECD のより良い暮らし指標（Better Life Index（BLI））の 11 項目それぞれについて，あなたはどの程度重要だと思うか 10 点満点で点数化してみよう。それぞれの項目について具体的にどのような内容を意識しながら考えたか，挙げてみよう。

2 | 家計に関する基本概念と家計調査

《**目標＆ポイント**》　家計は家庭の経済活動の中で貨幣が直接かかわる部分である。本章では，収入と支出，貯蓄と負債，フローとストック等の家計に関する基本概念と家計に関する統計の概要について説明する。
《**キーワード**》　収入と支出，フローとストック，消費者物価指数，名目値と実質値，家計調査

1. 収入と支出

　家計とは，家庭の経済活動を貨幣でとらえたもののことを指す。家計は収入と支出から構成される。

　家計に関する代表的な調査である総務省統計局『家計調査』では，収入，支出はそれぞれ表 2-1 のように分類されている。収入，支出の大分類はそれぞれ対応するように 3 つに分けられる。収入は，「実収入」，「実収入以外の受取」，「繰入金」の 3 つに分類される。実収入は，家計外から家計に入った収入で純財産高を増加させる。一方，実収入以外の受取は，貨幣が増えたように見えるが，実際には純財産高を増加させない収入である。実収入は，おおよそ継続的に入る「経常収入」と臨時的に入る「特別収入」に区分されている。経常収入には，雇用者としての就労による「勤め先収入」，自営等の事業や内職から得る「事業・内職収入」，農林漁業から得る「農林漁業収入」，預貯金利息や株式配当などの金融資産や土地を保有していることから得る「財産収入」[1]，公的年

表 2-1　収入と支出

受取（収入総額）	支払（支出総額）
実収入	**実支出**
経常収入	消費支出
勤め先収入	食料
世帯主収入	住居
世帯主の配偶者の収入	光熱・水道
他の世帯員収入	家具・家事用品
事業・内職収入	被服及び履物
家賃収入	保健医療
他の事業収入	交通・通信
内職収入	教育
農林漁業収入	教養娯楽
他の経常収入	その他の消費支出
財産収入	非消費支出
社会保障給付	直接税
仕送り金	勤労所得税
特別収入	個人住民税
受贈金	他の税
その他	社会保険料
	他の非消費支出
実収入以外の受取	**実支出以外の支払**
預貯金引出	預貯金
保険金	保険料
有価証券売却	有価証券購入
土地家屋借入金	土地家屋借入金返済
他の借入金	他の借入金返済
分割払購入借入金	分割払購入借入金返済
一括払購入借入金	一括払購入借入金返済
財産売却	財産購入
その他	その他
繰入金	繰越金

資料：総務省統計局「家計調査」収入項目分類一覧（平成 27 年（2015 年）1 月改定）をもとに作成

金や雇用保険給付等の「社会保障給付」，別に暮らす親族などからおおよそ継続的に受け取る「仕送り金」が含まれている。「特別収入」には，祝金，見舞金等の受贈金のほか，福引きの賞金，不用品の売却代等が含まれる。実収入以外の受取には，預貯金引出，保険金，有価証券売却，土地や家屋など財産を売却して得たお金と，借入金が含まれる。一定期間支払いを繰り延べする分割払いや一括払いの利用も借入金である。

　支出は，大分類では「実支出」，「実支出以外の支払」，「繰越金」の 3 つに分類される。収入の区分に対応しており，純財産高を減少させる支出が実支出，見かけ上現金が減っているが実際には純財産高を減少させ

ない支出が実支出以外の支払である。実支出には，生活のために用いる「消費支出」（一般に生活費と呼ばれることが多い）と，直接税，社会保険料等の「非消費支出」がある（消費税は間接税であるため，非消費支出には含まれておらず，消費支出の中に含まれている）。消費支出は，食料，住居，光熱・水道，家具・家事用品，被服及び履物，保健医療，交通・通信，教育，教養娯楽，その他の消費支出の 10 の費目に分類されており，10 大費目とよぶ。実支出以外の支払には，実収入以外の受取に対応した項目が含まれている。

　一定期間の会計期間を決め（たとえば 1 カ月），前の会計期に残った手持ち現金を引き継いだものを繰入金，現在の会計期から次の月に引き継ぐ手持ち現金を繰越金という。

　一定期間（例えば，1 カ月間）の受取（収入総額）と支払（支出総額）は等しい。実収入が実支出より大きい場合，その差額は黒字，実収入より実支出が大きい場合の差額は赤字である。家計は実収入の全てを自由には使用できず，税金や社会保険料などの非消費支出を控除して使い途を考える。実収入から非消費支出を控除したものを可処分所得とよぶ。黒字（赤字）は，可処分所得から消費支出を差し引いた値でもある。

　　　実収入 − 実支出　　　＝黒字（マイナスの場合，赤字）
　　　実収入 − 非消費支出　＝可処分所得
　　　可処分所得 − 消費支出＝黒字（マイナスの場合，赤字）

　家計は，可処分所得を「現在の生活」と「それ以外」に配分している。「現在の生活」の費用は消費支出，「それ以外」は過去の生活で発生した借金の返済や将来の生活で用いる貯蓄に振り向けられる。

　可処分所得に占める消費支出の割合を平均消費性向，可処分所得に占

める黒字を黒字率（あるいは平均貯蓄性向）とよぶ。

平均消費性向＝消費支出÷可処分所得×100

黒字率＝黒字（または赤字）÷可処分所得×100

『家計調査』では，貯蓄状況を示す項目として黒字率のほかに，平均貯蓄率と金融資産純増率がある。

平均貯蓄率＝（預貯金純増＋保険純増）÷可処分所得×100

金融資産純増率＝（預貯金純増＋保険純増＋有価証券純増）÷可処分所得×100

預貯金純増＝預貯金－預貯金引出

保険純増　＝保険料－保険金

有価証券純増＝有価証券購入－有価証券売却

可処分所得と消費支出の関係について，可処分所得が増加したときに，どの程度を消費支出に当てるか，可処分所得の増加分に対する消費支出額の増加分の割合を，限界消費性向という。

限界消費性向＝消費支出増加分÷可処分所得増加分×100

収入と消費

消費支出額は，可処分所得額の影響をうけており，可処分所得と消費支出の関係は図 2-1 のように 1 次関数で示すことができる。

所得と消費の関係を示す関数を消費関数という。消費は，現在の所得額，すなわち所得の絶対額により決定されるという絶対所得仮説は J.M. ケインズにより提示された。このほかの消費関数の仮説には，相対所得

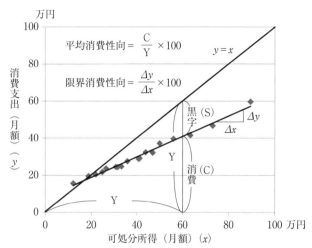

注：世帯人員 2 人以上の勤労者世帯の収入階級別データをもとに作成
資料：総務省統計局『平成 29 年家計調査（家計収支編）』

図 2-1　所得と消費の関係

仮説（消費は，周りのほかの家計の所得水準あるいは過去の所得水準等
の相対的な所得の影響をうける），恒常所得仮説（所得を恒常所得と変
動所得にわけ，恒常所得割合が平均消費性向に影響を及ぼす），流動資
産仮説（流動資産の大きさが消費に影響を及ぼす），ライフサイクル仮
説（生涯の残余期間のことを考えながら現在の消費を行う，例えば，引
退後の所得の低下に備え，就業期間中の所得の消費と貯蓄の配分を決め
るなど）などがある。

2.　フローとストック

　家計をとらえる場合，①ある期間における貨幣の出入りの側面と，②
ある時点において保有している貨幣の量の側面がある。金銭の流れを表
す①をフロー（flow），金銭の蓄積を表す②をストック（stock）という。

前項の収入と支出はフローでとらえたものである。ストックには貯蓄（資産）と負債が含まれる。貯蓄（資産）と負債の差額を純財産高とよぶ。

　ある月のフローの黒字が翌月に繰り越しされず，実支出以外の支払である預貯金に回されると，ストックである貯蓄の増加につながる。ある月の実収入と実支出の差額が赤字となり，預貯金の引出や借り入れが行われれば，ストックである貯蓄の減少や負債の増加につながる。預貯金の利息が財産収入としてフローの実収入を増加させたり，負債の利子支払いが非消費支出として実支出を増加させるなど，ストックはフローの大きさに影響を及ぼす。フローとストックは相互に連動している（図2-2）。

　『家計調査』では，ストックについて現金，預貯金，有価証券等の金融資産の額のみを捕捉している。総務省統計局『全国家計構造調査』では金融資産のほか，住宅，宅地資産を捕捉している。

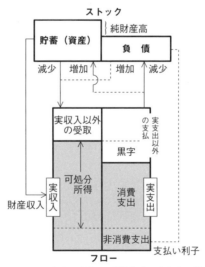

注：実際にはフローの左右の大きさ（「実収入＋実収入以外の受取」と
　　「実支出＋実支出以外の支払」の大きさ）は必ずしも等しくない。
　　色付き部分は，実収入，実支出を示している。
出典：御船美智子『家庭生活の経済』p.38 をもとに一部改変

図2-2　フローとストック

3.　物価の変動—名目値と実質値—

　経時的に家計の変化を追う場合には，財（物）やサービスの価格の変動を考慮する必要がある。収入が 2 倍に増加しても，財やサービスの価格も 2 倍に増加していれば，貨幣価値（購買力）は変化していないことになる。個々の財やサービスの価格を総合してできた概念を物価という。様々な財やサービスの価格の水準を総合的に示す指標を物価指数（一般に基準年が 100）といい，取引される対象，財やサービスにより消費者物価指数，企業物価指数[2]，企業向けサービス価格指数などがある。家計の分析では，消費者の購入した財やサービスに基づき作成された消費者物価指数を用いることが一般的である。消費者物価指数は，家計の消費支出の中で重要度が高い，価格変動の面で代表性がある，継続調査が可能等の観点から選定された 584 品目に持家の帰属家賃（1 品目）を加えた 585 品目を対象に購入状況により重み付けをして作成される。5 年ごとに改定が行われる（品目数は 2015 年基準の場合）。図 2-3 には 2015 年を基準（100）とする消費者物価指数の推移を示している。1947 年から 2018 年までの約 70 年間に 18.8 倍に物価が上昇した。終戦直後の 1947 年から 48 年にかけては 1 年間で 5.4 から 9.9 へ 1.8 倍に上昇した。1973 年のオイルショック時には 1 年で 24.5％上昇，その前後の年も 10％以上上昇している。オイルショックをはさむ 1970 年から 1975 年，1975 年から 1980 年にかけての物価上昇率が大きい。第二次世界大戦前から終戦後にかけてはさらに物価変動が大きく，1934～1936 年を 1 とする戦前基準指数では 1947 年は 109.1 であり，著しい物価上昇であった。消費者物価の上昇に沿うように収入が増加していれば，以前と変わらない生活を営むことができるが，収入の上昇が物価上昇を下回ると，以前購入していた財やサービスのすべては購入できなくなる。経済活動

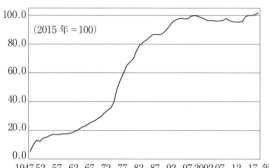

注：持家の帰属家賃を除く総合指数（全国）
資料：総務省統計局『消費者物価指数年報平成29年』

図2-3　消費者物価指数の推移

全体にとってはもとより，家計にとって物価の変動は大きな意味をもつ。

　異なる時点の金額を比較する場合には，物価変動の状況を考慮する必要がある。観察されるそれぞれの時点の貨幣価値で表された値を名目値，基準年の貨幣価値で表された値を実質値とよぶ。比較時の金額を基準となるある時点（基準年）の貨幣価値で表すことを実質化といい，下記のように計算する（用いる消費者物価指数は比較年の値）。

　　実質値＝名目値÷消費者物価指数×100

（基準時の値が戦前基準指数のように1の場合には，100を乗じる必要はない。）

　上述のように，消費者物価指数には実際に人々が何を購入して生活しているかというライフスタイルが反映されることになる。同じような年齢階層や職業でライフスタイルに共通的な事項が見られる。そこで，世帯主の年齢階級や職業，世帯の所得階層や居住形態別といった世帯属性別の消費者物価指数も算出されている。

＊ラスパイレス式

　物価指数を作成するには，品目を選定し，各品目の量と価格から算出

する。ラスパイレス式は指数を作成する方法の１つで，量を基準時に固定した方法であり，この方法が用いられている[3]。

品目を i，価格を p，数量を q，基準時を 0，比較時を t とすると，

$$\frac{\sum_i p_{it}\, q_{i0}}{\sum_i p_{i0}\, q_{i0}}$$

（p_{i0}：品目 i の基準時の価格，p_{it}：比較時の価格，q_{i0}：基準時の数量）

の式で表すことができる。

このほかに，量を比較年に固定して算出するパーシェ式，ラスパイレス式とパーシェ式の幾何平均であるフィッシャー式という方法もある。

長期の変化を捉える場合，同じ財やサービスが売られていないことも多いし，売られていてもずっと家計にとって重要度が高いとはいえない場合もある。長期間の物価指数は基準年が変わったときに，総合や類，品目ごとに接続した指数が作成されている。

4. 家計の統計

日本の家計の調査[4]

表 2-2 に示すように，総務省統計局『家計調査』のほかにも官庁等により家計に関する調査が実施されている。

『家計調査』は，国民生活の家計収支の実態を明らかにし，経済政策や社会政策立案の基礎資料を提供する目的で実施されている。調査の名称，調査地域，調査対象等の変更はあるものの，1946 年以降ほぼ同様の方法で実施されており，戦後の家計の推移を継続して追うことができる。

当初は農林漁家以外の２人以上の世帯が対象であったが，現在は農林漁家世帯，学生以外の単身世帯も対象としている[5]。ただし，病院・療養所の入院者，賄い付き同居人のいる世帯，世帯主が３カ月以上不在の

表2-2　官庁等による主な家計に関する調査

名称	家計調査	全国家計構造調査	家計消費状況調査	消費動向調査
機関	総務省	総務省	総務省	内閣府経済社会総合研究所
調査頻度	毎年	5年ごと	毎年	毎年
調査対象	全国の全世帯	全国の全世帯	全国の全世帯	外国人・学生・施設等入居世帯を除く世帯
調査時期	毎月	10～11月	毎月	毎月（2004.3までは年4回（6, 9, 12, 3月））
調査世帯数	約8,800（2019年）	約90,000（2019年）	約22,000（2019年）（内1/10は単身世帯）	約8,400（2019年）
沿革	戦後の家計調査は，1946年に「消費者価格調査」として開始。1962年以降，調査母集団地域を全国市町村に拡大。1999年7月から調査対象に農林漁家世帯を含む。2002年以降，単身世帯調査（1995年から実施）と貯蓄動向調査（1958年から実施）を包含。	1959年～。2014年までの「全国消費実態調査」を全面的に見直し実施。	2002年～（2001年10月～12月試行期間）	1957年～
目的	国民生活の家計収支の実態を明らかにし，国の経済政策や社会政策立案の基礎資料を提供。	家計における消費，所得，資産及び負債の実態を総合的に把握し，世帯の所得分布及び消費の水準，構造等を全国的及び地域別に明らかにする。	個人消費動向の的確な把握のため，ICT関連の消費やインターネットを利用した購入状況，購入頻度が少ない高額商品・サービスなどへの消費の実態を安定的に捉えること。	今後の暮らし向きの見通しなどについての消費者の意識や主要耐久消費財等の保有状況を把握することにより，景気動向判断の基礎資料を得る。
内容	2人以上の世帯は6か月，単身世帯は3か月継続調査。調査月分数の1ずつ順次，新たな選定世帯と交替。家計簿式調査。品目ごとに，購入金額・購入数量を記録。無職世帯・勤労者世帯以外は支出のみ記録。2002年からは貯蓄・負債の保有状況及び住宅などの土地建物の購入計画も調査。2018年からはオンライン調査導入。	所得や支出や資産の状況を総合的に調査。統計精度を高めて単身世帯の家計実態を把握。購入方法，支払い方法も調査。一部対象に個人の収支状況を調査。1964年から2014年（除く1989年）には耐久消費財の保有状況調査。家計簿式調査。	・特定の商品・サービスへの1か月間の支出金額 ・インターネットを利用した購入状況 ・電子マネー利用	15か月間継続して調査。消費者の意識，物価見通し，耐久消費財の保有と買い替え状況。2007年度に毎月1回年12回の訪問留置調査へ，2013年に郵送調査（1回目は訪問）へ，2018年10月調査からオンライン回答も可能に。

資料：各調査の報告書，ウェブサイトの情報をもとに作成

国民生活基礎調査	家計の金融行動に関する世論調査
厚生労働省	金融広報中央委員会
毎年	毎年
全国の世帯	全国の世帯
6，7月	6〜7月
世帯票 約58,000（大規模調査時：世帯・健康票 約28万）所得票 約13,000（大規模調査時：所得・貯蓄票 約5万）	2人以上世帯：約3,600回答（2018年）単身：20〜70歳未満のモニター世帯2,500
1986年〜	1953年〜。1991年まで「貯蓄に関する世論調査」、1999年まで「貯蓄と消費に関する世論調査」。2006年まで「家計の金融資産に関する世論調査」
保健，医療，福祉，年金，所得等国民生活の基礎的事項を調査し，厚生労働行政の企画及び運営に必要な基礎資料を得る。3年ごとに大規模調査を実施。（厚生行政基礎，国民健康，国民生活実態，保健衛生基礎の4調査を統合して1986から実施。）	(1) 家計の資産・負債や家計設計などの状況を把握し，これらの公表を通じて金融知識を身につけることの大切さを広報すること，(2) 家計行動分析のための調査データを提供すること
世帯票（5月中の家計支出額，世帯主との続柄，性，出生年月，配偶者の有無，医療保険の加入状況，就業状況，公的年金の加入状況，公的年金・恩給の受給状況等），所得票（所得の種類別金額，所得税等の額，課税等の状況，生活意識の状況等），貯蓄票（貯蓄現在高・借入残高等）	金融資産の保有状況のほか，金融商品の選択，資産保有，消費，生活設計等に関する意識について調査。

世帯などは正確な家計実態捕捉の困難さから調査対象から除外されている。家計収支を家計簿に記帳する形式で実施されている。2018年にはオンライン調査も導入された。ストックについて，以前は『貯蓄動向調査』として実施されていたが，2002年からは『家計調査』に統合された。

『家計調査』は継続的に実施されているが，詳細な分析をするには規模が小さいため，5年ごとに『全国家計構造調査』（2014年までは『全国消費実態調査』）が実施され，家計収支のほか家計資産が総合的に調査されている。消費について，金額だけでなく，購入場所や支払い方法も調査されている。調査期間が短く（家計簿調査は10月と11月）と1年間通じた家計実態を把握することはできないが，調査対象世帯が多く，様々な世帯属性別の家計実態を把握できる。『家計調査』では

高額商品の消費や財産収入が過小に報告されやすいとの指摘があり[6][宇南山，2010]，2002年から実施されている『家計消費状況調査』では購入頻度が少なく結果が安定しない高額商品やサービスの消費実態やインターネットショッピングの状況が調査されている。

　内閣府経済社会総合研究所『消費動向調査』では家計収支は調査されていないが，暮らし向きの見通しや耐久消費財の保有状況が調査されている。

　厚生労働省『国民生活基礎調査』は調査名称が示すように，保健，医療，福祉，年金，所得等，幅広く国民生活の基礎的事項を調査している。家計簿式ではないが，収入額，支出額（生活費），税金，社会保険料，貯蓄現在額，負債現在額（貯蓄現在額，負債現在額は大規模調査時のみ）の家計に関する項目が含まれている。

　金融広報中央委員会『家計の金融行動に関する世論調査』は，途中名称変更があったが1953年から実施されている。家計簿方式ではないが，収入のほか，貯蓄，負債などに関する事項が調査されている。

　家計の実態把握，分析の際には，それぞれの調査の特徴を把握して用いることが必要である。

諸外国の家計調査

　多くの国・地域において，家計面から国民生活実態を把握するなどのため，家計に関する調査が実施されている（図2-4）。調査方法や概念規定などは必ずしも同じではない。日本では『家計調査』において，2人以上の世帯では6カ月間，単身世帯では3カ月間家計簿記帳が行われているが，記帳期間が2週間や10日という短期の国も少なくない。また日本では世帯の誰かが代表して世帯全員の収支内容を記録しており，こづかいとして渡した金額は「こづかい（使途不明）」に計上されてい

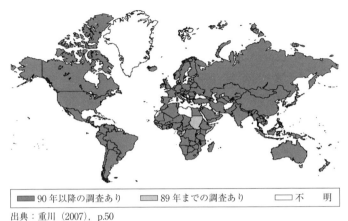

■■90年以降の調査あり　　■■89年までの調査あり　　□不　明

出典：重川（2007），p.50

図 2-4　諸外国の家計調査（2006 年時点）

るが，一定年齢以上の世帯員が自分自身の個人的支出を記録することに
なっている国もある。消費内容の分類の仕方も一律ではない[7]。

　海外の家計の調査，分析や国際比較時には，家計内容だけでなく，ま
ず用語の用いられ方や調査方法を確認することが必要である。

（注）

1)　『家計調査』では，土地以外の不動産の賃貸収入は「事業・内職収入」に計上
されている。

2)　財について企業間取引価格を調査した物価指数。以前は「卸売物価指数」とし
て公表されていた。

3)　実際には，基準時の支出金額により重み付けして算出されており，基準時加重
相対法算式（ラスパイレス型）である。

4)　調査の概要のほか，集計結果については，冊子体として発刊される以外に，そ
れぞれの機関のウェブサイト上に掲載されている。

5)　学生を除く単身世帯については，1995 年から 2001 年まで『単身世帯収支調査』

が実施されていたが，現在は『家計調査』に統合されている。

6) 宇南山の推計によると，国民経済計算と家計調査の貯蓄率の乖離について，2008 年の 25％ポイント分のうち 9％ポイントがこの特徴によるものである。

7) 2014 年の『全国消費実態調査』では，従来区分の集計に加え，国連による消費支出分類（COICOP）による集計結果も公表されている。

参考文献

馬場紀子・宮本みち子・御船美智子『生活経済論』（有斐閣，2002）

江見康一・伊藤秋子『家庭経済学第 3 版』（有斐閣，1997）

御船美智子『家庭生活の経済』（放送大学教育振興会，1996）

篠原三代平『消費函数』（勁草書房，1958）

総務省統計局『家計調査年報〈Ⅰ家計収支編〉平成 29』（2018）

宇南山卓「真の貯蓄率と統計のクセ」（日本経済新聞朝刊 2010 年 8 月 23 日から 9 月 1 日，2010）

重川純子「世界の政府機関による家計調査」御船美智子・家計経済研究所編『家計研究へのアプローチ』（ミネルヴァ書房，pp.49-80，2007）

学習課題

1．総務省統計局『家計調査』における収入の区分と支出の区分について説明してみよう。

2．自分自身の家計の実収入，可処分所得，消費性向を計算してみよう。

3．総務省など家計に関する調査のウェブサイトを探し，どのような事項が調査され，どのような集計が公表されているか調べてみよう。

3 | 家計にみるくらしの変化

《目標＆ポイント》 家計をとりまく経済社会の状況が変化する中で，生活がどのように変化してきたのかを，家計調査等の統計資料により説明する。
《キーワード》 実収入，可処分所得，実支出，平均消費性向，家計のストック化

1. 収入の変化

総務省『家計調査』により，戦後の世帯人員2人以上の勤労者世帯（世帯主が雇用者の世帯）の家計の時系列変化を追う。『家計調査』では，収入，支出ともに家計簿記帳により調査するのは勤労者世帯と無職世帯である。世帯主が雇用者以外で就労する世帯への家計簿による調査は支出のみである。収入については，すべての世帯[1]に対して過去1年間の年収が調査されている。集計結果の多くは1月から12月までの合計を12で除した「年平均1カ月間」の金額で示されている。

世帯人員数と有業人員数

まず，世帯の状況として，世帯人員数と有業人員（就労している人の数）をみておく（図3-1）。世帯人員数は1950年代前半には4人台後半であった。1954年の4.80人から1975年の3.80人まで約20年で1名減少し，2018年には3.32人になっている。対象は2人以上の世帯であり単身世帯は含まれていないが，約65年で約1.5人減少した。

注：1962年までは，1949年4月時点の市制施行地が対象であった。
　　継続性を保つため，1963年以降は人口5万人以上の都市のデータを用いている。
　　2000年以降は農林漁家世帯含むすべての世帯人員2人以上の世帯
資料：1985年まで『家計調査』長期時系列データ
　　　1986年以降 総務省統計局『家計調査』各年版（総務省統計局ウェブサイト）

図3-1　世帯人員と有業人員

　有業人員数は，1960年代後半から1970年代前半にかけて減少している。長期的には，世帯人員が減少する中で，1951年の1.38人から2018年の1.78人に増加している。世帯人員のうち就労している者の割合は1951年には29.5%であったが，2018年には53.6%に増加した。

実収入と可処分所得

　実収入は，1951年から2018年までの67年間で1万6,532円から55万8,718円へ33.8倍に増加した。最高値の1997年59万4,038円まででは35.9倍の増加である。この間に物価も上昇し，2015年を100とした消費者物価指数は1951年の14.3から2018年101.7に変化している。実質値（2015年値）では，67年間で4.8倍（1951年11万5,608円，2018年54万9,379円）の増加である（最高値は1996年の59万9,029円（1951年の5.2倍））。実質実収入は，図3-2に示すように第一次オイル

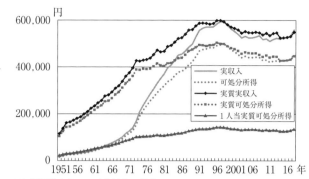

注：1963年以降は人口5万人以上の都市のデータ
　　2000年以降は農林漁家世帯含むすべての世帯人員2人以上の世帯
　　実質値は2015年の値。
資料：1985年まで『家計調査』長期時系列データ
　　　1986年以降 総務省統計局『家計調査』各年版（総務省統計局ウェブサイト）

図3-2　実収入と可処分所得の推移

ショックの1973年以降はそれ以前に比べ増加率が減少しているものの，1992年までは1973年，1979年の2度のオイルショック直後を除き増加し続けてきた。1990年代以降は，それまでの右肩上がりの様相が一変し，バブル崩壊後（バブル景気の後）1995年まではほとんど変化していない。1995年から1996年にかけては2.3%増加しているが，銀行や証券会社が経営破綻するなどした1997年の金融危機以降は7年連続して実質実収入額が減少し[2]，その後2010年まで小幅の増減が続いた。東日本大震災のあった2011年に1.8%減少した後は2年連続増加した。2014年は4月に消費税の税率引き上げがあり消費者物価指数が前年に比べ3.3%上昇したこともあり，実質値で3.9%減少している。

　実質可処分所得は概ね実質実収入に沿った変化を示しているが，後述するように実収入に占める非消費支出割合が増加したため，実質実収入に比べると増加幅が小さい。実質可処分所得は1951年10万4,315円か

ら2018年44万7,517円へ4.3倍に増加している（名目値では1951年1万4,917円から2018年45万5,125円へ30.5倍に増加）。

　先述のように世帯人員数が減少しているので，実質可処分所得を世帯人員数で除した1人あたりの実質可処分所得額の推移を追う（図3-2）。世帯あたりの金額に比べると金額水準が低いため，同じ図の中では変化の様子がわかりにくいが，実質実収入や実質可処分所得の推移の様子とほぼ同様に，1990年代半ばに最高値となり，その後は減少傾向にある。1951年の2万2,289円から最高値1996年の14万3,606円までで6.4倍に，2018年の13万4,794円までで6.0倍に増加している。

　非消費支出割合（対実収入）は1951年の9.8%から1954年には11.9%に上昇したが，1959年には7.5%にまで低下し，1975年までは小幅の変化で推移していた（図3-3）。1973年は福祉元年ともいわれ，オイルショック前に福祉水準の拡充が図られた。1976年から1985年までの10年間で，非消費支出割合（対実収入）は9.6%から16.2%へと大幅に増加している。年金保険の負担増などの影響もあり，家計の負担が上昇し

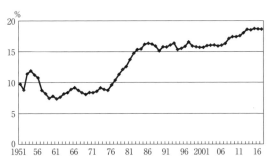

注：1963年以降は人口5万人以上の都市のデータ，2000年以降は農林漁家世帯含む
　　2000年以降は農林漁家世帯含むすべての世帯人員2人以上の世帯
資料：1985年まで『家計調査』長期時系列データ
　　　1986年以降 総務省統計局『家計調査』各年版（総務省統計局ウェブサイト）

図3-3　非消費支出対実収入割合

ている。その後，2007 年までは 15％から 16％台で推移していたが，
2008年には17％台，2012年には18％台へと近年は再び増加傾向にある。
　実収入の内訳を図 3-4 に示している。勤労者世帯であるため一貫して
世帯主の勤め先収入[3] が大部分を占める。1970 年代には 85％を超える
年もあったが，2012 年以降 70％台に低下している。世帯主以外の勤め
先収入割合は実収入の約 1 割前後で推移しているが，構成が大きく変わ
り，ほかの世帯員（世帯主と妻以外）の勤め先収入割合は低下し，妻の
勤め先収入割合が増加傾向にある。

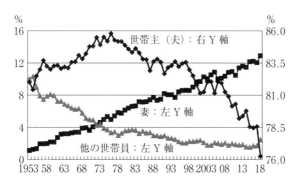

注：1963 年以降は，人口 5 万人以上の都市のデータ
　　2000 年以降は農林漁家世帯含むすべての世帯人員 2 人以上の世帯
資料：1985 年まで『家計調査』長期時系列データ（総務省ホームページ），
　　　1986 年以降『家計調査年報』各年版

図 3-4　収入源別対実収入割合

2.　支出額の変化

　図 3-5 には実支出の推移を示している。収入の推移とほぼ同様に変化
している。名目値では，1951 年の 1 万 6,235 円から最高値の 1997 年の
45 万 9,070 円まで 28.3 倍に，2018 年の 41 万 8,907 円まで 25.8 倍に増加
している。実質値（2015 年値）では，1951 年の 11 万 3,531 円から最高

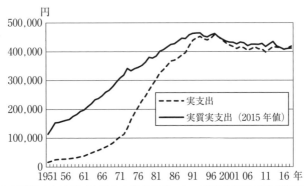

注：1963年以降は人口5万人以上の都市のデータ，2000年以降は農林漁家世帯含む
　　2000年以降は農林漁家世帯含むすべての世帯人員2人以上の世帯
資料：1985年まで『家計調査』長期時系列データ
　　　1986年以降　総務省統計局『家計調査』各年版（総務省統計局ウェブサイト）

図 3-5　実支出の推移

値の1993年の46万4,618円まで4.1倍に，2018年の41万1,905円まで
で3.6倍に増加した。実収入や可処分所得に比べると増加率は小さい。

3. 平均消費性向の推移

　可処分所得に占める消費支出の割合である平均消費性向は家計のゆと
りを示す指標の1つである。1951年には平均消費性向は98.0と可処分
所得のほとんどを消費に費やしていた（図3-6の実線）。98.0は勤労者
世帯全体の平均値であるので，赤字の世帯も多かったと考えられる。そ
の後5年間は毎年1ポイント以上低下し1956年には90を下回った。

　第一次オイルショック翌年の1974年までは概ね低下傾向にあった。
その後しばらく上昇した後，1980年代半ば以降低下している。1990年
代後半以降は70台前半で推移していたが，一旦2014年に75を上回っ
た後，減少し，2018年には60台になった。第一次オイルショック後の

注：1963年以降は，人口5万人以上の都市のデータ

　　2000年以降は農林漁家世帯含むすべての世帯人員2人以上の世帯

資料：1985年まで『家計調査』長期時系列データ

　　1986年以降　総務省統計局『家計調査』各年版（総務省統計局ウェブサイト）

図3-6　平均消費性向の推移

約10年間とバブル崩壊後は変則的な動きであるが，概ね実質可処分所得の上昇に伴い平均消費性向は低下しており，家計にゆとりが増していったことがうかがえる。2015年以降は所得に大きな変化がない中で低下している。

　平均消費性向の低下は，すなわち黒字率の増加である。図3-7には，1963年以降の黒字率とその関係項目の可処分所得に対する割合を示している。1963年に15.7％であった黒字率は，1970年代後半から1980年代初頭にかけて低下するが，2000年頃までは概ね上昇傾向にあった。その後は，概ね25％から30％の間で増減し，2018年には30％を超えた。

貯蓄の動機

　家計が貯蓄する理由として，予測不能なことに備える予備的動機，教育や住宅取得等将来予定していることに対して準備する先見的動機，財産を残すための遺産動機があげられる。橘木［2003：569-572，2004：

42-43] によると，日本の高度経済成長期の貯蓄率の高さの背景には，高齢化率の低さ，社会保障の未成熟，消費者信用の未発達，優遇税制，賞与の制度，自営業比率の高さ等の社会経済的状況があった。貯蓄率の上昇には所得水準の上昇のほかに様々な要因が複合的に影響している。橘木 [2003：569-572] は貯蓄率の高さを説明する諸仮説を検討し，日本の貯蓄率が高かった理由を「遺産動機を伴ったライフサイクル仮説と不確実性に備えた予備的動機」と説明している。高齢者が世帯主であることの多い無職世帯の貯蓄率の推計では，1980 年代後半から 1990 年代前半までは正であったが，1995 年以降は負の値となり，1995 年以降ライフサイクル仮説と整合的としている [宇南山：2010]。

黒字の内訳

　黒字は，金融資産純増，借金純減，財産純増等，その他の純増，繰越金純増に大別される。金融資産純増は，預貯金，保険，有価証券それぞれの純増の合計である。借金の純減は，土地家屋借金，その他の借金，一括払い購入借金，分割払い購入借金それぞれの純減の合計である。黒字の構造はどのように変化しているのだろうか。図 3-7 に示すように，1975 年以降の約 10 年間，黒字率が低下する中，借金純減率と保険純増率は上昇している。借金純減率は土地家屋借金純減率に沿った動きである。可処分所得の増加率が低下しても，生命保険や住宅ローンのような長期の契約的な支出は額を変更しにくく，可処分所得に占める割合を高めている。保険純増率と土地家屋借入純減率を合計した契約的黒字分の割合は，1970 年代後半以降徐々に上昇し，1981 年から 2005 年までは自由裁量的黒字分である保険以外の金融資産純増率を上回っていた。

　住宅ローン返済や貯蓄性のある保険は実支出以外の支払であり，資産になる支出ではあるが，保険加入や借入を利用して住宅購入を一旦決め

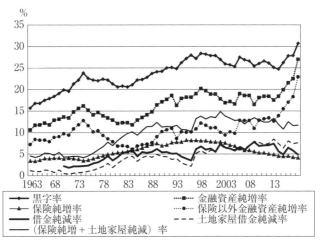

注：1963 年以降は，人口 5 万人以上の都市のデータ

　　2000 年以降は農林漁家世帯含むすべての世帯人員 2 人以上の世帯

資料：1985 年まで『家計調査』長期時系列データ

　　　1986 年以降　総務省統計局『家計調査』各年版（総務省統計局ウェブサイト）

図 3-7　黒字率および黒字内訳項目の割合の推移（勤労者世帯）

ると，その後長期にわたり支出を継続することになる。可処分所得から，実支出以外の支払のうち長期的な契約的支出である保険掛金と土地家屋借入返済金を控除した所得に占める消費支出の割合の推移を図 3-6 に点線で示している。点線の値は 1974 年から 1984 年にかけて 8.5 ポイント上昇している。平均消費性向が低下した 1980 年代から 90 年代前半にかけても低下幅は小さい。1990 年代以降 2015 年までは概ね 85％以上で増減を繰り返している。第一次オイルショック後の 1975 年以降，長期的な契約的支出が所得の自由裁量度を低下させている。その後，2016 年から 2018 年にかけての 2 年間で 4.1 ポイントと大幅に低下している。2015 年以降の消費性向の変化について，借金返済ではなく貯蓄，特に保険以外の貯蓄を増やす形で将来への備えを増加させている。

4. ストックの変化

　フローの黒字率の増加によりストックの貯蓄残高も増加している。総務省『貯蓄動向調査』,『家計調査』により, 1963年以降の勤労者世帯のストックの推移を追う(図3-8)。ここで捕捉される貯蓄は, 金融機関への預貯金, 生命保険, 有価証券, 社内預金などの金融資産である。貯蓄, 負債ともに長期的には概ね増加傾向にあった。貯蓄は2000年代に入り減少あるいはほぼ横ばいであるが, 負債は依然増加傾向にある。

貯蓄

　勤労者世帯の貯蓄保有率は1963年時点で98.8%であり, その後2000年まで97%台から99%台で推移している[4]。平均貯蓄残高は1963年の51万円(2015年値の実質値230万円)から最高値となる1999年の1,393

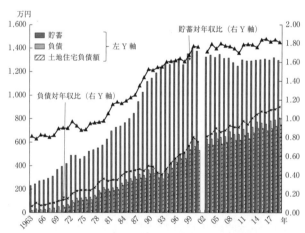

資料:2000年までは総務庁統計局『貯蓄動向調査』, 2002年以降は総務省統計局『家計調査』

図3-8　貯蓄・負債現在高(2015年の実質値)および対年収比の推移(二人以上の勤労者世帯)

万円（同1,400万円）まで，この間に実質値では6.1倍に増加している。2000年代後半には減少し，近年は約1,300万円で推移している。貯蓄残高の対年収割合は，1963年には0.81倍である。1960年代，1970年代は緩やかな増加傾向にあり，1980年には1倍をこえた。その後，1999年の1.77倍まで上昇している。2000年以降はほぼ横ばいで推移した後，2005年から2009年まで貯蓄残額の減少に沿うように減少している。2010年から2018年まで貯蓄残高は約1,300万円であるが，2014年以降の実質収入額が低下したため対年収倍率は高くなっている。

　図3-9には，貯蓄構成割合の推移を示している。1960年代から1970年代にかけて定期性預貯金割合が増加し1980年には貯蓄全体の約半分の49.1％を占めている。定期性預貯金割合は，1980年代は有価証券，保険割合の増加により低下したが，1989年から1992年の3年間で9.3ポイント上昇した。その後，低下傾向にあり，2006年には30％台になった。1970年代半ばまでは，定期性預貯金以外の割合は低下していたが，そのうち生命保険割合は図3-7に示したフローの貯蓄項目の保険純増の推移と沿うように1976年から1997年までは景気の状況にかかわらず上昇している。1963年に16.7％を占めていた通貨性預貯金の割合はその後徐々に低下していたが，1990年代に入り反転上昇し，2017年には28.0％を占めている。流動性の高い通貨性預貯金で保有する割合が高まっている。有価証券の割合は近年10％程度で推移しているが，1963年には約3割を占めていた。1960年代半ばから1980年代半ばまでは20％前後で推移していた。1980年代後半に上昇したが1989年の23.2％をピークに，その後株価の下落に沿って[5] 1992年までの3年間で約10ポイント減少した。1997年以降は通貨性預貯金割合を下回っている。近年は国により「貯蓄から投資へ」のキャッチフレーズで，家計貯蓄は有価証券等のへ振り向けが呼びかけられている。約50年の間に，額を

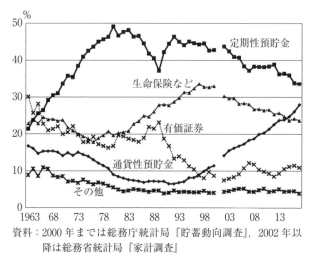

資料：2000年までは総務庁統計局『貯蓄動向調査』, 2002年以
降は総務省統計局『家計調査』

図 3-9　貯蓄構成割合の推移（勤労者世帯）

増加させながら，貯蓄保有の構成が変化している。

負債

　負債もこの約50年間概ね増加してきた（図3-8）。勤労者世帯の負債
保有率は1963年には38.5％であったが，1985年の56.2％まで徐々に
増加した。その後50％台前半で推移している。平均負債現在高は1963
年の4万円（2015年値の実質値19万円）から2018年には821万円（同
807万）に増加している。2000年代に入り貯蓄額はほぼ横ばいであった
が，負債額は図3-8に示すように増加傾向にある。このうち大部分は土
地住宅のための負債である。対年収比は，1963年には0.07倍であった
が，2012年に1倍を超え，2018年には1.13倍になった。図3-10には
世帯主が30歳代，40歳代の住宅ローン返済世帯の平均負債額の対年収
倍率を示している。1980年代には1倍台であったが，2004年以降，30

歳代では 3 倍，40 歳代では 2 倍を超え，以前に比べ負担が重くなっている。特に 30 歳代でその傾向が強く見られる。

　貯蓄，負債ともに保有額（ストック）が増加し，年収（フロー）に対する重みが増加している。フローに比べストックの重みが増すことを家計のストック化という。家計の長期的変化として，所得水準の上昇に伴い黒字率（平均貯蓄性向）が増加，それを受けストックの貯蓄が増加し，家計のストック化が進展した。バブル景気後の 1990 年代後半以降，その様相が変化し，収入，支出の変化は小さくなっているが，負債を抱える世帯では負債の負担が増しつつある。

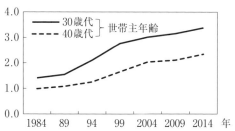

注：世帯人員 2 人以上・勤労者世帯のデータ
資料：総務省統計局『全国消費実態調査報告』各年版
図 3-10　住宅ローン返済中の持家世帯の負債現在高対年収比

【コラム】 平均値・中央値・最頻値

　2017 年の 2 人以上の勤労者世帯の平均貯蓄額は 1,327 万円である。平均値は集団の状況を表す指標の 1 つとしてよく用いられている。世帯あたりの貯蓄額の分布を左右対称の山型のように考えてしまうと，1,327 万円以上の世帯が約半分，1,327 万円より低い世帯が約半分となる。図 1 には 2017 年の貯蓄現在高の世帯分布を示している。中央値（貯蓄額の順に並べて真ん中の世帯の金額）は 743 万円である。また，100 万円の幅の分布では最も世帯数が多い最頻値は 100 万円未満の層である。平均値のみで考えた状況とは異なっているかもしれない。負債現在高では，負債のない世帯を含む平均値は 794 万円であるが，最頻値は 0 円（負債なし）であり，負債保有世帯に限った平均値は 1,467 万円である。左右対称の山型の分布であれば，平均値も最頻値も中央値も同じ値となるが，図示するような分布の場合，それぞれの値は異なる。所得や貯蓄などは，大きな値の方にすそが長く伸びるベキ分布となる。集団の特徴を示す値として平均値が示された場合には，分布状況を考え，確認することが必要である。

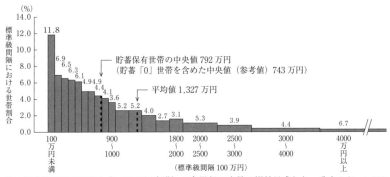

注：標準級間隔 100 万円（1,000 万円未満）の各階級の度数は縦軸目盛りと一致するが，1,000 万円以上の各階級の度数は階級の間隔が標準級間隔よりも広いため，縦軸目盛りとは一致しない。

出典：総務省統計局『家計調査報告（貯蓄・負債編）―平成 29 年（2017 年）平均結果速報―（二人以上の世帯）』p.6

図 1　貯蓄現在高階級別世帯分布（2017 年）
　　　―世帯人員 2 人以上の勤労者世帯―

(注)

1)　集計結果表の表示について，2人以上世帯のみを対象にしていた時には勤労者世帯とそれ以外を含む全ての世帯は「全世帯」とされていたが，単身世帯を対象に含むようになり，2008年から2人以上世帯全体の集計結果は「二人以上の世帯」とされている。単身世帯を含む調査対象全ての世帯の集計結果は「総世帯」と表記されている。

2)　図に示す対象は2000年以降農林漁家を含む世帯人員2人以上の全ての世帯に拡大しているが，人口5万人以上の都市のデータで捉えた場合にも7年連続して減少している。

3)　勤め先収入の分類は，1992年までは「世帯主」「妻」「他の世帯員」，1993年以降は「世帯主」「世帯主の配偶者」「他の世帯員」（「世帯主収入・うち男」「世帯主の配偶者・うち女」が別掲）。「世帯主」は必ずしも男性ではないが，ここではデータの継続性のため1992年までの分類を用いている。世帯主の配偶者が男である場合の収入は，1992年以前は「他の世帯員」に含まれていたが，1993年以降は「世帯主の配偶者」に含まれている。

4)　2002年以降は集計されていない。

5)　東証株価指数は1989年の2,569.27から，90年には2,177.96，91年には1,843.18，92年には1,359.55と大幅に低下している。

参考文献

馬場紀子・宮本みち子・御船美智子『生活経済論』（有斐閣，2002）

江見康一・伊藤秋子『家庭経済学第3版』（有斐閣，1997）

経済企画庁編『平成7年版国民生活白書』（大蔵省印刷局，1995）

内閣府編『平成15年版国民生活白書』（ぎょうせい，2003）

総務省統計局『家計調査年報』各年版（日本統計協会）

橋木俊詔編『戦後日本経済を検証する』（東京大学出版会，2003）

橋木俊詔『家計からみる日本経済』（岩波書店，2004）

宇南山卓「真の貯蓄率と統計のクセ」（日本経済新聞朝刊2010年8月23日から9月1日，2010）

60

1．戦後の世帯人員2人以上の勤労者世帯の収入，支出の推移の概要を
　説明してみよう。
2．家計のゆとりの推移を，平均消費性向の変化により説明してみよ
　う。
3．世帯人員2人以上の勤労者世帯のストックの状況の変化を説明して
　みよう。

4 │ 生活の設計とリスク

《**目標＆ポイント**》　生き生きとした人生をおくるための手段の1つである生活設計について，設計対象の概要を説明し，実現したいことだけでなく，希望しないがおこりうる出来事への対応について考える。
《**キーワード**》　生活設計，ライフイベント，リスクマネジメント，自助・共助・公助

1. ライフサイクルと経済

　平均寿命（0歳の平均余命）は，1950年には約60年であったが，1984年には女性の平均寿命が80年を超えた。2017年の平均寿命は，男性81.09年，女性87.26年と，男性も80年をこえ，女性は90年目前であり，様々なところで「人生100年時代」がキーワードになっている。ラウントリー［1902］は，19世紀末のイギリス・ヨークでの調査をもと

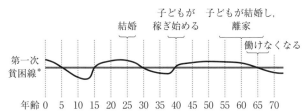

*肉体的な効率だけを維持する最低限必要不可欠なものを手に入れるにも不十分な収入レベル
出典：Rowntree, B.S, 1902, *Poverty：A Study of Town Life*（*3ʳᵈ edition*）, Macmillan, p.137

図4-1　ラウントリーによる男性労働者の生涯の経済変動

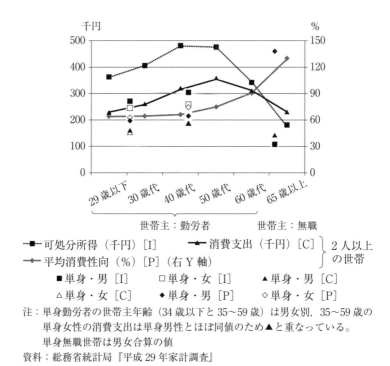

千円 %

世帯主：勤労者　世帯主：無職

┅■┅ 可処分所得（千円）[I]　━▲━ 消費支出（千円）[C]　} 2 人以上
━◆━ 平均消費性向（％）[P]（右 Y 軸）　　　　　　　　　 の世帯

■ 単身・男 [I]　　　□ 単身・女 [I]　　　▲ 単身・男 [C]
△ 単身・女 [C]　　　◆ 単身・男 [P]　　　◇ 単身・女 [P]

注：単身勤労者の世帯主年齢（34 歳以下と 35～59 歳）は男女別，35～59 歳の
　　単身女性の消費支出は単身男性とほぼ同値のため▲と重なっている。
　　単身無職世帯は男女合算の値
資料：総務省統計局『平成 29 年家計調査』

図 4-2　世帯主年齢別家計収支（年平均 1 ヶ月）

に，図 4-1 に示す労働者のライフサイクルの中で経済的な浮き沈みのモ
デルを提示し，就職や結婚，子どもの成長，職業からの引退などのライ
フイベントが経済状態に影響していることを示した。図 4-2 には，2017
年の世帯主年齢別の可処分所得，消費支出を示している。2 人以上の世
帯の場合，世帯主の年齢上昇に伴い，可処分所得は 40 歳代まで，消費
支出は 50 歳代まで増加している。60 歳代以降は，収入も減少するが消
費支出も減少している。世帯主が勤労者の 60 歳代では平均消費性向は
90，65 歳以上の無職世帯では 130 である。単身世帯の場合，2 人以上の
世帯に比べると収支ともに金額は小さいが，平均消費性向の値は近似し

ており，単身世帯，2人以上の世帯ともに50歳代までは60程度から70
台，高齢期には100を超える。職業から引退後は，消費関数のライフサ
イクル仮説に沿うように，預貯金等を引き出しながら生活が営まれてい
る。第一次貧困線の境界の水準ではないが，100年余前と同様に，年齢
上昇やそれに伴うであろう子どもの成長，引退などにより家計収支が変
動している。長い人生を安心して楽しむため，短期的な家計収支のバラ
ンスを考えるだけでなく，長期的に家計収支を考えることが必要であ
る。将来の生活を計画することを生活設計という。

2. 生活の経営

　仕事上だけでなく日常生活においても，何か目指すことがある場合に
は実現に向けて計画を立て，実行に移すことがある。図4-3には生活の
経営過程を示している。

　生活上生じた問題，希望や夢，欲求をもとに，解決すべきことや達成
したいことを目標として設定し，計画をたて，計画に基づき実行する。
目標設定，計画策定，夢や希望の発現も，各人の価値の置き方により異
なる。また，目標設定，特に計画策定の際には，どのようなものが利用

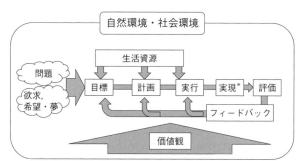

＊目標に到達した場合だけでなく，うまくいかなかった場合も含む
図4-3　生活の経営過程

可能かを考える。生活を営むために利用可能なものを生活資源という。目標に至るまで複数の方法（選択肢）が考えられる場合には，利用可能な生活資源や価値観により1つの方法が選択される。実行の結果，目標に到達する場合だけでなく，到達できなかった場合も含め，その状況に対し，評価を行う。評価次第では目標設定，計画，実行を見直し，やり直すこともある。あるいは，今後の経営過程に生かすことになる。

日々の生活の中の「お腹がすいたので，空腹を満たしたい」や「家計の収支バランスが赤字になりがちで困っている」のような比較的短期で対応が必要な事柄だけでなく，「〇年後に△△になりたい」「数十年後の老後に〇〇をしたい」など長期的に対応するような事柄にも適用できる。「生き生きとした人生をおくりたい」という希望の場合，まずは自分にとって「生き生きとした人生」に欠かせないことを具体的に考えることになる[1]。日々行っている営みそのものが生活であり，時間経過の中で様々な欲求充足を重ねているが，図4-3に示すような事項を意識的に考えることは，生活のあり方を改めて考えることになる。このため，生活設計研究では，生活設計を，目標をたて実現につなげていくだけでなく，生活主体の形成の機会ともとらえている［日本家政学会編，1998］。

3. 生活設計主体とマネジメント領域

生活設計主体

生活設計は個人で考えることもできるし，家族で考えることもできる。家族が解体するかもしれないリスク[2]の高まりだけでなく，解体しない場合においても女性の雇用者化などにより家族員それぞれが自身の生活の将来を考えることが増加している。家族で考える場合には，家族員それぞれの生活設計と突き合わせ，調整を図ることになる。

　藤田は生活設計のマネジメント領域として，①ライフデザイン，②生活資源マネジメント，③リスクマネジメントをあげている［藤田，2001：55-58］。以下では，①②③それぞれについて説明する。

ライフデザイン

　就職や転職，結婚や子ども誕生などのライフイベントの希望，夢や目標の内容を具体的に考え，それぞれの実現時期を考える。夢や目標の大小，実現時期の長短などは自由に考えることができる。

　キャリア理論の 1 つのハプンスタンス・アプローチ（プランド・ハプンスタンス理論）では，キャリア形成は偶然の出来事を活用しながら行われる［クランボルツ，2005］。座して幸運を待つわけではなく，選択肢を狭めないよう視野を広げること，失敗をおそれず挑戦する姿勢，行動を起こすこと，学習し続ける姿勢，好奇心をもつことなどが重要としている。多くの子どもが今は存在しない仕事に就く[3]，あるいは AI の普及により仕事の仕方が変化すると予測されるように，環境自体が変わり，環境が変わる中で目標が変わることもある。

生活資源マネジメント

　生活資源は，人的資源と非人的資源に大別される［近代家庭経営学研究会編，1984：65，ポウルチほか，1985：202］。人的資源には，生活経営主体である人自身の時間，態度，能力，エネルギー，知識，技能などと人的なネットワーク，非人的資源には，金銭，施設など空間，手に入れることのできる物質，利用可能な社会の制度なども生活資源と考えることができる。情報は，生活主体が保有する場合には人に付随するものとして人的資源となり，外部から入手する場合には非人的資源と考えることができる。生活資源の中には，金銭や物質などのように使用すると

減少するものもあるが，能力や技能などのように活用することで向上する可能性のあるものもある。金銭も運用により増加させることができる。

人生100年時代に向けた生活や社会のあり方を提案する『LIFE SHIFT』では，お金に換算できない無形資産（intangible assets）を取り上げ，各人の取組により影響を及ぼしうる要素を「生産性資産（productive assets）」,「活力資産（vitality assets）」,「変身資産（transformational assets）」の3つに分類している。生産性資産には重要なスキルを学び続けたり，それを支えてくれる仲間との関係を築くような能力，活力資産には健康でいようとしたり，他者との良好な関係をつくったり，ストレスにうまく対処しようとする能力，変身資産には自身についての理解し，好奇心旺盛で，人生の中の変化に対応できるような多様性に富むネットワークをつくろうとする能力が含まれる［グラットン，スコット，2016］。いずれも個人の能力であるが，生得的なものではなく，高めることが可能なものである。

自分や家族員の生活資源の実態を把握するとともに，ライフデザインを実現するために必要な生活資源を考え，獲得・蓄積を図ることになる。地域に時間預託可能な助け合いの仕組み[4]があれば，時間も蓄え可能な資源となる。資源間の関係について，時間と金銭のように，一方を得ようとするともう一方を犠牲にせざるを得ない（使わざるを得ない）トレード・オフの関係にあるものもある。

リスクマネジメント

リスクとは，損失発生の確率のことである。損失につながる可能性のある純粋リスクだけでなく，損失あるいは利得につながる可能性ある投機的リスクがある。傷病や死亡などは以前からリスクと認識され，生活設計の中でも特に経済面を中心に対応が検討されていた。

　安定的・固定的と考えられていた雇用環境や家族の状況など個人や家族を取り巻く環境が変化している。ギデンズ［2004：97］は，「人びとの未来は，伝統的社会ほど固定されていないため，あらゆる種類の決定が一人ひとりにリスクをもたらすことになる」と述べる。山田［2001：23-26］は，かつてはセーフティネットと考えられていた家族が，依存してくる家族メンバーが増えることと解体するかもしれないことの2つの点からリスクフルな存在になったと指摘する。また，様々な制度は標準家族モデルを前提としており，そこから「外れる」こともリスクとなり，その可能性が高くなっている［前掲書：28-44］。家庭外だけでなく家庭内の状況についてもリスクとなりうる。

　リスクマネジメントでは，図4-4に示すように，まず，どのようなリスクがあるかを考え，発生時の影響（損失）を試算し，リスク・コントロールやリスク・ファイナンシングのリスク処理案を検討し，実行にうつす。

　リスク・コントロールでは，損失の原因となる事故（ペリル）や事故原因となったり損害を増加させそうな状況（ハザード）を回避可能な場

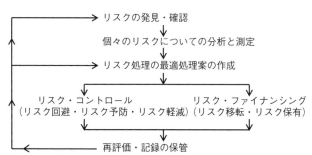

注：出典頁の本文の内容に基づき，（リスク回避・リスク予防・リスク軽減），（リスク移転・リスク保有）を追記
出典：石名坂邦明，1994，『リスク・マネジメントの理論』白桃書房，p.169
　　図4-4　リスクマネジメント・プロセス

合には回避を図ること，事故の発生やハザードの低下を図り予防すること，損害が発生した場合の影響が小さくなるよう図ること，が行われる。

　リスク・ファイナンシングは損害発生時に備えた経済的対応である。リスク移転は保険等にリスクを移すことである。家計の実情を踏まえ特別な対応を要しないと考える場合などにはそのままリスクを保有することも対応方法の1つである。一連の過程を通じて，発生回避などの事前の対応のプリロス・コントロール，発生した場合の速やかな回復であるポストロス・コントロールを行っている ［石名坂，1994：167］。

マネジメント領域の関係

　図4-3に沿うと，ライフデザインから始まるようにみえるが，生活資源マネジメントやリスクマネジメントから始めることもできる。リスクへの対応を考えるため生活資源を考慮する，ライフデザインを実現するため必要な生活資源を考え蓄積を図るなど，これら3つの領域は相互に関連させながら考えることになる。夢や希望が多数ある場合，時間やお金など必要な資源を考え，それらすべての実現を目指すのが難しければ，夢や希望の中で優先順位を決めることになる。3つの領域いずれも可変的である。可変的であるからこそ，マネジメントが必要となる。

　生活設計は将来に向けたものであるが，将来イメージは，現在の状況，過去の経験や嗜好，考えなどを踏まえながら考えることになる。過去から現在，さらに将来へと一方向に考えるだけでなく，将来のイメージをもとに今必要なことを考えるように将来から今へと逆方向に考える場合もある。生活設計を通じて，過去，現在，将来の自分を結ぶことになる。

4. 家計管理と生活設計

　生活設計では金銭だけでなく，様々な生活資源がマネジメント対象で

あるが，ここでは経済活動を中心に，生活設計の方法を採り上げる。

　表4-1には，老後の生活設計の策定状況による老後の収入予測の当てはまりを示している（同一対象者の追跡調査（パネル調査）による）。生活設計をたてている場合には予測と実際のずれが小さく，生活設計を策定する有効性が示唆される。

　生涯の中では，月別あるいは年別の家計収支のバランスが赤字になることもあるが，貯蓄や借り入れを利用しながら，生涯通じて収支のバランスを図ることになる。収支面（フロー）だけでなく，資産（ストック）の管理が必要となる。

［生活設計の流れ］

⓪　現状の確認（現在の収入，支出，資産，負債を把握する）。

①　希望するあるいは予想されるライフイベント，夢や目標をあげ，実現したいあるいは予想される年齢（時期）を考え，必要な費用を見積もる。

表4-1　生活設計策定状況別の老後収入予測

(万円/月)

		対象者数	老後収入の見込額（定年後）	老後収入の見込額（定年前）	老後収入の見込の定年前後のギャップ
老後の生活設計	生活設計をたてている	50	29.3	27.4	1.8
	現在はたてていないが，今後はたてるつもり	96	26.2	22.2	4.0
	今後もたてるつもりはない	23	19.2	23.3	− 4.1
	計	169	26.2	23.9	2.2

注1：調査期間中に60歳を経過したデータセット
注2：1997，2003，2005年の3時点のみの設問のため対象者数が少ない。
注3：公的年金，企業年金，個人年金，勤め先収入，事業収入，財産収入，仕送り収入，その他の収入見込みを積み上げた。無回答は0としている。
出典：ニッセイ基礎研究所『定年前・定年後』(2007) 朝日新聞社，p.119

例：自身の就学や留学，資格取得，就職・転職，旅行や趣味の活動，結婚や出産，子どもの教育，住宅購入，住宅リフォーム，車購入，職業からの引退（老後），移住など

② どのようなペリルやハザードがあるかを考え，回避・予防の方法とリスク・ファイナンシングの方法，金額を見積もる。貯蓄，保険など対応方法を考える。

図 4-5 に示す生活に大きな影響のあった支出の経験[5]はリスクの一例である。支出の経験として，自分や家族の病気をあげた者が多い。離死別者では家族の死亡，有配偶では予期しない家の修理・補修をあげた者も比較的多い。「その他」として学費をあげた者が多く，教育はある程度予測可能な出来事であるが，進路希望の変更や予想外に高額の学費な

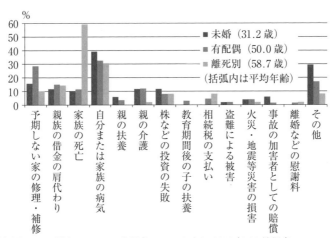

注：首都圏 40 km 圏内の 18〜74 歳対象に 2,156 人に 2012 年 11 月調査
　　生活に大きな影響を与えるほどの多額の支出の経験のある者に対する割合を示している。無回答は除いて集計。
資料：(公財) 生命保険文化センター「生活設計の今日的課題と今後のあり方」調査より作成
図 4-5　生活に大きな影響を与えるほどの多額の支出の経験（複数回答）

どで生活に大きな影響を及ぼしている。図に示されるような出来事が起こりうる可能性は各人の状況によって異なるが，経験した割合を参考にできる。図示していないが，収入途絶・低下の経験では，退職や失業のほか，働き手の死亡や傷病を上げる者が多い。離死別者の場合には別居や離婚をあげる者も多い。

③　①と②（何年後までにどの程度の金額を用意する必要があるか）から各年の貯蓄額を決める。リスクへの備えについては，保険を利用するという方法もある。住宅など高額な場合には貯蓄では長期間必要となるので，借入を利用するかも決める。借入する場合には，返済期間を決め，毎年の返済額を計算する（高額な借入を長期間行う場合には，利息額も高額になるので，利息分を含めた見積もりが必要である（第9章参照）。

④　毎年の収入を見積もる。稼得収入だけでなく，年金や財産収入を含めて見積もる。

⑤　日常的な生活費用の必要金額を見積もる。『家計調査』等の家計に関する調査結果のほか，自身の家計実態を参考にして，必要金額を考える。

⑥　臨時的な費用を見積もる。①であげた項目のほか，持ち家の場合には時折の維持管理・修繕費用や自家用車等高額な耐久財の買い換え費用などについても検討する。

⑦　④と⑤⑥から毎年の貯蓄可能額（必要借入額）を算出する。

⑧　スタート時点の貯蓄，負債の現在高に⑦を加え，各年の資産と負債の残高を算出する。

⑨　各年の③と⑦の金額を突き合わせ，③が実現可能な金額かを検討する。③の方が大きい場合には，優先順位を考えながら①の内容や時期，家族員の就業や資産運用の方法など④の収入増加の可能性，⑤や⑥の支出の削減余地，を再検討する。この中には，社会保障等で対応可能な内容や私的保険に加入の場合に保険で保障される内容を確認することも含まれる。

　上記のように，毎年の収支見通しではなく，まず，概略的に支出見積もりの合計額と収入見積もりの合計額を突き合わせ，収支バランスが破綻していないかを確認してもよい。

　長期的な計画を考える場合，生活設計主体側の状況だけでなく，経済環境，利用可能な社会保障制度など生活主体を取り巻く環境も変化する。物価変動，金利状況やそのほか経済環境を予測しながら，収入や生活費，財産収入を見積もることになる。羅針盤として実現状況を確認するためだけでなく，環境の変化を反映させるため，定期的に現状確認し，必要に応じて見直すことが不可欠である。

5. 生活の保障―自助・共助・公助―

　高齢期の生活を考える場合，収入源として貯蓄や私的保険のほか，就労による収入や公的年金などが想起される。子どもからの支援を期待する人もいるかもしれない（第11，12章参照）。育児期の子育てでは，幼稚園や保育所のほか，家族（親）や近所の人，子どもの友達の親仲間，育児サークルなどにお願いしたり，ベビーシッターサービスを利用することもある。図4-6に示すような多様な主体により生活保障が担われており，これらを組み合わせて生活を営んでいる。公助や共助のあり様により，貨幣で表される経済状態や私的な経済的準備の必要性が異なる。自助，共助，公助（共助と別に互助を加えている場合もある）については，その含む範囲が必ずしも定まっておらず[6]，社会保障制度改革国民会議の議論では，そのあり方の「検討を生産的に行うためには，自助・共助・公助等について，概念規定を明確にすべき」とされている。線引きは必ずしも定まっていないが，自分が行う，家族が互いに担う，企業やNPOが提供するサービスを購入する，社会保障のサービスを利用する，地域のボランティアの人や組織が提供するサービスを利用するな

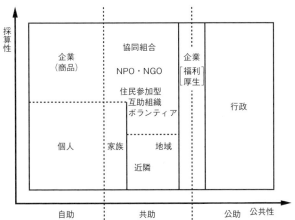

注：採算性は，自助，共助，公助の中の相対的な度合いを示す。
　　1つ1つの面積の大きさは例示的に示したものである。
出所：青井監修，蓮見編（1991）p.147 図 3.8 を参考に筆者が独
　　自に加筆。
出典：重川「福祉社会と生活保障」御船・上村編（2001）『現代
　　社会の生活経営』光生館 p.129 を一部修正

図 4-6　生活保障の供給主体

　ど，さまざまな資源を組み合わせながら生活を営むことになる。生活設
計を考える時にも，共助や公助を踏まえて，自助のあり方を考えること
になる。図 4-7 に示すように社会保障は，高齢期だけでなく生涯を通
じ，展開されている。

　共助のあり方は地域の一人ひとりの関わり方が決めることにもなる。
共助，公助の現状に鑑み，自助として何が必要か―個人としてどのよう
な準備をするのか―を考えるとともに，社会の自助，共助，公助のバラ
ンスについて考えることが必要である［重川，2004：205］。

74

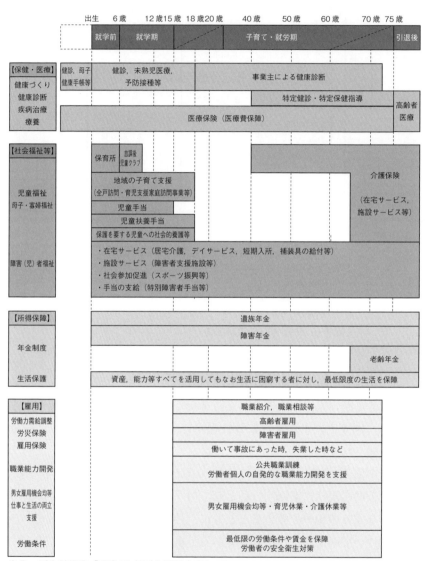

出典：厚生労働省『平成 29 年厚生労働白書』p.8

図 4-7　ライフサイクルと社会保障

（注）

1)　人生の中で目指す方向性とでもいうべき漠然としたあり様について，「生活目的」という語を用いることもある［江澤：2014，乗本：2014］。

2)　ベック［1998］は，「家族と個人の人生との関係はゆるめられ」，「家族の内側と外側で，男性と女性のそれぞれの人生の独立性が，あらわになってきた」と指摘している。

3)　Davidson［2012，18］は，本の中で2011年の小学校新入生の65％は今は存在しない仕事に就く，という予測を示している。

4)　助け合い活動に参加した時間を蓄積し，自分が助けて欲しいときに引き出すことのできる仕組み。時間を単位とした地域通貨も時間預託の仕組みの1つである。

5)　生活に影響のある大きな支出を経験した割合は，未婚8.8％，有配偶14.6％，離死別29.9％，また，収入途絶・低下を経験した割合は，未婚28.5％，有配偶34.9％，離死別42.6％である。

6)　1996年の厚生白書では，家族，地域社会・ボランティア等の互助ネットワークや企業などの支援を自助，共助とし，これらで対応できない場合に社会保障で対応すると示されていた。厚生労働省の地域包括ケア研究会の報告書［2013］を受け，今後の高齢者福祉のあり方として提示されている「地域包括ケアシステム」では，生活保障の提供のされ方を自助・互助・共助・公助の4つに分け，互助は「費用負担が制度的に裏付けられていない自発的なもの」，共助は「介護保険に代表される社会保険制度及びサービス」としている。内閣府の「共助社会づくり懇談会」の設置趣旨（2013年）では，「特定非営利活動法人等による地域の絆を活かした共助」と示され，地域の助け合いなどが共助と認識されている。金子［2012：12］は地域福祉システムモデルを提唱し，福祉サービスの提供のされ方として自助，互助，共助，公助，商助の5つをあげている。

参考文献

Beck, Ulrich. *Risikogellschaft*, Suhrkamp Verlag, 1986（ウルリヒ・ベック著，東廉・伊藤美登里訳『危険社会』法政大学出版会，1998）

Christensen, Clayton M, J. Allworth, K. Dillon. *How Will You Measure Your Life?*, HarperCollins, 2012（C.M.クリステンセン，J.アルワース，K.ディロン著，櫻井

祐子訳『イノベーション・オブ・ライフ』翔泳社，2012)

地域包括ケア研究会『地域包括ケアシステムの構築における今後の検討のための論点』(三菱 UFJ リサーチ＆コンサルティング株式会社，2013)

Davidson, Cathy N., *Now You See It: How Technology and Brain Science Will Transform School and Business for the 21st Century*, Penguin Books, 2012

江澤雅彦「生活保障と世帯構造」『生活設計の今日的課題と今後のあり方』(生命保険文化センター，pp.7-28，2014)

藤田由紀子「リスクと生活設計」御船美智子・上村協子『現代生活の生活経営』(光生館，pp.49-61，2001)

Giddens, Anthony. 2001, *Sociology Fourth edition*, Polity Press (アンソニー・ギデンズ，松尾精文他訳『社会学（第 4 版）』而立社，2004)

Gratton, Lynda, Scott A., *The 100-year Life*, Bloomsbury Information, 2016 (L・グラットン，A・スコット著，池村千秋訳『LIFE SHIFT』東洋経済新報社，2016)

石名坂邦明『リスク・マネジメントの理論』(白桃書房，1994)

金子勇「少子化する都市高齢社会」(『都市社会研究』第 4 号，pp.1-20，2012)

近代家庭経営学研究会編『近代家庭経営学』(家政教育社，1984)

厚生省『平成 8 年版厚生白書』(1996)

厚生労働省『平成 29 年版厚生労働白書』(2017)

Krumboltz, John. D., A.S. Levin, *Luck Is No Accident*, Impact Publishers, 2004 (J.D. クランボルツ，A.S. レヴィン著，花田光世・大木紀子・宮地夕紀子訳『その幸運は偶然ではないんです』ダイヤモンド社，2005)

奈良由美子『生活とリスク』(放送大学教育振興会，2007)

日本家政学会編『生活設計論』(朝倉書房，1988)

ニッセイ基礎研究所『定年前・定年後—新たな挑戦「仕事・家族・社会」』(朝日新聞社，2007)

乗本秀樹「生活設計における目標設定の考え方」『生活設計の今日的課題と今後のあり方』(生命保険文化センター，pp.41-63，2014)

Paolicci, Beatrice, Hall, A. Axinn, N., *Family Decision Making An Ecosystem Approach*, John Wiley & Sons (B・ポウルチ，O・A・ホール，N・W・アシキン著，丸島令子・福島由利子訳『家族の意志決定—生活の質の向上のために—』家政教育社，1985)

Rowntree, B.S, *Povety: A Study of Town Life*（3*rd edition*），Macmillan, 1992
　（https://archive.org/stream/poverty00unkngoog#page/n12/mode/1up）

重川純子「生活設計と家計のリスク」『生活設計の今日的課題と今後のあり方』（生
　命保険文化センター，pp.65-80，2014）

重川純子「高齢者の生活と生活保障」重川純子編『生活の経済』（放送大学教育振
　興会，pp.191-206，2004）

重川純子「福祉社会と生活保障」御船美智子・上村協子『現代社会の生活経営』（光
　生館，pp.127-142，2001）

山田昌弘『家族というリスク』（勁草書房，2001）

学習課題

1．リスクマネジメントの方法を説明してみよう。

2．自分の今後予定するライフイベント，起こりうるリスクにどのよう
　　なものがあるか考えてみよう。

3．自分の暮らす地域の共助（近隣や地域の助け合い，ボランティアな
　　ど）にはどのようなものがあるか調べてみよう。

5 | 賃金と所得格差・貧困

《**目標＆ポイント**》 所得を得るための経済活動として，職業に就いて働くことが多い。就業者の多くを占める雇用者の賃金を取り上げ，就業形態や年齢などの属性による金額の相違，就業に関する賃金・所得保障の制度について概説するとともに，所得の格差・貧困について考える。

《**キーワード**》 雇用者化，賃金，最低賃金，失業給付，所得格差，ジニ係数，絶対的貧困，相対的貧困

1. 就業形態の変化

　家計が家計外から新たに得る収入（実収入）には，就労による収入のほか，保有資産をもとに得られる収入，社会保障制度による収入，ほかの家計などからの移転による収入などがある。家計により収入源は様々であるが，生涯のかなり長い期間，就労により収入を得ることが多い。

　表 5-1 には，従業上の地位と雇用形態別の就業者数割合の推移を示している。高度経済成長期初期の 1955 年には自営業主と家族従業者の合計割合が過半数を占めていた。その後，自営業主，家族従業者割合は減少し，就業者が雇用者化し，2018 年には就業者の約 9 割が雇用者[1]である。雇用者率を男女で比較すると，1965 年までは男性の雇用者率は女性に比べ約 20 ポイント高かったが，その後，差は縮小し，2005 年には男女ともにほぼ同じ割合になり，その後逆転している。家族従業者は，「自営業主の家族で，その自営業主の営む事業に無給で従事してい

表 5-1　従業上の地位・雇用形態別就業者数構成割合

(%)

| | 自営業主 | 家族従業者 | 雇用者 | 性別の雇用者率 | | 役員を除く雇用者中, 正規職員・従業員率＊ | | |
				男性	女性	男女計	男性	女性
1955	25.1	31.4	43.5	52.2	31.2			
1965	19.9	19.3	60.8	68.8	48.6			
1975	18.0	12.0	69.8	75.8	59.8			
1985	15.8	9.6	74.3	78.9	67.2	83.6	92.6	67.9
1995	12.1	6.1	81.5	83.7	78.3	79.1	91.1	60.9
2005	10.2	4.4	84.8	85.0	84.7	67.7	82.2	48.2
2015	8.5	2.5	88.5	87.4	89.8	62.3	78.0	43.0
2018	8.0	2.3	89.1	87.8	90.7	61.8	77.6	43.2

＊2005, 2015, 2018 の値は 1〜3 月平均の値
資料：総務省統計局『労働力調査　長期時系列データ』表 4, 表 9（総務省統計局『労働力調査』ウェブサイト）より作成

る者」であり，自らの稼得は無給である。男女ともに雇用者化する中，就労している場合にはそれぞれが収入を手にするようになっている。

　雇用形態別割合の推移について，1985 年には正規職員・従業員割合が約 8 割を占めていた。その後，約 6 割にまで低下している。性別では，男性の場合 1985 年には正規が 9 割を超えていたが，近年は 8 割を下回っている。女性の場合 1985 年時点で 7 割弱であったが，2000 年代に入り正規は半分以下になっている。

　2 つ以上の仕事に就労する副業を持つ者は，総務省統計局『就業構造基本調査』によると，2017 年には雇用者全体では 4.0％である。正規雇用では 2.0％，非正規雇用では 5.9％である。現在の仕事を続けながら追加就業を希望する者は，全体では 6.4％，正規 5.4％，非正規 8.5％である。副業のある人の本業の年収は 99 万円未満が 29％，149 万円未満までで 43％を占め，1,000 万円以上の割合は 5.7％である（副業のない人の場合，99 万円未満 17％，149 万円未満まで 27％，1,000 万円以上 3.3％）。

高所得で知識や技能を活かして副業を行う者より，主な仕事では十分な収入が得られないため追加的に就業する者が多い。個人のもつ物や能力，空間，時間などを他の個人等も活用しやすくする新しい経済の動きであるシェアリングエコノミーが広がりつつある中，副業の機会がひろがり追加収入を得られる可能性とともに，雇用のあり方や働き方が変わる可能性も指摘されている［スンドララジャン，2016，重川，2018］。

2. 賃金

　就業者の多くが雇用者として就業し，賃金を得て生計を営んでいる。賃金の支払いについては，労働基準法（第24条）で定められており，毎月1回以上，一定の期日を定めて支払われることになっている。

　賃金は，図5-1に示すように，あらかじめ決められた条件や算定方法に基づき支払われる「定期給与」とそれ以外の「特別給与」に分けられる。定期給与は，基本給や役職手当などの「所定内給与」と所定の労働時間の超過分に対する「所定外給与」で構成される。雇用者の場合，税金や社会保険料が源泉徴収され給与を受け取ることが一般的である。

　以下では，賃金に影響を与える項目として，年齢，性別，雇用形態を取り上げ，常用労働者を雇用する事業所を調査対象とする厚生労働省

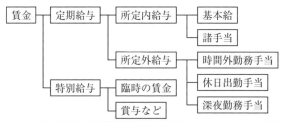

出典：厚生労働省「最低賃金制度の概要」ウェブサイト中「最低賃金の対象となる賃金」頁の図に「特別給与」を加筆
https://www.mhlw.go.jp/www2/topics/seido/kijunkyoku/minimum/minimum-12.htm

図5-1　賃金の構成

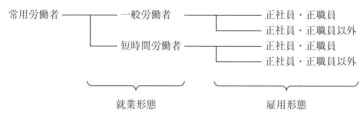

短時間労働者：同一事業所の一般の労働者より1日の所定労働時間が短い又
　　　　　　　は1日の所定労働時間が同じでも1週の所定労働日数が少な
　　　　　　　い労働者
一般労働者：短時間労働者以外の労働者
出典：厚生労働省『賃金構造基本統計』用語の解説より

図 5-2　『賃金構造基本統計調査』における労働者の分類

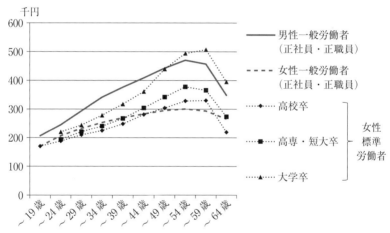

一般労働者：常用労働者のうち，「短時間労働者」以外の労働者
標準労働者：学校卒業後直ちに企業に就職し，同一企業に継続勤務しているとみな
　　　　　　される労働者
資料：厚生労働省『平成29年賃金構造基本統計調査』

図 5-3　年齢別所定内給与月額

『賃金構造基本統計調査』[2] により賃金の実態を概観する。常用労働者は，就業形態，雇用形態により，図5-2に示すように分類されている。

年齢

図5-3には，正社員・正職員の年齢階級別の平均所定内給与を示している。男女で傾きが異なるが，いずれも概ね年齢上昇に伴い所定内給与が上昇している。女性の場合，結婚や出産・子育てなどによる就業の中断も少なくないので，学校卒業後企業に就職し，同じ企業で継続勤務している「標準労働者」の年齢階級別の所定内給与額を示している。学歴により傾きが異なるが，男性一般労働者（正社員・正職員）同様に，50歳代まで上昇している。年齢や勤続年数に伴い賃金が上昇する年功賃金型の賃金カーブとなっているが，図5-4に示すように，若い世代では賃金カーブが緩やかになっている。

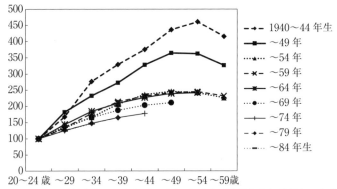

注1：厚生労働省「賃金構造基本統計調査」，総務省「消費者物価指数」より作成。
注2：2. 20〜24歳のきまって支給する現金給与額と年間賞与を100とした場合の各年齢層の実質賃金
出典：内閣府『男女共同参画白書 平成15年版』第1-2-13図にデータ追加

図5-4　コーホート（出生年）別男性の年功賃金カーブ（学歴計，産業規模計）

男女[3]

　各年の男性の賃金（所定内給与）を 100 として，女性の賃金水準の推移を追う。1986 年の男女雇用機会均等法施行後の 1990 年においても60.2 と低い。その後徐々に格差は縮小するが 2017 年においても 73.4 である。男女間で，勤続年数や学歴分布が異なるため，学歴，勤続年数，企業規模の分布を共通に調製した格差の値が算出されている。1990 年の値は 76.2 と大幅に改善されるが，その後の変化は小さく，2017 年 81.1である。27 年間の改善幅は 4.9 と小さく，依然男女間で賃金格差がみられる。

雇用形態

　一般労働者を取り上げ，雇用形態として，正社員・正職員（以下では正規雇用）と正社員・正職員以外（以下では非正規雇用）の賃金（所定内給与）を比較する。1 ヶ月の平均所定内実労働時間は，正規雇用の場合男性 166 時間，女性 164 時間，非正規雇用の場合男性 165 時間，女性162 時間である。年齢階級別でも正規雇用と非正規雇用間の差は小さい。図 5-5 には，1 時間あたりの賃金額を示している。正規雇用の 1 時間あたりの所定内給与額は，平均給与月額と同様に年功的である。非正規雇用の場合，賃金は男性では 30 歳代以降ほぼ同額，女性では 30 歳代後半以降緩やかながら低下傾向にある。男女ともに，雇用形態により時間あたりの賃金水準が異なり，非正規雇用の賃金を 100 とすると正規雇用の水準は，20 歳代前半では約 110 であるが，20 歳代では約 120，30 歳代前半では約 130 と拡大し，50 歳代前半では男性 180 台，女性 150 台と，年齢上昇に伴い雇用形態による格差が拡大している。

　非正規雇用の場合には賞与がないことも多く，特別給与を含めると正規雇用と非正規雇用の賃金格差はさらに大きい。厚生労働省『平成 28

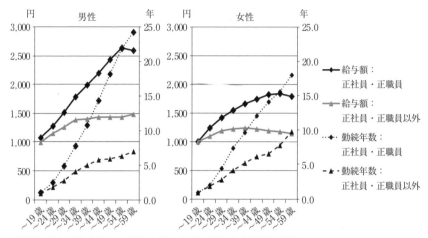

1時間あたり所定内給与＝所定内給与月額÷所定内実労働時間数
資料：厚生労働省『平成29年賃金構造基本統計調査』より作成

図5-5　一般労働者の雇用形態別・年齢階級別1時間あたり所定内給与額

年パートタイム労働者総合実態調査』によると，パートタイム労働者の
16.6％は「業務の内容及び責任の程度が同じ正社員がいる」と認識して
いる。そのうち，33.8％が「賃金水準は低く，納得していない」と，待
遇に問題を感じている。30.8％は「賃金水準は低いが，納得している」
と回答しており，業務内容，責任が同じ正社員がいる場合，その3分の
2が賃金水準が低いと認識している。2018年の働き方改革推進関連法制
定により，同一労働同一賃金を含め，雇用形態にかかわらない公正な待
遇の確保が図られることになった。正規雇用労働者とそれ以外のパート
タイム・有期雇用・派遣労働者の間で，均等・均衡待遇が義務化された。
ただし，「均等待遇」とは「通常の労働者と職務内容や職務内容・配置
の変更範囲が同一の場合において，不合理な差別待遇をしてはならない
こと」，「均衡待遇」とは「職務内容等が異なる場合において，通常の労

働者とのバランスをとって処遇をすること」とされており，それぞれの
待遇の適用については，その待遇の性質・目的に照らして判断すべきも
のとされている。

3. 最低賃金・失業給付

最低賃金制度

　雇用者に対して最低賃金額が定められており，その金額以上の賃金が
保障されることになっている（1959（昭和34）年に最低賃金法制定）。
最低賃金には，地域別最低賃金と特定最低賃金がある。地域別最低賃金
は，それぞれの地域の労働者の生計費，賃金，事業の賃金支払い能力を
考慮して都道府県ごとに定められている[4]。各都道府県内で働く全雇用
者に適用される。

　特定最低賃金は，特定の産業に設定される最低賃金である。各地域の
最低賃金審議会が地域別最低賃金よりも金額水準の高い最低賃金を定め
ることが必要と認めた産業について設定される[5]。

失業給付

　雇用者が失業した場合，雇用保険に加入し，一定条件を満たしていれ
ば，失業給付を受け取ることができる[6]。雇用保険は労働者を雇用する
事業主に対し強制適用される社会保険の1つであり，社会保険料を雇用
主と労働者が負担している。被保険者期間や離職理由，年齢などにより
給付日数が決まり，最低90日から最長360日まで，失業給付を受けるこ
とができる。支給額（基本手当日額）は，離職直前6カ月に毎月決まっ
て支払われた賃金から算出された日額のおよそ50〜80%（60〜64歳は45
〜80%）であり，年齢により上限が設定されている。後述のように諸外
国に比べて必ずしも高い水準ではないが，雇用者の場合には失業し稼得

収入を失っても，一定期間この給付により生活が支えられる。自営業等の場合には職を失うことに対し，各自で備えを考える必要がある。

　図 5-6 には OECD（経済協力開発機構）加盟国の最低賃金，失業給付を雇用者賃金と対比した値を示している。就労者の賃金の中央値に対する最低賃金の水準は，トルコの 76 からアメリカの 35 の間に分布している。日本は 40 と，比較的低い水準である。最低賃金の水準について，その低さが指摘される一方，最低賃金水準の上昇は雇用を絞る方向へ作用するとの指摘もある。

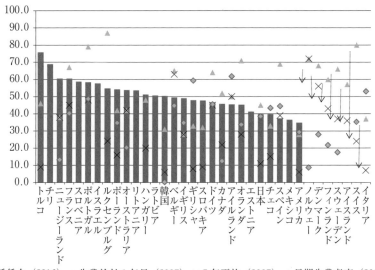

■ 最低賃金（2016）　▲ 失業給付 1 年目（2007）　× 5 年平均（2007）　◆ 長期失業者率（2012）
最低賃金は，フルタイム就労者の賃金の中央値に対する値。
失業給付は，継続して就労している 40 歳について，4 つの世帯類型，2 つの給与水準（フルタイム就労者の賃金の 67％と 100％）を考慮して平均値が算出されており，その額に対する値。「5 年平均」は 5 年間の平均金額に対する値。
長期失業率は，失業期間 1 年以上の者が失業者全体に占める割合。
資料：最低賃金：OECD. StatExtracts: Minimum relative to average wages of full-time workers により作成
出典：失業給付：OECD *"OECD EMPLOYMENT OUTLOOK 2009"* p.76
　　　長期失業率：労働政策研究・研修機構『データブック国際労働比較 2014』（資料出所は OECD データベース）

図 5-6　就労者の賃金に対する最低賃金水準・失業給付水準の国際比較

　1 年目の失業給付は，ルクセンブルグ 87 からアメリカ，イギリスの 28 の間で分布しており，日本は 45 と比較的低いグループに位置している。先述の通り日本の失業給付の基本手当の支給期間は最長 360 日間であるため，5 年間平均では 11 とさらに低い。日本の長期失業者割合（2012 年）は 38.5％と比較的高いが，失業給付は長期失業者に対応しておらず，貯蓄の取り崩しやほかの社会保障の利用で対応することになる。失業給付水準と長期失業者割合の関係について，5 年平均の失業給付水準の高い国において長期失業割合が高いという傾向はみられない。

4.　所得の格差

　雇用者の場合，就業形態や年齢，性などにより賃金水準が異なっていた。雇用者だけでなく，就業形態や所得の源泉により所得金額が異なり，所得に開きがある。格差は集団の中で，どの程度ばらついているかを示す。必ずしも格差の存在が完全に否定されるわけではなく，ばらつきの大きさが問題となる。また，格差の変化を捉える場合には，ばらつき度合いとともに階層の固定化も重要な観点となる。

　就労による所得のほか，財産所得や仕送りなどの合計を当初所得といい，当初所得から税金と社会保険料を控除し，現金と現物の社会保障給付を加えたものを再分配所得とよぶ。労働や保有資産により獲得した所得に対し，税や社会保障を通じ再配分が行われている。厚生労働省『平成 26 年所得再分配調査』では，世帯あたりの当初所得の平均年収は 392.6 万円，平均再分配所得は 481.9 万円である。図 5-7 には当初所得と再分配所得の世帯分布を示している。再分配により低所得層では大幅に世帯割合が減少し，300 万円前後の所得階層の世帯割合が増加している。

　格差の状況を示す指標の 1 つにジニ係数がある。所得の低い方から高

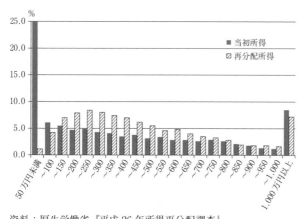

資料：厚生労働省『平成 26 年所得再分配調査』

図 5-7　当初所得と再分配所得の世帯分布

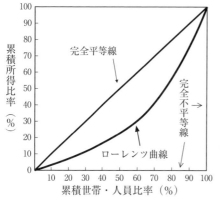

図 5-8　ローレンツ曲線

い方に順に並べ，図 5-8 に示すように，横軸を累積世帯（あるいは人員）比率，縦軸を累積所得比率として所得の分布状況を表した線をローレンツ曲線という。すべての世帯が等しい所得であれば，四角形の対角線と重なり，この線を完全平等線（均等分布線）という。集団の 1 世帯だけがすべての所得を独占している場合には，横軸と右 Y 軸に重なり，この線を完全不平等線という。ローレンツ曲線は所得格差が小さければ完全平等線に近づき，格差が大きければ完全不平等線に近くなる。この状況を数値で表したものがジニ係数である。ジニ係数は，完全平等線とローレンツ曲線で囲まれた面積が完全平等線と完全不平等線で囲まれた三角形の面積に占める比率であり，0 から 1 の値をとる。0 は完全に平等な状態，1 は 1 世帯による独占状態であり，値が小さい方が格差が小さいこ

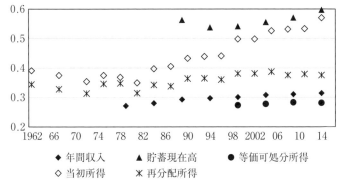

資料：年間収入，貯蓄現在高：総務省統計局『全国消費実態調査』（2人以上の世帯）
　　　等価可処分所得：同（総世帯）
　　　当初所得，再分配所得：厚生労働省『所得再分配調査』

図 5-9　ジニ係数の推移

とを示す。所得だけでなく資産ついても同様に算出できる。『平成26年所得再分配調査』では，当初所得のジニ係数は0.5704であるが，再分配後0.3759に低下し，再分配により所得格差が改善している。

　図5-9にはジニ係数の推移を示している[7]。所得再分配調査の当初所得では1980年代以降概ね上昇傾向にあり，2014年に最も高い。再分配所得では1980年代，1990年代に比べ2000年代には高くなっているが，横ばいで推移している。総務省統計局『全国消費実態調査』の二人以上の世帯の年間収入では少しずつ上昇し，格差の拡大傾向を示している。単身世帯を含む総世帯の等価可処分所得[8]では2009年までは上昇傾向にあったが，2014年にはわずかに減少している。格差拡大要因について，小塩［2006］は，高齢化要因が主ではあるが年齢階層内格差も小さくないことをあげている。『全国消費実態調査』では，二人以上の世帯についてストックのジニ係数も算出している。所得に比べるとストックの格差は大きい。金融資産（貯蓄現在高）は1999年以降上昇傾向にあ

り，2014年の値は0.597である。図示していないが，住宅・宅地資産の格差は価格が高騰していたバブル期の約0.7に比べると縮小し，1999年以降横ばいになっているが，2014年の値は0.565と高い。

5. 貧困

絶対的と相対的

　家計の変化で取り上げたように，平均値では概ね収入額は増加し，経済的に豊かになり貧困問題は解決したように考えられていた。近年，格差の底辺層の「貧困」に焦点があてられている。

　貧困は個々の状態に対するある一定の評価であり，岩田［2007：29］は，貧困を「あってはならない」「容認できない」など価値判断を含む語としている。貧困をとらえる場合，絶対的貧困と相対的貧困というとらえ方がある。絶対的貧困は必要最低限の生活水準が満たされていない状態としてある基準を設定し，それ以下の状況を貧困と考える。例えば，世界銀行では「極端な貧困の撲滅」として，1日1.90ドル未満[9]で暮らす人々の割合を世界全体で2030年までに3％まで減少させることを目標としている。相対的貧困は，ある国や地域の全体的な状況が考慮され，その国や地域の多くの人に比べ生活水準が低い状況のことを示す。相対的貧困率は対象集団の収入の中央値を基準にその一定割合（OECDでは50％）以下の者（世帯）割合を示しており，中央値の一定基準以下を「あってはならない」と考えていることになる。このように，貧困をとらえる場合に所得が用いられることが多いが，ピーター・タウンゼントは，「剥奪」という観点からとらえている。社会の中で普通の生活様式や慣習，活動と考えられていることから排除されている状態を貧困とし，収入だけでなく生活全般から捉えている。社会の平均的な生活水準の高い日本ほか先進国においても，その中で貧困な状況にあ

る人が存在するかもしれない，ということになる。貧困撲滅などのための支援を行う国連開発計画では，貧困について，「貧困は物質的な豊かさに必要なものがないとうことを意味するだけではない。人間開発にとって最も基本的なもの，つまり健康で創造的な生活を長く送り，つつましい生活水準を維持し，自由・尊厳・自尊心・他者からの尊敬を享受するために必要な選択肢が与えられないことも意味する。」[国連開発計画，1997：4-5] と述べ，経済的な側面だけでなく生きること全般に関わる問題とし，選択肢と機会 [前掲：5] が重要としている。

相対的貧困率

　図 5-10 には OECD の基準で作成された相対的貧困率の推移を示して

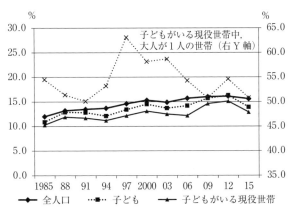

注：1) 1994 年の数値は兵庫県，2015 年の数値は熊本県を，それぞれ除いたものである。
　　2) 貧困率は，OECD の作成基準に基づいて算出している。
　　3) 大人とは 18 歳以上の者，子どもとは 17 歳以下の者をいい，現役世帯とは世帯主が 18 歳以上 65 歳未満の世帯をいう。
　　4) 等価可処分所得金額不詳の世帯員は除く。
資料：厚生労働省『平成 28 年国民生活基礎調査 結果の概要』

　図 5-10　相対的貧困率の推移

92

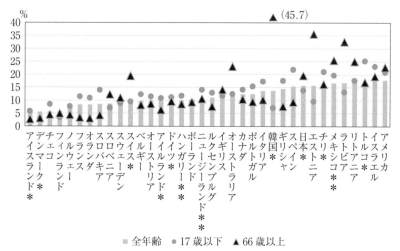

■ 全年齢　● 17歳以下　▲ 66歳以上

＊ 2015年，＊＊ 2014年の値

資料：OECD Income Distribution database
OECD（2018），Poverty rate（indicator）．doi: 10.1787/0fe1315d-en（Accessed on 25 December 2018）

図 5-11　OECD 各国の相対的貧困率

いる。相対的貧困率として，世帯の可処分所得を世帯人員の平方根で割って算出した等価可処分所得の中央値の半分を基準額とし，その額に満たない世帯員の割合が算出されている。子どもの貧困率は，17歳以下の子ども全体の中で基準額に満たない17歳以下の子どもの占める割合である。人口全体の相対的貧困率は1985年は12.0％であったが，その後上昇傾向にあり，2012年に16.1％になった。2015年は若干低下したが，およそ6人に1人が貧困状態にある。子どもの貧困率も1985年には10.9％であったが2012年には16.3％へ上昇し，その後やや低下している。子どものいる世帯のうち，大人が1人（多くは母子世帯）の世帯では過半数が貧困という深刻な状況である。

　図5-11にはOECD各国の相対的貧困率を示している。2016年の

OECD 加盟国の平均は 11.6％である。アイスランド，デンマーク，フィンランド，ノルウェーの北欧の国で割合が低い。15.7％（2015 年）の日本は貧困率の高い国の 1 つである。同じ図に，子ども（17 歳以下），高齢者（66 歳以上）を対象とした相対的貧困率を示している。フィンランドやポーランドやイギリスのように全年齢とほぼ同程度の国もあるが，全年齢層に比べ，子どもや高齢者の層の貧困率が高い国がみられる。全体的には，全年齢層に比べると子どもの貧困率が高く，高齢者の貧困率が低い国が多い。日本の場合，子どもの貧困率は全年齢より若干低い 13.9％であるが，高齢者の貧困率が 19.6％と高い。それぞれの国の収入源や社会保障制度などとつきあわせて検討する必要がある。

相対的剥奪

　相対的剥奪について，調査に基づき社会的必需項目として設備（例：電子レンジ），社会生活（例：親戚への冠婚葬祭への出席），保障（例：医者にかかる，老後に備えるための年金保険料），住環境（例：家族専用のトイレ）に関する合計 16 項目を設定し，それらの普及率[10]を調査している［阿部，2006］。すべての項目が普及している割合は65.1％，1 つだけ普及していない割合は 20.5％，2 つ普及していない割合 5.3％，3 つ以上普及していない割合は 9.1％である。属性別の特徴として，30 歳代から 50 歳代の単身者，世帯に病人のいる人，母子世帯，20 歳代の若者，70 歳以上の高齢者は相対的剥奪の確率が高いことが示されている。また，所得との関連について，世帯所得が 400〜500 万円が閾値であり，それより低いと剥奪の度合いが高くなることも示されている。その後，それを発展させて社会的排除の指標を作成し，調査が行われている。以下，概要をみてみよう［阿部，2007］。基本ニーズの不備，物質的剥奪，制度からの排除，社会関係の欠如，適切な住環境の欠

如，レジャーと社会参加の欠如，主観的に判断される経済状況の7つの領域について合計約50項目の実態をとらえている。それぞれの利用，関与について，「使いたくない」「関心がない」など本人の希望によるものかを尋ねており，必要，希望があるのに利用・関与できない状況が調査されている。分析の結果，従来の貧困像と異なる男性，単身者，勤労者などにも社会的排除の確率が高まっていることや解雇や離婚，病気・怪我などの経験が現在の社会的排除に結びつく可能性が高いこと，同様に15歳の時の経済的に不利な状況がその後の社会的排除に影響していることが示されている。また，所得と社会的排除の間には関係があるものの，低所得であることは社会的排除の目印として機能しない，と指摘している。

　相対的剥奪や社会的排除では，指標としてその社会の人々の多くがどのように考えるか，という「合意」，世論がベースとなる。賃金の水準や所得保障の水準などについても，生活の実態を踏まえ，「あってはならない」「容認できない」水準はどのように考えられるだろうか。

（注）
1)　「雇用者」は，「雇う側」employer として用いられる場合と「雇われる側」employee として用いられることがある。就業状況を捕捉している代表的な調査である総務省『労働力調査』では「会社，団体，官公庁又は自営業主や個人家庭に雇われて給料・賃金を得ている者及び会社，団体の役員」を，同『就業構造基本調査』では役員は含まず「会社員，団体職員，公務員，個人商店の従業員など，会社，団体，個人，官公庁，個人商店などに雇われている者」を「雇用者」としている。
2)　5人以上の常用労働者を雇用する民営事業所と10人以上の常用労働者を雇用する公営事業所が対象。常用雇用者とは，期間を定めず，あるいは1か月を超える期間を定めて雇われている労働者，それ以外の労働者のうち，4月及び5月にそれぞれ18日以上雇用された労働者である。6月分の賃金などを7月に調査している。

3)　労働政策研究・研修機構［2018：248］より。

4)　各都道府県の地方最低賃金審議会（労働者代表，使用者代表，公益代表により構成）において決定されている。

5)　非金属鉱業のみ全国単位で決められている。

6)　パートタイム就労の場合でも，31 日以上引き続き雇用される見込みがあり週あたり所定労働時間が 20 時間以上の場合には，雇用保険の加入対象となる。

7)　調査により，対象者や捕捉している所得が異なる。調査による相違については，内閣府（2007）において検討が行われている。

8)　世帯の年間可処分所得を当該世帯の世帯人員数の平方根で除した値。

9)　以前は 1 日 1.25 ドルに設定されていたが，2015 年 10 月に 1.90 ドルと設定。2015 年の貧困率は 10％。2030 年までに達成を目指す SDGs の目標 1 は「あらゆる場所で，あらゆる形態の貧困に終止符を打つ」である（第 14 章コラム参照）。

10)　普及率の算出方法は以下のように示されている。必需品目：持っている回答者数÷（全回答者数－欲しくない回答者数），住居など：1－家族専用のトイレがないなど不都合がある回答者÷全回答者数

参考文献

阿部彩「相対的剥奪の実態と分析：日本のマイクロデータを用いた実証研究」（『社会政策学会誌』（16），pp.251-275，2006）

阿部彩「日本における社会的排除の実態とその要因」（『社会保障研究』Vol.43 No.1，pp.27-40，2007）

岩田正美『現代の貧困』（筑摩書房，2007）

岩永理恵・卯月由佳・木下武穂『生活保護と貧困対策』（有斐閣，2018）

厚生労働省政策統括官（社会保障担当）『平成 26 年所得再分配調査報告書』（2016）（厚生労働省ウェブサイト）

厚生労働省『平成 29 年版厚生労働白書』（2017）

小塩隆士・田近栄治・府川哲夫編『日本の所得分配』（東京大学出版会，2006）

内閣府「所得再分配調査と全国消費実態調査のジニ係数の違いについて」（『今週の指標』No.834，2007）
（http://www5.cao.go.jp/keizai3/shihyo/2007/1001/834.html）

OECD, *OECD Employment Outlook 2009*（2009）

OECD, *Society at a Glance 2014*（2014）

大竹文雄『日本の不平等』（日本経済新報社，2005）

労働政策研究・研修機構編『ユースフル労働統計 2018』（労働政策研究・研修機構，2018）

重川純子「家庭経済からみるシェアリングエコノミー」（『生活経営学研究』No.53，pp.11-16，2018）

Sundararajan, A，門脇弘典訳『シェアリングエコノミー』（日経 BP 社，2016）

高梨千恵「職業・失業と家計」重川純子編著『生活の経済』（放送大学教育振興会，pp.39-58，2004）

UNDP, *Human Development Report 1997*（国連開発計画，野良吉他監訳『人間開発報告書 1997：貧困と人間開発』，国際協力出版会，1997）

山田久『同一労働同一賃金の衝撃』（日本経済新聞社，2017）

学習課題

1．年齢や性別による賃金の相違の推移を説明してみよう。

2．所得再分配とはどのようなことか，現状を含め，説明してみよう。

3．絶対的貧困と相対的貧困をそれぞれ説明してみよう。

6 | 家計にみる地域差

《目標＆ポイント》 家計のありようは，家計主体の価値観，ライフステージ，構成員の属性などのほか，生活環境の影響を受ける。狭いと言われる日本においても，地域により産物，制度等が異なる。地域比較から地域が家計に及ぼす影響を検討する。
《キーワード》 地域，都市規模，公共サービス，自然環境，ソーシャル・キャピタル

1. 生活の場としての地域

　日常的な生活は，ある一定範囲内の空間＝地域で営まれている。情報通信技術，マスメディアの発達により時間差なく全国，さらには世界各地で同じ情報を受け取ることができる。流通の発達は，生鮮品の場合でも産地と遠く離れた所での消費を可能にした。交通機関の発達により同一地点間の移動時間が短くなり，時間的距離が短縮した。このような変化は，ある地域の特徴をほかの地域にも開かれたものとし，地域差を縮小する働きをする。しかし，各地域の自然的，文化的，社会・経済的特徴の全てを均一にすることは不可能であり，各地域にはなんらかの地域性が存在する。地域性をつくりだす基盤について，自然環境に由来する自然的基盤と人がつくりだした社会的なものである社会的基盤に大別されている［環境省，2003：60-61］。自然的基盤は，気候，地理，動物・植物，大気，水，自然的アメニティ（景観や親水性など自然環境を踏ま

えた住み心地のよさ）など，社会的基盤は，人口，都市形態，交通基盤，生活基盤（上下水道や浄化槽など），産業経済，社会的施設・機関，技術・情報，文化・伝統，歴史的背景などにより構成されている。これらによって特徴づけられるある一定範囲内の空間が地域である。

　地域には，極めて身近なものから，国家，さらにはアジアなど国を超えたものまで様々なレベルが存在する。区分の仕方も，住居を基点とした通勤，通学，日々の買い物を行う日常的生活行動圏，風習や方言が類似している文化圏，最も身近な行政サービスを受ける行政単位である市区町村，より広域的な行政単位である都道府県など多様な観点がある。本章では，統計資料を利用しやすい行政単位（主に都道府県）と市町村の人口規模による区分から地域をとらえる。家計収支を地域比較することにより，生活経済における地域のもつ意味について考察する。

2. 家計の地域差

格差の縮小
所得
　図6-1には，1955年以降の1人当たり県民所得の都道府県格差の変化を示している。1960年代から1970年代前半の高度経済成長期に格差が縮小している。地域の生活を取り上げた『昭和57年版国民生活白書』は，この格差縮小の背景として①産業構造の平準化，②1970年代前半における農家世帯所得の上昇，③勤労者の給与水準の地域格差の縮小，を指摘している。その後，高度経済成長期に比べると変化の幅は小さいが1980年代に拡大し，バブル景気後の1990年代前半に縮小していた。再び2000年代前半には拡大し，その後縮小，と概ね一定の幅の中で拡大，縮小を繰り返している。

　2015年度の1人あたり県民所得の全国平均値は319.0万円である。

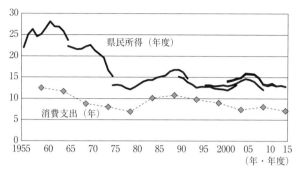

注：１人当たり県民所得：各都道府県の１人当県民所得の変動係数＊（＝標準偏差/平均×100）
　　　全年の値がつながっていないのは，SNA ベースの変更のため
　　　＊集めたデータがどの程度ばらついているかを相対的にとらえる指標
　　　消費支出：２人以上世帯の全国平均消費支出を 100 とした指数の標準偏差
資料：県民所得：92 年まで　経済企画庁『平成 7 年国民生活白書』p.377
　　　90 年から 2014 年　内閣府『県民経済計算』
　　　消費支出：総務省統計局『全国消費実態調査報告』各年版

図 6-1　１人当たり県民所得と消費費出の都道府県間格差

都道府県別で比較すると，最高は東京都の 537.8 万円で，２位の愛知県（367.7 万円）と約 170 万円の開きがあり，飛び抜けて高い。最低は，沖縄県で 216.6 万円であり，東京の 4 割，愛知の 6 割である。1970 年代前半までに比べると格差は縮小しているが，所得の都道府県間格差は小さくはない。

消費支出

　図 6-1 の点線には２人以上の世帯の世帯当たり消費支出額の都道府県間格差の推移を示している。格差の縮小・拡大幅は異なるものの，拡大，縮小時期に注目すると，概ね県民所得と同様の動きを示している。

都市規模と家計

　総務省『家計調査』により都市の人口規模別に家計の比較を行う。人口規模の区分は，大都市（政令指定都市と東京都区部）[1]，中都市（「大都市」以外の人口15万人以上の市），小都市A（人口5万人以上15万人未満の市），小都市B（人口5万未満の市），町村（2008年調査以降は小都市Bと町村が一括）の5つ（2008年以降は4つ）である。市町村全体では，概ね人口規模の大きい市町村の方が人口密度が高い[2]。

　都市規模別に，調査対象（調整済世帯数）のうち4大都市圏（京浜葉，中京，京阪神，北九州・福岡）に居住している世帯割合を比較すると，大都市，小都市A，中都市，町村，小都市B，の順番で4大都市圏に居住している世帯の割合が高い（図6-2）。中都市と小都市A，小都市Bと町村の間では人口規模の順と逆転している。時系列の変化では大都市の4大都市圏居住世帯割合が低下傾向にある。

　大都市の値を100として2人以上の勤労者世帯の1世帯当たり実収入の都市規模格差を比較する（図6-3）。大都市圏内の世帯割合が低い小都市Bは，1970年から1995年までの間，ほかの都市規模に比べ実収入が低位にあった。1970年には，小都市Bと町村の実収入は他地域に比べ低く都市規模による格差が大きかったが，1975年，1980年には格差が縮小，1985年に再び拡大した後，2000年，05年には全体的に格差が縮小した。その後，景気後退期であった2008年，2009年に大都市とそれ以外との間で格差が拡大している。図示していないが，2008年から10年にかけ主な収入源である世帯主の勤労所得の格差が拡大した影響を受けている。その後，中都市は大都市と同程度に回復しているが，小都市Aでは大都市の95程度，小都市Bでは2015年を除き，同90程度で推移している。

　図6-4には，実収入に占める妻の収入割合を示している。第3章で取

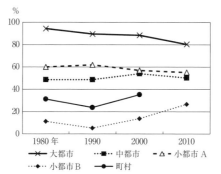

注：4 大都市圏：京浜葉（95 年まで京浜），中京，京阪神，福岡・北九州（90 年まで北九州）
    2010 年の小都市 B には町村を含む
    2010 年は市町村別世帯数，調整係数をもとに推計
＊集計結果の算出では，調査時の地域による対象世帯抽出率の相違を考慮して，世帯数が
    調整されている（調整集計世帯数）。
資料：総務省統計局「家計調査」各年版

図 6-2 『家計調査』調整世帯数＊のうち 4 大都市圏にある世帯割合

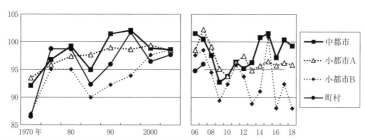

注：2008 年以降の小都市 B には町村が含まれる。
資料：総務省統計局「家計調査」各年版

図 6-3 勤労者世帯 1 世帯あたり実収入格差（大都市＝100）の推移

り上げたように，妻の収入割合は増加してきた。いずれの都市規模で
も，妻の収入割合は経年的に増加している。図に示す全ての時点で，大
都市の妻の収入割合は他地域に比べ低い。図示していないが，小都市 B

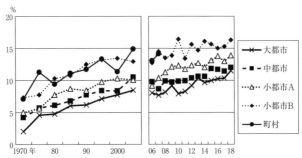

注：2008 年以降の小都市 B には町村が含まれる。

資料：『家計調査年報』各年版

図 6-4　都市規模別妻の収入割合（対実収入）の推移（勤労者世帯）

の夫の勤め先収入[3]の対大都市割合は 100 を超えることはなく，2007年以降は 2011 年と 2015 年を除き 85 以下であるが，小都市 B では妻の収入割合が高く，大都市との世帯収入の格差縮小に貢献している。

　消費内容について，都市規模別の消費構造の変化を追う（図 6-5）。保健医療は公的制度と関連が強い費目であり，全期間通じて都市規模間の差が小さい。1982 年の『国民生活白書』では，食料，家具・家事用品は都市規模格差のある費目として示されていた。家具・家事用品の都市規模による相違は縮小あるいは解消している。食料は，一旦縮小した後，2011 年には都市規模の大きい方が割合が高く，差が 2 ポイント程度に拡大したが，2018 年には再び差が縮小した。住居，交通・通信については，全期間通じて都市規模による格差がみられる。住居費は都市規模の大きい方の割合が高く，交通・通信は都市規模の小さい方の割合が高い。これには，持ち家率，家賃等の賃貸料，自動車保有率の相違が影響を及ぼしている。被服費では，差は大きくないものの 2011 年と 2018 年には都市規模が大きい方が高い傾向がみられるようになっている。教育，教養娯楽については，1971 年には都市規模格差はほとんどみられ

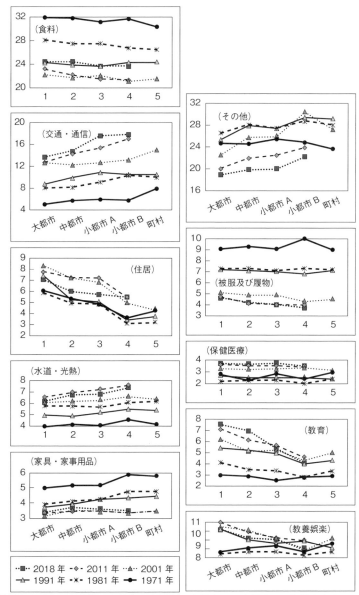

注：横軸の 1 から 5 は，順に大都市，中都市，小都市 A，小都市 B，町村を表す。
　　縦軸の単位はいずれも %

資料：1971，1981 年：経済企画庁編，1982，『国民生活白書昭和 57 年版』大蔵省印刷局 p.84
　　　1991，2001，2011，2018 年：総務省統計局『家計調査』各年版

図 6-5　都市規模別消費構造の変化（1971〜2018 年）

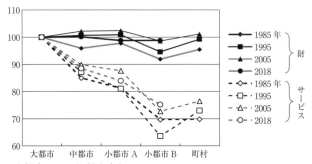

注：2018年の小都市Bには町村を含む
資料：総務省統計局『家計調査』各年版

図6-6　都市規模別 財・サービス消費（大都市＝100）

なかったが，その後格差が拡大し，概ね都市規模の大きい方の割合が高
い傾向にある。特に，教育費では2018年の大都市と小都市Bの差は3.5
ポイントと大きい。概して近年でも都市規模により消費支出の配分が異
なる。

　消費支出を財とサービスにわけて，1985年から2018年までの間に都
市規模による相違がどのように変化したかを追う。財，サービスそれぞ
れについて，大都市の支出金額を100として都市規模別の格差を比較す
ると（図6-6），財の場合には各年の都市規模別の値は91.9から102.4の
間にあるが，サービスの場合63.6から89.8の間である。財に比べサー
ビスは都市規模による格差が依然大きく，都市規模の小さい方が消費が
少ない傾向にある。図示していないが，2018年の費目別サービスの都市
規模格差では，持家率が異なる住居のほか，教育，教養娯楽，被服，食
料のサービスの格差が大きい。消費者側のライフスタイルの希望（需要）
だけでなく，サービス業は一定範囲内にある規模の人口を抱えることが
利用，即ち利益につながりやすく，人口規模，密度の小さい地域では
サービスの供給が少ないことも影響していると考えられる。

表 6-1　神奈川と愛媛の家計費比較（勤労者世帯・2014 年）

	家計費・実額		消費構造（%）		相対比（%）(神奈川/愛媛)	
	神奈川	愛媛	神奈川	愛媛	実額	消費者物価地域差指数で実質化した額*
実　　収　　入	513,842	440,259			116.7	110.0
可　処　分　所　得	421,367	362,432			116.3	109.5
実　　支　　出	428,813	361,017			118.8	111.9
消　費　支　出	336,339	283,190			118.8	111.9
食　　　　　料	78,894	67,702	23.5	23.9	116.5	112.4
調　理　食　品	10,170	8,911	3.0	3.1	114.1	110.1
外　　　　食	16,542	12,106	4.9	4.3	136.6	131.8
住　　　　　居	22,852	16,304	6.8	5.8	140.2	98.9
光　熱　・　水　道	20,136	19,665	6.0	6.9	102.4	105.3
家　具・家　事　用　品	10,075	9,881	3.0	3.5	102.0	103.3
被　服　及　び　履　物	15,020	11,099	4.5	3.9	135.3	137.4
保　健　医　療	12,917	10,876	3.8	3.8	118.8	119.5
交　通　・　通　信	56,049	44,015	16.7	15.5	127.3	120.1
交　　　　通	13,337	3,877	4.0	1.4	344.0	
自　動　車　等　関　係	26,021	22,224	7.7	7.8	117.1	
教　　　　　育	25,510	16,563	7.6	5.8	154.0	124.1
教　養　娯　楽	35,238	23,561	10.5	8.3	149.6	141.7
その他の消費支出	59,649	63,524	17.7	22.4	93.9	
仕　送　り　金	2,992	13,628	0.9	4.8	22.0	
（再）教　育　関　係　費	30,790	31,083	9.2	11.0	99.1	
（再）教養娯楽関係費	40,298	25,911	12.0	9.1	155.5	
非　消　費　支　出	92,474	77,827				
商　　品　　（財）	153,048	133,616	50.5	54.5	114.5	
サ　ー　ビ　ス	150,138	111,598	49.5	45.5	134.5	
平均消費性向（%）	79.8	78.1				
貯蓄現在高（千円）	14,049	9,693			144.9	
負債現在高（千円）	8,693	5,398			161.0	
純金融資産（千円）	5,356	4,295			124.7	
住宅・宅地資産額（千円）	25,214	14,878			169.5	

＊食料から教養娯楽までは費目別の値，それ以外の項目は帰属家賃を除く総合の値で実質化
資料：総務省統計局『平成 26 年全国消費実態調査』，総務省統計局『平成 26 年小売物価統計調査（構造編）』

神奈川と愛媛（表 6-1）

　具体的な地域として神奈川と愛媛を取り上げ，勤労者世帯の家計を比

較する（2014年調査の『全国消費実態調査』を用いる）。神奈川県は，横浜，川崎の100万都市を含み，生活時間調査[4]の都道府県別平均では通勤・通学時間が長く睡眠時間が短い。愛媛県は通勤・通学時間が短い。県庁所在地別の消費者物価指数（2014年，全国＝100）では，神奈川（横浜）は103.6，愛媛（松山）は97.6である。

　可処分所得の相対比（神奈川/愛媛（％））は，名目値では116.3であるが，神奈川は消費者物価が高いため，物価の地域差を考慮した実質値では109.5となる。消費支出の相対比は118.8（実質では111.9）である。住居，教育，教養娯楽では，都市規模別の消費構造の傾向と重なり，神奈川の割合が高い。両県の対象世帯の持家率はほぼ同率の約76％であるが，住居費中に占める割合が大きい家賃地代が高く，神奈川の方が住居費割合，実額ともに大きい。教育費については，神奈川では義務教育段階から私立学校へ通学する割合も高く，相対比は154.0と神奈川が高いが，教育関係費はほぼ同額である。愛媛の場合には自宅から通学範囲内の学校選択の余地が小さく，大学進学等で親元を離れることが多いため，仕送り等を含む教育関係費が大きい。生活時間調査では，愛媛の方が1日平均自由時間は長いが，神奈川の方が教養娯楽関係費は大きく，費用消費的に自由時間を過ごしている。都市規模別の消費構造では大都市は交通・通信費割合が低かった。神奈川は公共交通機関が発達しており，その利用が多いだけでなく，自動車関係費用も大きく，割合，実額ともに愛媛に比べ大きい。名目値だけでなく，消費者物価地域差指数で実質化した額の相対比においても住居以外では神奈川の方が大きい。神奈川は収入額は高いものの，平均消費性向は愛媛に比べ大きく，高消費型のライフスタイルといえる。財とサービスでは，サービスの方がより開きが大きい。

　金融資産については，愛媛に比べ神奈川の方が貯蓄現在高は高いが，

負債現在高も高い。純金融資産では差は小さくなる。ただし，住宅・宅地資産を加えると，地価の相違により神奈川の方が大きい。

3．公共サービスと家計

　国や地方自治体により，教育，医療，保健・衛生，福祉，消防，警察等の公共サービスが提供されている。公共サービスには国全体として規定される場合と個々の地方自治体により独自に規定される場合がある。国により基準が定められている場合でも，一律ではなく自治体により内容が付加されている場合もある。ここでは，介護保険料を取り上げ，自治体による相違をみてみよう。

　図 6-7 には，介護保険制度の第一号被保険者（65 歳以上）の介護保険料の分布状況を示している。2018 年度から 2020 年度までの保険料の全国平均額は月額 5,869 円である。3,000 円から 9,800 円までに分布しているが，平均額周辺での設定が多い。介護サービスとして，市町村が独自に上乗せや横出しといわれる移送や配食サービスなどのサービス（市

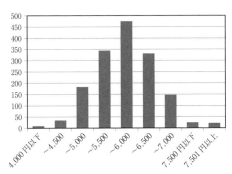

注：介護保険の 65 歳以上の被保険者の保険料
資料：厚生労働省「第 7 期第 1 号保険料」より作成

図 6-7　2018 年〜2020 年度の介護保険保険料別保険者数

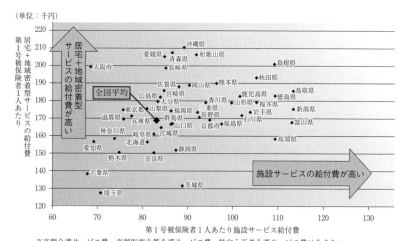

（単位：千円）

※高額介護サービス費，高額医療合算介護サービス費，特定入所者介護サービス費は含まない。

資料：厚生労働省「平成 28 年度介護保険事業状況報告（年報）概要 p.16

図6-8　1人あたり居宅サービス給付費と施設サービス給付費の関係

町村特別給付）を設定する場合がある。介護保険料の金額も，それぞれ提供される内容を含めて比較検討することが必要である。図 6-8 には，都道府県ごとの居宅サービスと施設サービスの場合の 1 人あたりの給付費の関係を示している。概ね正の相関関係がみられるが，地域により施設サービスに重みがかかっているところや居宅サービスに重みがかかっているところもみられる。このような自治体の事業のあり方が家計にも影響を及ぼすこととなる。

4. 地域の環境と家計

最後に，地域の環境として，自然環境と人に関する環境を取り上げ，家計との関わりを検討する（第 1 章図 1-6 参照）。

現在，上水道の供給は地方自治体等により担われることが一般的である。2016 年度の全国の水道普及率（給水人口÷人口）は 97.9％である。

愛媛県の西条市では水道普及率（2017 年度）は 45.3％と全国平均に比
べ著しく低い。西条には，「うちぬき」と呼ばれる地下水の自噴井があ
り，広く生活用水，農業用水，工業用水に用いられている。「うちぬき」
は，おいしい水に選ばれたこともある。「うちぬき」が利用可能な場合
には上水道料金の負担の必要はない。

　川・海・湖などの水辺環境ほか豊かな自然環境は，そのまま遊びの場
として利用されれば教養娯楽関係の支出を抑制するなど，消費支出額に
影響を及ぼしうる。

　地域社会の特徴を表す概念の 1 つにソーシャル・キャピタル（social
capital）」がある。これは，ロバート・パットナムによると「人々の協調
行動を活発にすることによって社会の効率性を高めることのできる「信
頼」「規範」「ネットワーク」といった社会組織の特徴」で，共通の目的
に向かって協調行動を導くものとされる［内閣府国民生活局，2003：
1-2］。ソーシャル・キャピタルは，健康の増進，教育成果の向上，近隣
の治安の向上，経済発展など有益な効果をもたらし，社会や個人の繁栄
のため，その蓄積の重要性が指摘されている［同上，2003：3］。内閣府
の委託調査では，ソーシャル・キャピタルの測定に，表 6-2 に示す項目
を用いている。近隣との交流に基づくちょっとした助け合い，ボラン
ティアや市民活動などによりサービスが無償で提供されれば，家計消費
を抑制する可能性をもつ[5]。内閣府の委託調査によるとソーシャル・
キャピタルの試算値には地域により差がみられ，大都市は地方に比べ値
が低い。ただし，つきあい・交流は，大都市ではあまり変化がない一方
で，地方では減少しており，地方におけるソーシャル・キャピタル減退
の可能性が示唆されている。

　このように，家計は物価水準や消費環境，賃金水準などの地域の経済
環境だけでなく，居住する自治体により提供される公共サービス，自然

表6-2　ソーシャル・キャピタルの測定指標

つきあい・交流（ネットワーク）	信頼（社会的信頼）	社会参加（互酬性の規範）
【近隣でのつきあい】	【一般的な信頼】	・地縁的活動への参加
・隣近所とのつきあいの程度	・一般的な人への信頼	・ボランティア・NPO・
・隣近所とつきあっている人の数	・見知らぬ土地での人への信頼	市民活動への参加
【社会的な交流】	【相互信頼・相互扶助】	
・友人・知人とのつきあいの頻度	・近隣の人々への期待・信頼	
・親戚とのつきあい頻度	・友人・知人への期待・信頼	
・スポーツ・趣味等活動への参加	・職場の同僚への期待・信頼	
・職場の同僚とのつきあい頻度	・親戚への期待・信頼	

出典：内閣府『ソーシャルキャピタル：豊かな人間関係と市民活動の好循環を求めて』
　　　（2003）p.3

環境や人的環境の影響も受けている。物価や賃金水準のような直接的に
貨幣で示される環境だけでなく，自然や人間関係など一見貨幣では示さ
れない環境のあり様も支出のあり様に影響している。公共サービスやこ
れまでに地域が蓄積してきた自然環境や人的環境は家計の基礎環境とい
える。これら基礎環境と家計の関係は，家計が一方的に影響を受けるだ
けでなく，家計の主体である個々人，世帯の働きかけが基礎環境である
地域のあり方を規定している。人的環境の場合には各個人がまさにその
構成要素である。公共サービスのあり方は，行政が一方的にそれを決め
るのではなく，そこに住まう住民が意思表示をし，時には行動すること
により変わりうる。地域に住まう個々人の地域への関わり方により地域
格差が生じ，それが家計に反映される可能性をはらんでいる。

【コラム】　果物・生鮮肉への支出額にみる地域差

　地域ごとの生活の特徴の紹介に総務省『家計調査』が用いられる場合がある。本文で述べたように，流通の発達により各地の特産物をほかの地域で簡単に入手できるようになったが，依然地域による特徴もみられる。

　図1には，4種類の果物の年間支出金額のベスト5都市を示している。ベスト5にあがる全ての都市ではないが，それぞれの果物について，生産地として有名な地域が含まれている。

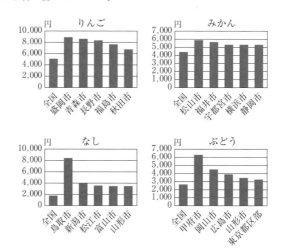

都道府県庁所在地と政令指定都市の中のランキング
世帯人員2人以上の世帯対象
資料：総務省統計局「家計調査」

図1　果物の年間購入金額ベスト5（2016年〜2018年平均）

　図2には，生鮮肉の支出金額の地域別の特徴を示している。全国平均の肉の種類別の支出割合は，牛肉30.1％，豚肉41.2％，鶏肉21.7％，合い挽き肉3.5％，その他の生鮮肉3.4％である。肉の種類別に，全国平均の割合に対する各地域の割合の値である特化係数を示している。支出割合の高い豚肉と牛肉をみると，牛肉は西日本，豚肉は東日本に偏っている。世帯ごとの嗜好はそれぞれであるが，地域による嗜好の違いの傾向がうかがえる。購入数量でも図2と同様の傾向がみられる。

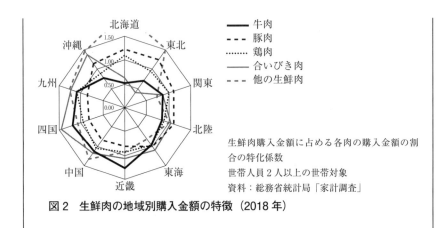

図2　生鮮肉の地域別購入金額の特徴（2018年）

（凡例）
― 牛肉
--- 豚肉
…… 鶏肉
― 合いびき肉
-- 他の生鮮肉

生鮮肉購入金額に占める各肉の購入金額の割合の特化係数
世帯人員2人以上の世帯対象
資料：総務省統計局「家計調査」

（注）

1)　調査年により政令指定になっていない市を含んでいる場合がある。

2)　町村の中には，市より人口規模が大きく人口密度の高い町村もあるが，人口5万人未満の市全体と町村全体を比較すると，町村の方が人口密度が小さい。2004年の市町村合併特例法制定（2005年4月施行）により市町村合併が促進され，市町村数が1999年4月の3,229から2006年3月1,821へと減少する中，市は増加，町村は減少している。

3)　『家計調査年報』では「世帯主の勤め先収入」

4)　総務省統計局『平成28年社会生活基本調査』。『家計調査』や『全国消費実態調査』は世帯調査であるが，『社会生活基本調査』は個人対象。15歳以上の週全体平均の1日当たり通勤・通学時間：神奈川47分，愛媛24分（通勤・通学の行為者のみ：神奈川1時間44分，愛媛60分）。15歳以上の週全体平均の1日当たり自由時間（『社会生活基本調査』では「3次活動時間」）：神奈川6時間13分，愛媛6時間43分

5)　逆に，活発なつきあい・交流が，交際費などを増加させる場合も考えられる。

参考文献

青井和夫監修，蓮見音彦編『地域社会学』（サイエンス社，1991）

稲葉陽二・大守隆・金光淳『ソーシャル・キャピタル「きずな」の科学とは何か』
（ミネルヴァ書房，2014）

経済企画庁編『昭和57年版国民生活白書』（大蔵省印刷局，1982）

経済企画庁編『平成7年版国民生活白書』（大蔵省印刷局，1995）

御船美智子「地域と生活経済」（馬場紀子・宮本みち子・御船美智子『生活経済論』
有斐閣，2002）

内閣府国民生活局『ソーシャル・キャピタル：豊かな人間関係と市民活動の好循環
を求めて（概要版）』（2003）

（http://www5.cao.go.jp/seikatsu/npo/report/h14/sc/gaiyou.pdf ）

岡田知弘・川瀬光義・鈴木誠・冨樫幸一『国際化時代の地域経済学』（有斐閣，
2002）

学習課題

1．都市規模による財とサービスの消費の水準の相違を説明してみよ
　う。

2．『家計調査』や『全国家計構造調査（全国消費実態調査)』などを用
　いて，自分の居住する地域の家計の特徴を調べてみよう。

3．ソーシャル・キャピタルのありようが家計に及ぼす影響を考えてみ
　よう。

7 | 消費社会と家計

《目標＆ポイント》　様々な生活の欲求を充足する手段の1つとして，ものやサービスの購入という方法が用いられている。消費支出額により消費行動の変化を概観するとともに，消費行動への影響要因について検討する。
《キーワード》　消費支出，消費構造，エンゲル係数，消費のサービス化，弾力性

1．消費支出額の変化

　様々な生活の欲求を充足する手段の1つとして，ものやサービスの購入が行われている。ものやサービスを購入した支出を消費支出という。総務省統計局『家計調査』を用い，戦後の消費の変化を追う。『家計調査』は，調査対象地域，調査対象，分類方法などの変更が行われているが，全国的な規模で抽出された2人以上の世帯を対象として購入実態を調査する点は概ね一貫しており，戦後の消費の変化を追うことができる。

　2人以上の世帯の年平均1か月の消費支出額は，1947年から2018年までの71年間で，4,684円から287,315円へと61.3倍に増加している（戦後最高値の1993年は1947年の71.6倍）（図7-1）。この間に消費者物価は18.8倍に増加した。2015年値の実質値では，1947年の86,741円から2018年の282,512円へ3.3倍に増加した（戦後最高値の1992年の値は1947年の4.0倍）。この背景として，終戦後しばらくの間の物資の欠乏する状況から十分な消費財が供給されるようになったこと，生活

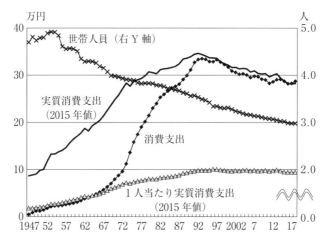

注：年平均 1 ヶ月間の消費支出（2 人以上の世帯）。62 年までは対象地域は市部のみ
　　2000 年以降は農林漁家世帯を含む値
資料：総務省統計局「家計調査」長期時系列データより作成

図 7-1　消費支出額の推移

様式を洋式に変え，それが広く普及していったこと，雇用者化し稼いだ
給与で必要なものをほぼ購入して手に入れるようになってきたこと，
様々なサービスにお金を費やすようになってきたことなどが挙げられる
［中村，1993：11-28］。1955 年に 1 人当たりの国民所得，鉱工業生産が
戦前の最高水準にまで回復し，1956 年の経済白書では，「回復を通じて
の成長は終わ」り，「もはや「戦後」ではない」と記された。その後，
1973 年の第一次オイルショックまでの高度経済成長期に，実質消費支
出額も大幅に増加している。実質消費支出額の増加率は，1955 年から
1965 年までの 10 年間で年平均 3.7 ％，1966 年から 1973 年までの 7 年
間では年平均 4.8 ％である。第一次オイルショック後の 1975 年以降も，
実質消費支出は，増加率は低下するものの，第二次オイルショック後の
1980 年，1981 年を除いては 1992 年まで増加している。その後バブル景

気の後2001年までは9年連続で実質消費支出が減少している。その後
も，減少基調で増減を繰り返している。この間，平均世帯人員数は約5
人から約3人にまで減少している。実質消費支出額を単純に世帯人員数
で割った1人当たり実質消費支出額は71年間で5.1倍（戦後最高値の
1996年の値は1947年の5.5倍）に増加した。なお，この間に世帯主の平
均年齢は上昇しており，当初40歳代であったが，1992年に50歳にな
り，2016年には59歳になった。世帯構成の変化は次節の消費内容にも
影響を与えることになる。

2. 消費内容の変化

費目別実質消費支出

　消費支出の内容は，家計調査では大分類として10の費目（10大費目）

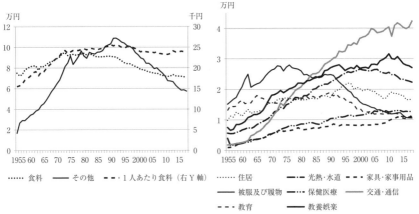

注：年平均1ヶ月間の消費支出(2人以上の世帯)。1962年までは対象地域が市部のみ。63年以降市町村に拡大。
　　2000年以降は農林漁家世帯を含む値。
資料：総務省統計局『消費者物価指数』『家計調査』長期時系列データ（1962年までの値は『平成7年版国民生
　　活白書』p.371より作成）

　図7-2（1）　実質消費支出(2015年値)　　図7-2（2）　実質消費支出(2015年値)
　　　　　　の推移（1）　　　　　　　　　　　　　　の推移（2）

表 7-1　10 大費目別消費者物価指数の推移　(2015 年＝100)

	総合*	食料	住居*	光熱・水道	家具・家事用品	被服及び履物	保健医療	交通・通信	教育	教養娯楽	諸雑費
1955	16.9	15.1	7.2	23.6	55.6	18.4	32.5	22.4	5.1	18.7	16.6
65	24.4	22.7	17.0	28.5	65.2	22.3	34.1	28.5	10.5	29.2	21.7
75	55.0	54.5	44.6	47.4	123.5	53.1	52.6	59.8	26.8	68.1	42.8
85	86.4	81.4	75.3	87.7	155.5	81.0	80.1	98.7	63.1	101.8	74.6
95	97.6	91.8	99.7	79.1	151.3	98.3	89.0	101.6	92.3	120.8	84.1
2005	95.9	90.9	99.2	81.3	118.1	95.9	101.3	98.1	105.0	109.1	88.5
2015	100.0	100.0	100.0	100.0	100.0	100.0	100.0	100.0	100.0	100.0	100.0

＊帰属家賃は除く

注：1955 年～1965 年分は、2005 年値より作成

資料：総務省統計局「消費者物価指数」時系列データ（総務省統計局ウェブサイト）より作成

―食料，住居，光熱・水道，家具・家事用品，被服及び履物，保健医療，交通・通信，教育，教養娯楽，その他の消費支出―に区分されている[1]。図 7-2 には，10 大費目それぞれに，1955 年以降の費目別消費者物価指数（表 7-1）で実質化した費目別消費支出額の推移を示している。食料費は，1973 年までは概ね増加していた。その後，1990 年までは年平均0.2％の減少であったが，1990 年以降 2011 年までは年平均 1.2％減少している。その後，2 年連続して上昇したが，再び 2017 年まで減少している。食料の消費量は世帯人員数の影響を受けやすいため 1 人当たりの額で見ると，1973 年以降も 1990 年頃までは緩やかな増加傾向にあり，1990 年に 25,640 円と 1955 年以降の最高額になった後，2011 年まで緩やかな減少傾向にある。その後，世帯金額同様，2 年連続上昇，再び減少し，24,000 円弱で推移している。被服費の変化の様相は食料費と似ている。1990 年以降は大幅に減少しており，1990 年から 2011 年までに半額以下に減少している（年平均減少率は 3.4％）。実質値では，1983 年まで食料とその他に次いで高かったが，2017 年には 10 大費目で最小に

なった（名目値では 2018 年に 10 大費目中最小に）。その他の消費支出は 1975 年までは増加率が大きいが，その後増加率が低下し，1990 年代以降減少している。教育費は，物価上昇率が大きく実質値では 1990 年頃まではあまり変化がなかった。1990 年代には減少している。教養娯楽費は 2010 年まで概ね増加傾向にあったが，2011 年以降は減少傾向にある。家具・家事用品，保健医療，交通・通信は，概ね増加傾向にあった。特に，交通・通信費は 1955 年には 10 大費目の中で家具・家事用品に次いで支出が少なかったが，1981 年には教養娯楽を，1984 年には被服を上回り，食料，その他の消費支出に次ぐ値に増加している。電話のほか，自動車の普及，それらに伴う費用が増加したことによる。

消費構造

　消費支出全体における費目別消費支出の相対的な位置づけがどのように変化したかを，消費構造の変化により追う（図 7-3）。

　食料は 1947 年には 63.0％を占めていた。戦後の回復期約 10 年は消費の半分以上が食に注がれていた。1962 年には 30％台，1979 年には 20％台に低下し，1995 年から 2013 年までは 22〜23％台で推移していた。その後，増加し，2015 年には 24 年ぶりに 25％を超えた。被服及び履物は，1947 年には 10.3％を占め，1952 年までは割合が増加し，食料に次ぐ割合を占めていた。1960 年代半ば以降割合が低下し，2001 年には 4％台，2016 には 3％台になっている。

　家具・家事用品は，1950 年代から 1960 年代半ばにかけて割合が増加している。図 7-4 に示すような耐久消費財の急速な普及がその一因である。その後 5％前後で推移し，1975 年以降低下傾向にあったが，2008 年以降上昇傾向にある。1947 年には，衣食住（光熱・水道，家具・家事用品含む）で 8 割を占めていたが，1980 年代半ばに 50％を割り，2004 年，

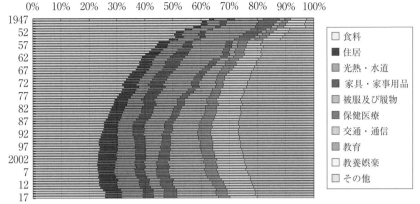

注：1947〜55 年は全都市全世帯，56〜62 年は人口 5 万人以上の都市。63 年以降は全国。
　　2000 年以降は農林漁家世帯を含む値。
資料：1962 年までは『平成 7 年版国民生活白書』p.371，1963 年以降は総務省統計局「家計
　　調査」長期時系列データより作成

図 7-3　消費構造の推移（世帯人員 2 人以上の世帯）

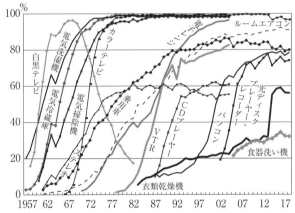

注：世帯人員 2 人以上の世帯対象。1963 年以前の対象地域は都市のみ。
　　「光ディスクプレーヤー・レコーダー」は 2009 年以前は「ブルーレイ」を含まない。
資料：内閣府『消費動向調査』主要耐久消費財等の普及率（一般世帯）（平成 30 年（2018
　　年）3 月現在）

図 7-4　耐久消費財の普及率

①食料費

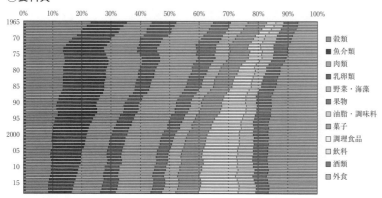

凡例:
- ■ 穀類
- ■ 魚介類
- □ 肉類
- ■ 乳卵類
- □ 野菜・海藻
- ■ 果物
- □ 油脂・調味料
- ■ 菓子
- □ 調理食品
- □ 飲料
- ■ 酒類
- □ 外食

②被服費

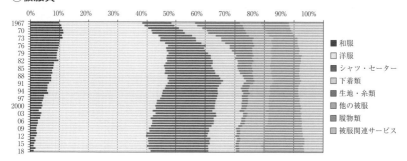

凡例:
- ■ 和服
- □ 洋服
- ■ シャツ・セーター
- □ 下着類
- ■ 生地・糸類
- ■ 他の被服
- ■ 履物類
- □ 被服関連サービス

③教育費

凡例:
- ■ 授業料等
- ■ 教科書・参考書
- □ 補習教育

④交通通信費

凡例:
- ■ 交通
- □ 自動車等
- □ 通信

注：世帯人員2人以上の世帯全体の平均　　資料：総務省統計局『家計調査年報』各年版

図7-5　食料費・被服費・教育費・交通通信費の内訳

2007年には44.0％まで低下している。その後，増加に転じ，2016年以降2018年まで46.8％を占めている。その他の消費支出の割合は1987年には10大費目のなかで最も大きかったが，1990年頃をピークに低下し，2009年以降は再び食料費割合を下回る。費目別実質消費支出額の増加が大きかった交通・通信費の割合は増加傾向にある。

　食料費，被服費，交通・通信費，教育費について，1965年以降のそれぞれ内訳（中分類）の変化をみてみる（図7-5）。食料費は，穀類ほか計12の中分類項目がある。1965年には，穀類割合が最も高く食料費の4分の1を占めていたが，1970年代前半までで大幅に減少し，その後も緩やかに減少し2000年以降は10％以下である。魚介の割合は1970年代までは増加しているが，その後は減少傾向にある。肉類も2000年頃までは魚介と同様の傾向にあったが，その後緩やかな増加基調にあり，魚介を上回るようになった。主に家庭での調理材料になる穀類，魚介，肉類，乳卵，野菜・海藻，油脂・調味料の合計割合が1965年には70.7％を占めていたが，2007年には50％を下回った。外食の割合は53年間で6.6％から16.6％へ大幅に増加している（最高値は2013年17.2％）。調理食品の割合は3.1％から13.4％へと増加している。素材の消費が減少し，サービスが付加された項目が増加している。

　被服費には8つの中分類項目がある。1967年には，洋服割合が28.5％と最も高いが，和服割合が9.9％，生地・糸類が15.2％を占めている。その後，和服，生地・糸割合は各1％台にまで低下し，洋服，シャツの割合が増加している。生地・糸を購入して作る，あるいは人に作ってもらうことがほとんどなくなり，既製服化の傾向が強くなっており，食料費同様サービスが付加された項目が増加している。

　教育費には3つの中分類項目がある。全年通じて，授業料等の割合が高いが，1965年の約90％に比べると割合が低下している。一方，補習教

育は1965年には4.7％であったが，徐々に割合が増加し1990年代半ばには約25％をしめた。その後2000年代半ばまで割合が低下した後，再び増加し22〜23％程度で推移している。

交通・通信費は3つの中分類項目で構成されている。1965年には，交通機関の利用が過半数を占めていたが，自動車の普及（図7-4）に伴い，自動車等の割合が増加した。1990年代後半以降は，携帯電話等の普及により，通信費割合が増加している。

10大費目の消費構造だけでなく，各費目内でも構造が変化している。

財・サービス別消費

消費の内容を，財（もの）とサービスに分類して割合の推移を示している（図7-6）。財は，耐久財，半耐久財，非耐久財に区分されている。

1970年には非耐久財割合が50.0％を占め，耐久財，半耐久財，非耐久財合わせた財全体で4分の3を占めていた。その後，3種類の財はそれぞれに割合が低下し，財全体では2004年以降2014年を除き57％台である。サービスは1970年には27.0％であったが，その後増加傾向にあり，2004年には42.3％を占め，非耐久財（41.4％）を超えた。その後，サービスと非耐久財はほぼ同率で推移している。消費支出を財とサービスに分けて変化をみると，2005年頃からはほぼ横ばいであるが，長期的には消費のサービス化が進んでいる。財の場合でも，食料，被服費の内訳でみたように，サービスが付加されたものの消費が増えており，これらも含めると，財・サービス分類割合の数字以上に消費のサービス化が進んでいることになる。

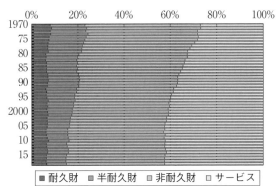

注：財・サービス区分別結果は，品目分類を再分類して集計されている。
　　耐久財：家電製品，家具，自動車・自転車等，半耐久財：布団や服，書籍（教科書，参考書，雑
　　誌・週刊誌は除く）等
　　消費支出には「こづかい」，「贈与金」，「他の交際費」及び「仕送り金」は含まれていない。
　　2000 年以降は農林漁家世帯含む。
資料：総務省統計局『家計調査』

図 7-6　財・サービス別消費支出割合（世帯人員 2 人以上の世帯）

3.　購入場所

　ここでは，消費がどのように行われているのかを，購入場所について
取り上げる。用いる資料は，総務省『全国消費実態調査報告』である。
　表 7-2 には，財を購入した場合の購入場所ごとの消費支出額の割合を
示している。1964 年には，一般小売店が 7 割を超えており，スーパーは
7.7％であったが，その後，一般小売店の割合が減少，スーパーの割合が
増加し，表示していないが 99 年にはほぼ同値となり，2009 年にはスー
パーが一般小売店を上回った。50 年の間に主な購入先が様変わりしてい
る。百貨店の割合は 2000 年代に入り減少している。94 年に新たに調査
項目になったディスカウントストア・量販店での購入が増加しており，
20 年間で 7.5 ポイント増加している。通信販売，コンビニエンスストア

124

の利用は消費額全体の中では割合は小さいが，徐々に増加しつつある。表に示していないが，費目により購入先の傾向が異なり[2]，食料はスーパー化の傾向が強い。被服は2004年まで百貨店が30％台で推移していたが，その後減少し，ディスカウントストア・量販店の割合が増加している。家具・家事用品でも，2004年には最も消費額の多い購入先がディスカウントストア・量販店になっている。食料品以外ではディスカウントストア・量販店の利用が広がっている。カタログだけでなく，インターネットを通じ通信販売の利用がすすんでいるが，2014年時点の家具・家事用品では7.4％，被服費では5.3％である[3]。

表 7-2　購入先別消費支出割合の推移

(％)

	1964	1974	1984	1994	2004		2014
一般小売店	73.0	63.2	53.1	41.6	32.8		24.2
スーパー	7.7	19.2	27.1	29.4	32.8		38.3
コンビニエンスストア	-	-	-	1.1	1.8		2.7
百貨店	9.0	9.3	9.8	9.7	8.1		6.4
生協・購買	2.4	2.1	4.2	5.6	5.5		3.3
ディスカウントストア・量販店	-	-	-	3.6	9.8		11.1
通信販売	-	-	-	1.5	2.8		4.5
その他	7.8	6.3	5.8	7.6	6.3		9.5

注：サービス料金等は除く。
　　「-」の箇所は調査項目として設定されていない。
　　2004年までは出典資料の値，2014年分は筆者算出。
出典：総務省統計局『平成21年全国消費実態調査　二人以上の世帯の家計収支及び
　　　貯蓄・負債に関する結果の概要』p.54
資料：総務省統計局『平成26年全国消費実態調査』

4．支払い方法

　現金により支払いを行うことが多いが，クレジットカードや電子マネーで支払い可能な所が増え，利用が増加している。図7-7に示すように，消費支出額中の現金以外の支払い割合は増加傾向にある。2014年には17.5％を占める。費目によらず現金以外の割合が増加しており，中でも比較的1品目あたりの単価の大きい被服では4割を超えている。

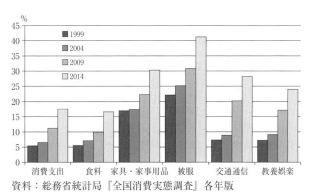

資料：総務省統計局『全国消費実態調査』各年版

図7-7　現金以外の支払い割合

5．消費に影響を及ぼす要因

所得

　所得の大きさは，消費支出額に影響を及ぼす。費目別消費支出の実額も，所得額の影響を受けている。図7-8には，勤労者世帯の可処分所得と費目別消費支出の関係を示している。費目によりy切片と傾きは異なるが，住居費を除き，可処分所得の増加に伴い支出額が増加している。

　y切片の値（各費目の線が縦軸と交わっている点）は，費目により正のものと負のものがある。食料，光熱・水道など，生活の必需的な費目

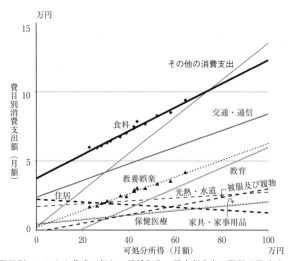

注：年間収入階級別データから作成（但し，最低収入，最高収入各 2 階級は除く。）
　　食料，教養娯楽以外の費目も，同様にプロットされた点により直線が描出されている。
資料：総務省統計局『家計調査結果』（平成 30 年）

図 7-8　可処分所得と費目別消費支出の関係—世帯人員 2 人以上の勤労者世帯—

では比較的 y 切片の値が大きく，所得が 0 の場合にも正の値を示す（た
だし，実際の値を示すものではない）。一方，教育では，y 切片はマイ
ナスであり，所得がある程度上昇してはじめて支出額が発生している。
傾きも，費目により異なる。傾きは，各費目の限界消費性向（第 2 章参
照）である。傾き，y 切片の大きさは費目の性質により異なる。

　所得の増加と支出の関係を示す指標の 1 つに，所得弾力性がある。所
得弾力性は，所得の増加割合に対する支出の増加割合で算出される。一
般に所得弾力性の大きい方がぜいたく的，選択的な財（奢侈財）であり，
所得弾力性の小さい方が生活必需的な財（必需財）である。

　消費構造も所得額の影響を受けている。食料費が消費支出に占める割
合はエンゲル係数とよばれており，所得の上昇に伴い低下する傾向があ

るため，生活水準を示す指標の1つとされている。エンゲル法則には，費目別の消費額と所得の関係について，①食料費の割合は所得の増加により減少，のほかに以下の3つ：②被服費の割合は所得の大きさによらずほとんど変化しない，③家賃，光熱費の割合は所得の大きさによらずほとんど変化しない，④文化費の割合は所得の増加により増加する，がある。このほかシュワーベにより，家賃割合と所得の関係——家賃割合は所得が低い方が大きい——が示されている（シュワーベの法則）。これらの法則は，19世紀の家計調査をもとに法則化されており，時代や地域を超えて常にはあてはまらないが，食料費や家賃割合と所得との関係については，現在の日本の家計データからも確認できる。

　個別の品目についても所得との関係がみられ，所得が上昇した場合に消費量が増える場合と減少する場合がある。増加する財を上級財または正常財，普通財，減少する財を下級財または劣等財という。

価格

　ある財（A）の価格が上昇したが，消費支出の総額は変化させたくない場合の家計の対応として，①Aの購入量削減（Aへの支出額は同じ），②Aの購入量維持し他の財の支出削減（Aへの支出額増加），③Aの購入はやめ，似た機能を果たすAより安価な別の財（B）購入，などが考えられる。Aが奢侈的な財であれば①の対応が可能であるが，生活必需的な財の場合には②や③が検討される。価格の変化率に対する需要量の変化率を需要の価格弾力性という。必需的な財の場合には価格が変化してもなるべく購入量を保とうとし量の変化は小さい（弾力性が小さい）が，奢侈的な財の場合には量を減らして対応する（弾力性が大きい）。また，ある財Aの価格の変化率に対する財Bの需要量の変化率を交差弾力性という。交差弾力性が正の値の場合には代替財，負の値の場合に

は補完財という。このように，価格の変動が消費に影響を及ぼす。

国連開発計画『人間開発報告書1998』［54-57］では，消費の選択に
影響を及ぼす要因として，所得のほか，以下の5つの項目を挙げてい
る。消費するためには，消費の機会が保障されることが必要であり，消
費の選択の機会に影響を及ぼす要因が示されている。
　①財やサービスの入手可能性とそのためのインフラストラクチャー
（生活や生産のための社会基盤）
　支出するためには，財やサービスが市場に存在し，それらを入手でき
る状態にインフラストラクチャーが整っていることが大前提となる。
　②時間
　買い物には一定の時間が必要である。通信手段の発達により必ずしも
店舗に出向く必要はなくなったが，情報端末の画面や通信販売のカタロ
グに向かう時間は必要である。サービスの場合には，家事代行サービス
のように自分で行うかわりにお金を払って誰かに行ってもらう時間節約
型のものもあるが，教養娯楽や医療など時間消費型のものも多く，これ
らの消費にはサービスを享受できる時間が必要となる。
　③情報
　情報により，財やサービスの特徴や入手可能性を把握することができ
る。情報の一部しか伝えられない場合や誤った情報が伝えられる場合も
少なくない。財やサービスの選択のための正確な情報が十分に提供され
るようなしくみも，インフラストラクチャーの1つである。
　④社会的障壁
　ジェンダーや社会的階級等により消費の機会が阻害される場合があ
る。例えば，性別を理由に進学（教育サービスの利用）に制限が加えら
れること，などである。

⑤家庭環境

世帯の所得を，所得のない人も含めどのように分配するかが，各個人の自由な消費に影響を及ぼす。子どもの場合，親等が選択した財やサービスを消費するため，親や家庭の価値観が子どもの消費に影響を及ぼす。また，選択の仕方を学ぶ場としても家庭環境は重要である。

本章では，消費した金額により生活をとらえてきたが，（ⅰ）公共財や公共サービス，（ⅱ）無償労働，（ⅲ）天然資源，（ⅳ）貨幣を媒介しない交換や贈与の文化の状況，により支出の必要がなくなる，または軽減される場合がある（第 6 章参照）。

（ⅰ）公共財や公共サービス：どのような公共財・公共サービスが提供されているかが，家計の支出に影響を及ぼす。例えば，教育や医療制度における公費負担割合の大きさにより消費支出額が変動する，公立図書館の充実により書籍を個人的に購入する必要性が低くなる，など。

（ⅱ）無償労働：家庭や地域の中で家事労働やボランティア活動などが活発に行われることにより，それらの活動から提供されるサービス，あるいはサービスが付加された財への支出が抑えられる。自家消費のための家庭菜園等での食料の生産等の活動も含まれる。

（ⅲ）天然資源：水環境に恵まれた地域では，飲料水に水道を利用する必要がない，など天然資源の状況も消費支出に影響を及ぼしている。

（ⅳ）貨幣を媒介しない交換や贈与の文化：使用しないものを互いに譲り合ったり，必要としているものを贈られるような場や人間関係をもっていることにより，購入の必要性が低くなる。

貨幣経済が発達した現在の社会では，消費支出額の大きさにより生活の欲求の充足状況が計られることが少なくないが，（ⅰ）から（ⅳ）の消費支出を必要としない各条件の実態も含め，消費の水準を考えること

が必要である（「学習のガイダンス」の「経済活動」の項参照）。

（注）
1) 1980年までは，食料，住居，光熱，被服，雑費の5つの分類（5大費目）で集計されていた。
2) 総務省統計局『全国消費実態調査　二人以上の世帯の家計収支及び貯蓄・負債に関する結果の概要』平成21年版，平成26年版参照
3) 販売者側の調査である経済産業省『商業統計調査』の小売販売額データでは，2014年の小売り合計額中通信・カタログ販売の割合は2.6％，インターネット販売2.1％である。支払い方法について，同調査では，現金販売の割合は66.3％，電子マネー2.2％，クレジットカード13.9％である。

参考文献

江見康一・伊藤秋子『家庭経済学第3版』（有斐閣，1997）

経済企画庁編『昭和31年度版経済白書』（1956）

経済企画庁編『平成7年版国民生活白書』（大蔵省印刷局，1995）

内閣府編『平成15年版国民生活白書』（ぎょうせい，2003）

中村隆英編『家計簿から見た近代日本生活史』（東京大学出版会，1993）

橘木俊詔編『戦後日本経済を検証する』（東京大学出版会，2003）

橘木俊詔『家計からみる日本経済』（岩波書店，2004）

UNDP, *Human Development Report 1998*, 1998（国連開発計画，常川恵一・北谷勝秀・広野良吉・椿秀洋監訳『人間開発報告書1998 消費パターンと人間開発』，国際協力出版会，1998）

学習課題

1．消費構造はどのように変化してきたか説明してみよう。
2．本章で取り上げていない消費内容の項目を取り上げ，『家計調査』や『全国家計構造調査（全国消費実態調査)』を用いて，どのように変わってきたのかを調べてみよう。
3．消費支出額に影響することにはどのようなものがあるか説明してみよう。

8 | 消費社会と家計問題

《目標＆ポイント》　消費社会を支える仕組みの1つに消費者信用がある。消費者信用のしくみと利用実態について概説する。多重債務化の原因等問題状況を踏まえ，対応策について検討する。
《キーワード》　消費社会，消費者信用，クレジットカード，キャッシュレス化，多重債務

1. 消費社会と消費者信用

　消費社会とは，「人々が消費に対して強い関心をもち，高い水準の消費が行われる社会であり，それにともなってさまざまな社会的変化が生じるような社会」[間々田，2000：8]である。間々田は消費社会の要素として，①社会の広範囲の人々による（ゆとりやぜいたくを感じられる程度の）高い水準の消費，②人々の消費に対する強い関心，③社会へ及ぼす影響，を挙げている。

　消費社会の成立には，十分な財やサービスの供給（生産だけでなく流通や販売も含む），広告等による財やサービスの周知，消費を積極的に評価する価値認識，広範囲の人々がより高い水準の消費ができる経済環境などが背景にある。この経済環境には，所得水準の上昇とそれを基盤とした消費者信用の普及を含む。多くの人が高額な耐久消費財の保有やより高い教育を子どもに受けさせることなどを「人並み」のことと考え[岩田，1991：31]，手に入れようとすることを，消費者信用制度が後押

ししてきた。

　いつも利用しているなじみの商店で可能であった信用による後払い
が，消費者信用制度の普及により，幅広いところで可能となった。経済
成長下の右肩上がりの賃金，年功序列型の賃金体系，雇用不安を意識す
ることがない低失業率，加えて物価上昇により返済負担感が相対的に低
下する状況の中では，消費者信用は消費による豊かさを前倒しに享受さ
せてくれるシステムであった。

2. 消費者信用の仕組み

　消費者信用とは，文字通り消費者の返済能力を信用し，金銭が貸し出
されるシステムである。消費者に信用を供与（与信）している。消費者
信用には，販売信用と消費者金融がある。販売信用はものやサービスの
購入に伴い代金の金銭を貸し出す，消費者金融はものやサービスの購入
とは関係なく金銭を貸し出す方法である[1]。

販売信用

　販売信用は，返済の方法により，割賦方式（分割して返済）と非割賦
方式（一括して返済）に分けられる。いずれの場合も，個々の商品の購
入ごとに信用供与する場合（個別クレジット）と予め発行されているク
レジットカード利用の場合（包括クレジット）がある。

消費者金融

　消費者金融は，消費者金融専業の会社（消費者金融会社）によるもの
だけでなく，銀行や信用金庫など，信販会社等販売信用を行っている会
社による貸し付けも含まれる。クレジットカードを用いて借入を利用す
る場合もある。無担保の場合と担保付きの場合がある。

金利・手数料

　消費者金融を利用する場合，借り入れを行っている期間は借入額に対し利息の支払いを求められることが一般的である。利息は，利息制限法により以下のような上限が設定されている，元本 10 万円未満：年率20％，元本 10 万円以上 100 万円未満：年率 18％，元本 100 万円以上：年率 15％。このほかに金利について定めている出資法では上限金利は20％[2] である。利息制限法を超える貸し付けは貸金業法違反である。消費者ローンには，車や教育等目的限定のものと使途自由のものがある。一般的に目的限定のものの金利は比較的低く，自由なものの金利は高い。

　販売信用の場合にも，利用に際し手数料が上乗せされる場合がある。一括払いの場合には手数料がかからないことが多いが，分割払いの場合，支払金額に応じ一定割合の手数料が徴収されることが一般的である。

信用情報の登録

　消費者信用の利用，返済状況などの情報は指定信用情報機関[3] に一定期間登録され，消費者信用供与の都度に参照される。この情報はクレジット・ヒストリーと呼ばれる。返済遅延などのクレジット・ヒストリーは貸し付け可否を考える資料となる。自分の登録情報を確認することができ，誤りがあれば訂正を求めることができる。

3. 消費者信用の利用状況

　1982 年以降の消費者信用の新規供与額の推移を追うと，1991 年以降は対前年増加率が小さくなるが，1997 年までは増加し続けてきた（図8-1）。特に，1980 年代は対前年増加率が大きい。その後は，2010 年，2011 年の56.2兆円まで減少した。2012 年には59.6兆円に増加している。

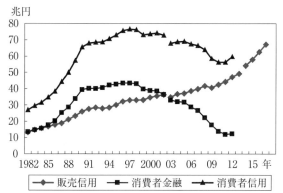

注：日本クレジット協会による 2003 年以降の数値訂正を反映済みの値
2002 年から 2003 年にかけて，2012 年から 2013 年にかけては集計
方法等の変更により数値の連続性はない

資料：日本クレジット協会『日本のクレジット統計』（2014 年までは
『日本の消費者信用統計』）

図 8-1　消費者信用供与額の推移

　この間，内訳は大きく変化している。1982 年には販売信用と消費者金
融はほぼ同額であったが，1980 年代に消費者金融が増加し，1991 年から
1998 年までは 40 兆円台で推移した。その後は減少傾向にある。特に
2000 年代の後半は後述する貸金業法改正の影響もあり大幅に減少した。
販売信用は，ほぼ一貫して増加傾向にあり，2012 年には 47.2 兆円とな
り，消費者信用の約 8 割を占めている。2013 年以降は販売信用のみの
値であるが，利用額が年々増加している。販売信用の内訳については，
以前は個品方式の割合の方が高かったが，クレジットカード方式の割合
が増加し，2012 年には販売信用全体の 86％，2013 年以降も同程度の割
合を占める。この背景には，次節で示すクレジットカード発行枚数の増
加がある。返済方法別の供与額では，非割賦の割合が高く，手数料のか
かることの多い割賦方式の利用は 17.2％（2012 年）である。

　図 8-2 には消費者金融の利用状況（貸付残高）を示している。貸金業者による貸付は減少し，2014 年度以降は 4.5 兆円で推移しているが，2012 年度以降銀行によるカードローン貸付が増加傾向にある。銀行カードローンは貸金業法の対象外であり，貸金業法改正後，利用が増加した。

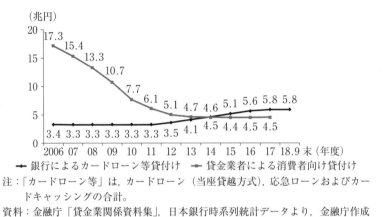

注：「カードローン等」は，カードローン（当座貸越方式），応急ローンおよびカードキャッシングの合計。
資料：金融庁「貸金業関係資料集」，日本銀行時系列統計データより，金融庁作成
出典：金融庁「多重債務者対策をめぐる現状及び施策の動向」

図 8-2　消費者金融の利用（貸付残高）の推移

4. クレジットカードの仕組み

　クレジットカードの発行は日本では 1961 年に始まった。図 8-3 には，1982 年以降の発行枚数を示している。1986 年には 1 億枚，1991 年には 2 億枚を超え，1990 年頃まで急速に増加した。2017 年度末の発行枚数は 2.7 億枚を超え，成人人口 1 人あたり約 2.6 枚保有していることになる。

　クレジットカードは所得等一定要件を満たす人に発行され，クレジットカード発行会社が予め契約している販売業者（加盟店）において利用

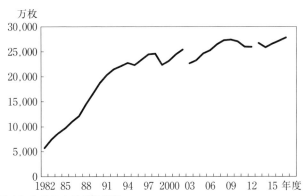

万枚

*調査時点における有効発行枚数
注：日本クレジット協会による 2003 年の数値訂正を反映済みの値
　　 2012 年から 2013 年にかけては集計方法等の変更により数値の連続性はない
資料：日本クレジット協会『日本のクレジット統計』（2014 年までは『日本の消
　　 費者信用統計』）

図 8-3　クレジットカード発行枚数[＊]

　限度額等一定範囲内で利用できる。クレジットカードの仕組みは，図
8-4 のような流れになっており，消費者（カード会員）とクレジット会
社間の会員契約，クレジット会社と販売業者（加盟店）間の加盟店契
約，カード会員と販売店間の売買契約を含む。消費者，販売業者，クレ
ジット会社の 3 者が契約に関わっており，3 者間契約という（消費者と
販売業者のみの契約は 2 者間契約）。金銭のやりとりについて，金融機
関がこの中に入っている場合が一般的である。
　クレジットカードを用いる場合には，署名や暗証番号を用いることが
一般的[4]で，カードへの署名，暗証番号の厳重な管理が不可欠である。
クレジットカードの不正利用による被害について，2001 年の刑法改正で
支払用カード電磁的記録不正作出罪の規定が創設されたり，IC チップを
搭載した IC カード化により，従前に比べ不正利用額は減少していたが，

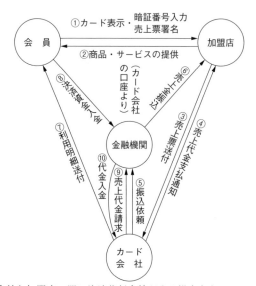

注：カード会社と加盟店の間に決済代行会社が入る場合もある。
出典：経済企画庁物価局物価管理室編・住友ビジネスコンサルティング著（1986）
　　　『カード化と流通効率化』大蔵省印刷局，p.24 に一部加筆

図 8-4　クレジットカード業務の仕組み

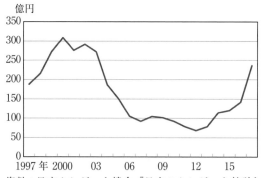

資料：日本クレジット協会『日本のクレジット統計』
　　　（2014 年までは『日本の消費者信用統計』）

図 8-5　クレジットカード不正使用被害額

近年大幅に増加している（図8-5）。日本クレジット協会の調査によると，2017年の被害額は236億円と多額である。このうち，75％が番号盗用による。2016年の割賦販売法改正では，クレジットカードを取り扱う加盟店におけるカード番号等の適切な管理や不正使用対策を講じることが義務づけられた（2018年施行）。利用者側も店舗での利用時だけでなく，インターネット環境のセキュリティの確認，ウィルス検知ソフトなどでの安全性の向上などの対策が必要である。

　支払い方法には，一括払い，分割払いのほか，リボルビング払いがある。リボルビング払いは，購入金額にかかわらず一定額を毎月返済することができるため，家計の負担を一定にできるが，未払い残高を確認せず利用していると思わぬ借入残高となる可能性がある（毎月借入残高の一定割合を返済する場合もある）。購入したものやサービスに問題が生じた場合，割賦販売法で定められた一定の条件（一定金額以上など）の場合，支払いを停止する支払い停止の抗弁ができる。問題発生時には販売業者に対し問題状況の解消を求めると同時に，クレジット会社に連絡をし，支払い停止を求めることが必要である。

5. 多重債務と債務の整理

　消費者信用の利用が増加しても，それ以上に所得が増加すれば，家計に余裕を残しながら返済できる。物価が上昇する中で実質所得が上昇していた時期には，過去の借金は相対的に軽くなる。日本クレジット協会の「ショッピングクレジット動態調査」によると，利用額のうち2ヶ月を超える支払の割合は約2割であり，借り入れた状態になるのは比較的短期間である。しかし，返済見通しに余裕がない中で予定外の収入減少や突然の支出増加が生じると，返済困難な状況に追い込まれることになる。

多重債務の実態

　複数の借入先から多額の借入残高を抱えることを多重債務とよぶ。1990年以降，全国各地の消費生活センター[5]に寄せられた多重債務関係とサラ金・フリーローンの相談件数は，2003年のサラ金・フリーローンをのぞくと，多重債務相談は2007，2008年度の9万件台，サラ金・フリーローン相談は2006年から2008年度までの12万件台まで増加していたが，2009年度以降減少傾向にある。2018年度の多重債務に関する相談件数は2.3万件（2018年度末現在）になっている。

　指定信用情報機関の1つである日本信用情報機構によると，2018年度末時点での登録者（借入利用者）は1,083万人，貸付残高は8.1兆円であり，利用者，残高ともに減少傾向にある。しかし，2018年度末時点で入金予定日から3か月以上入金のない延滞者が361万人存在しており，多くは1年以上の延滞である[6]。消費者信用の利用者で多重債務を抱え返済困難に陥っている者に対しカウンセリング業務を行っている機関である日本クレジットカウンセリング協会への相談から，借入理由の傾向をみてみる（図8-6）。バブル景気期の1990年には贅沢品の買い物や遊興などより豊かな消費が理由として挙げられており，低所得など貨幣獲得にかかわる従来型の問題とは異なる家計問題が生じていた［岩田，1991：108］。その後，それらの割合は減少し，生活費や収入減少・失業・倒産などの就業環境の変化を理由として挙げる割合が高くなっている。一定割合の遊興などを理由とする者はあるが，収入不足・低収入を理由とした借金利用者が増えている。また，景気回復を背景としてか贅沢品の買い物や遊興などを理由とする割合が増加している[7]。2005年の国民生活センターによる調査[8]では，借り始めた頃と返済困難になった頃の借入理由を尋ねている。どちらの時期も理由の上位3つは，借金返済，収入減少，低収入であるが，特に返済困難になったときには

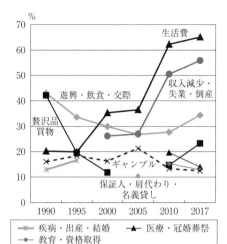

%

生活費

遊興・飲食・交際

収入減少・
失業・倒産

贅沢品
買物

ギャンブル

保証人・肩代わり・
名義貸し

1990 1995 2000 2005 2010 2017

━✕━ 疾病・出産・結婚　　━▲━ 医療・冠婚葬祭
━◆━ 教育・資格取得

*東京センターの相談者

カウンセリングを受けた相談者が，クレジットやローンの目的として申告した事由（複数回答。かかわりが深いとする上位3つを集計）。借入金の返済のための借入は集計から除外している。

2010，2017 年は 10％以上のみ掲載

資料：日本クレジットカウンセリング協会「多重債務者のためのクレジットカウンセリングこの一年間」各年版，「平成 29年度事業報告書」各年版

（2005 年以前分は金融広報中央委員会『平成 19年暮らしと金融なんでもデータ』掲載分より）

図 8-6　借入返済困難者*の借入理由

借金返済のための借金，収入減少を補填するための借金を理由に挙げる者が多い。経済環境が変化する中，豊かさの享受を原因とするものに加え，低所得に起因した問題が増加している。

自己破産と個人再生手続き

　返済負担に耐えきれなくなった場合，債務を整理する法的な手段として，調停，自己破産，個人再生手続きがある。

　自己破産は，裁判所に自己破産の申し立てを行い破産宣告を受け，免責申し立てを行い，借金返済の免責決定を受けられると，返済義務がなくなる[9]。法律で定められた必要最小限の生活を超える財産以外は清算し，借金の残高をゼロにすることにより，生活の再出発を図る制度

である。個人再生手続きは，原則 3 年間（事情により 5 年まで）で債務の一定額を返済する計画を立て，この返済計画が裁判所に認められ，実際に返済ができれば，残りの債務が免除されるという制度である。一定の収入があり，負債額が一定以下の場合に利用可能である。居住している住宅を持ち続けながら，借金を整理することも可能である。破産の場

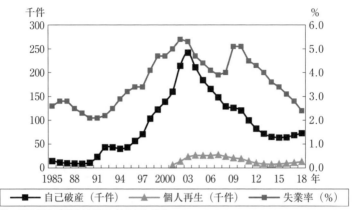

千件

%

注：個人再生手続きは2001年4月に開始。
　　自己破産，個人再生の2018年分は速報値
資料：最高裁判所『司法統計』，総務省『労働力調査』

図8-7　自己破産申し立て件数と完全失業率

合にも，生活の再出発のため破産者が自由に使える自由財産の範囲を拡大する必要性が指摘されている［宇都宮，2002：182］。

　個人の自己破産申し立て件数は，1996年以降毎年大幅に増加し，2003年には24万件を超えた（図8-7）。その後，失業率の低下や貸金に関する制度改正があり減少していたが，2015年を境に上昇に転じている。個人再生の申し立て件数は，2003年から2009年まで2万件を超えていたが，その後減少した。自己破産と同様，2015年以降増加し2017年には1万件を超えた。

6. 多重債務問題への対応

　経済環境が悪化するなか，1998年には自殺者数が3万人を超え，その4分の1程度が経済的な理由であり，多重債務など借金問題への対応が社会的重要課題と認識されるようになった。2006年には貸金業法が改正

され（2010年6月完全実施），内閣に多重債務者対策本部が設置された。貸金業法の主な改正内容は，借入残高の総量規制の導入，上限金利引下げ，業者の適正化のための規制強化である。総量規制では，貸金業者からの借入残高が年収の3分の1を超える新規借入は原則禁止となった[10]。2007年には，多重債務問題改善プログラムとして，相談窓口の整備・強化，セーフティネット貸付提供，金融経済教育強化，ヤミ金融取り締まり強化が掲げられた。先の相談件数や破産件数の減少には，失業率の改善のほか，このような取り組みも影響している。

　個人向けのセーフティネット貸付[11] は，低所得世帯等に対し資金の貸付と必要な支援・助言を行うことにより，経済的自立を図り，安定した生活を可能にする制度である。社会福祉の制度として一定所得以下の低所得層に対しては生活福祉資金貸付があるが，生活福祉資金の貸付対象に該当せず，信用不安等により一般の金融機関の貸付対象からは除外される層が存在し，その中でも返済が見込める層への「顔の見える貸付」として新たなセーフティネット貸付の提供の拡大を目指している。消費者向けの信用事業に特化した生活協同組合（生協）である消費者信用生協やいくつかの生協，NPO などにより実施されているセーフティネット貸付事業では，まず，相談者の家計や生活の実態を丁寧に聞き取り，相談者とともに生活再生に必要な方針・手段を検討し，家計の見直しなど家計管理の助言を行っている。家計見直しにより返済が見込める場合に貸付を行い，貸付実施後も返済状況の確認を通じ，状況に応じて再度の助言などを行う。返済困難にみえる層であるが，返済不能となる貸倒率は1%程度と低い。貸せない場合にもほかの制度の利用など，生活再生につながる方策につないでいる。セーフティネット貸付を行う機関への相談は，以前は多重債務，債務整理の相談が多かったが，近年は収入不足による生活困窮の相談が多くなっている［重川，2012］。

　2015年度から開始の生活困窮者自立支援制度は，福祉事務所設置自治体が生活困窮に関する相談窓口を設け，困窮者に対する相談時に生活状況を確認し包括的な支援を行うことにより，最後のセーフティネットといわれる生活保護を利用せずとも自立した生活を維持できるよう支援する制度である。自立相談支援と関連して，就労準備支援や学習支援，各自治体の判断により家計に関する相談，家計管理に関する指導，貸付のあっせん等を行う家計相談支援を行ってもよいことになっている（2018年の法改正により家計改善支援，就労準備支援が努力義務化）。

7. 家計問題への対応

　家計問題はなぜ起こるのだろうか。直接的には家計管理の失敗ということになるが，多重債務の要因で挙げられていたように，失業，倒産の増加など経済環境の変化の影響を受けている場合も少なくない。

　家計管理の失敗については，短期的な家計管理の失敗のほか，長期的な生活の見通しである生活設計の失敗がある。短期的な家計管理について，収入，支出それぞれ現金で取引が行われる場合には貨幣の流れは捕捉しやすいが，クレジットカードの利用等キャッシュレス化の進展により貨幣の流れ，家計の現状の把握が困難になってきている。意識的に，フローの把握とともに，貯蓄，負債双方のストックの残高の把握を行う必要性が高まっている。生活設計については，将来について自分で希望し予定していることだけでなく，希望はしないが起こりうるリスクを踏まえた生活設計が必要となる（第4章参照）。家計問題の発生を避けるために，短期的な家計管理の方法と長期的な生活設計の方法を生活技術として身につけることが有効である。

　家計問題の発生は，単に個人の家計管理の問題に帰結させることはできない。雇用の安定，賃金の上昇が借入，返済の前提であったが，その

前提が崩れ収支のバランスを欠くことになる。住宅のような高額な借入の場合，返済期間が長期にわたり，経済・雇用環境の変化を見通すことは困難である。先述のような一時的な生活困窮者への融資制度や生活状況に応じた所得保障制度の充実が図られる必要がある。

　問題発生の予防，また問題状況が生じ自力での解決が困難な場合のために，相談できる専門機関や専門家の設置・配置が必要である。返済滞納者数や問題状況の究極的状況と考えられる自己破産の件数に比べると相談件数は少ない。家計問題に対する相談を行っている機関の周知，拡充が必要である[12]。セーフティネット貸付で取り上げたように，問題発生，再発防止のためには，問題状況という結果の解決だけでなく，問題発生を回避する手段の獲得が有効である。生活困窮者支援制度で実施が努力義務化された家計改善支援の普及が期待される。困窮者だけでなく広く一般にキャッシュレス取引を含めた家計管理，返済方法や金利なども含む消費者信用のしくみなど，消費者の金融リテラシー（お金・金融についての知識・理解，判断力）を高める支援策が必要である。あわせて複雑化，高度化するしくみへのキャッチアップは容易ではないので，事業者の側へわかりやすく消費者に説明する義務づけが求められる。

　消費者信用制度は，消費者にとって便利―将来の収入を見込んで借金し，購入の先取りができる―なだけでなく，販売者にとっても，お金がない消費者に売り込みを可能にする便利な制度であることを踏まえ，消費社会の中で駆り立てられ，発生する購買欲求を，ニーズや収入とのバランスの観点から問い直すことも生活のための技術である。

【コラム】　キャッシュレス化

　現金以外での支払が増加しており，本章で取り上げたクレジットカードの
ほか，デビットカード（即時決済のカード）やプリペイドの電子マネーなど，
日常的に多くのカードが用いられることが増加している。ICT（情報通信技
術）の進展により，様々なサービスが広がりつつある。finance と technology
をあわせた fintech（フィンテック）の語もつくられている。
　図1に示すように，日本のキャッシュレス化率は諸外国に比べ低い[1)]。
　表1には決済時点別のキャッシュレス支払の例が示されている。クレジッ
トカードやキャッシュカードを用いて行っていることをスマートフォンなど
のモバイルメディアに決済機能のアプリをいれて利用することが可能になっ
ている。
　キャッシュレスが普及しない背景について，消費者側だけでなく，店舗等
側，支払サービス事業側それぞれにあることが指摘されているが，会計処理
や支払データ利用による生産性の向上や現金流通の可視化による課税対象捕
捉性の向上，消費者の利便性の向上を目指して，キャッシュレス化の推進が
政策課題に設定されている［経済産業省商務・サービスグループ消費・流通
政策課，2018］。

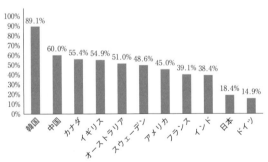

出典：世界銀行「Household final consumption expenditure（2015 年）」及び BIS
　　　「Redbook Statistics（2015 年）」の非現金手段による年間決済金額から算出
※中国に関しては Better Than Cash Alliance のレポートより参考値として記載
出典：経済産業省商務・サービスグループ消費・流通政策課（2018）p.10
　コラム　図1　キャッシュレス決済比率の国際比較

コラム　表 1　決済時点別キャッシュレス決済例

	プリペイド （前払い）	リアルタイムペイ （即時払い）		ポストペイ （後払い）
主なサービス例	電子マネー （交通系，流通系）	デビットカード （銀行系，国際ブランド系）	モバイルウォレット （QR コード，NFC 等） ※プリペイ， ポストペイ可能	クレジットカード （磁気カード， IC カード）
特徴	利用金額を事前に チャージ	リアルタイム取引	リアルタイム取引	後払い，与信機能
加盟店への 支払いサイクル	月 2 回など	月 2 回など	即日，翌日，月 2 回 など様々	月 2 回など
主な支払い方法	タッチ式（非接触）	スライド式（磁気） 読み込み式（IC）	カメラ/スキャナ読込 （QR コード，バーコード） タッチ式（非接触）	スライド式（磁気） 読み込み式（IC）
【参考】 2016 年の 民間最終消費支出 に占める比率 （日本国内）	1.7%	0.3%	–	18.0%

出典：検討会事務局資料（第五回）
　　　経済産業省商務・サービスグループ消費・流通政策課『キャッシュレス・ビジョン』（2018）p.4

　消費者にとって，現金持ち歩きや支払時の手間を省略できるほか，家計管理を簡便化できる可能性もある。一方，購買履歴が情報として企業側に利用されることやその情報管理に対する懸念やクレジットカードによる後払い（借金）することや使いすぎの不安もある。支払い方法が購買行動に影響する可能性や，価格を高いと感じることは痛みの処理に関わる脳の部分を作動させ支出の痛み（pain of payment）を感じている，とする研究もみられる。情報管理や安全性の側面は消費者だけでなく事業者などによる対応や法整備などが必要であるが，消費者としては，キャッシュレス化の推進は改めて自身の購買行動や家計管理について考える機会である。

注

1）　この値の算出には分母に持ち家の帰属家賃を含む，分子には銀行振込等が含まれていないほか，値の読み取りに注意が必要である。日本では銀行等金融機関での口座開設に所得制限はなく，口座振替の利用が多い。金融広報中央委員会「家計の金融行動に関する世論調査」による定期的な支払の主な決済手段（2つまで）では，低下傾向にあるものの 2018 年に 75%が口座振替を選択している。

（注）

1) credit の語の意味の１つが信用であり，消費者による借入を consumer credit や consumer loan というが，「クレジット」は販売信用，「ローン」は消費者金融として用いられることが多い。

2) 2010 年の改正前は 29.2％であり，利息制限法と出資法の間について，借入者は支払いの義務を負わないが，任意に支払った場合（「みなし弁済」）は有効となり，グレー・ゾーンと呼ばれていた。2006 年の最高裁判決により「みなし弁済」が違法と確定した。借入者が払いすぎた部分を「過払い金」と呼んでいる。

3) 以前から与信のため，信用情報の利用が行われていたが，2010 年の貸金業法，割賦販売法の施行により，貸し手側に対し，返済能力を調査するため指定信用情報機関の提供する信用情報の利用が義務化された。

4) 生体認証によるものも実証実験が行われている。

5) 消費生活に関する啓発，情報提供，相談，商品テストなどを行う公的機関。

6) 日本学生支援機構の奨学金利用についても，2009 年度採用者からは延滞情報が信用情報機関（全国銀行個人信用情報センター）に登録されている。

7) 日本弁護士会連合会による 2017 年の破産債務者の分析においても，負債原因で最も多いのは生活苦・低所得（61.5％）である。「浪費・遊興費」は 9.3％であるが，2014 年の調査に比べ 3.3 ポイント上昇している。

8) 34 都道府県の弁護士・司法書士事務所への相談者を対象とした調査

9) 自己破産や個人再生により債務整理を行った場合でも，税金や年金や健康保険の保険料などの非免責債権は免責対象から除外され，返済義務が残る。

10) 銀行の貸し付けは貸金業法の規制（総量規制）の対象外であるが，2017 年 3 月に全国銀行協会では，貸金業法に準じた年収確認や広告・宣伝の仕方など「銀行による消費者向け貸付けに係る申し合わせ」を決定している。

11) 事業者向けにもセーフティネット貸付がある。

12) 多重債務改善プログラムの推進により，金融庁の調査によると多重債務対応を行う自治体の窓口は増加し，全都道府県で常設窓口が設置され，市町村レベルでも 9 割以上で相談窓口が設置されている。しかし，専門家の連絡先や債務整理方法の紹介が中心で，家計管理の指導やフォローアップを行うところは少ない。

参考文献

石黒由美子「フランスの債務問題と家計管理」西村編『クレジットカウンセリング』（東洋経済新報社，pp.135-152，1997）

岩田正美『消費社会の家族と生活問題』（培風館，1991）

経済産業省商務・サービスグループ消費・流通政策課『キャッシュレス・ビジョン』（2018）

経済企画庁物価局物価管理室編・住友ビジネスコンサルティング著『カード化と流通効率化』（大蔵省印刷局，1986）

Khan, Jashim and Margaret Craig-Lees (2009) ""Cashless" transactions: perceptions of money in mobile payments," *International Business & Economics Review*, vol.1, n.1, 23-32.

金融庁「地方自治体及び財務局等における多重債務相談の状況について（平成23年度上半期）」（http://www.fsa.go.jp/policy/kashikin/soudan_zyoukyou/soudan_zyoukyou23kami.html）

金融財政事情研究会編『クレジットカウンセリングの新潮流─多重債務問題と生活再生への処方箋─』（金融財政事情研究会，2010）

Knutson, Brian, Scott Rick, G. Elliott Wimmer, Drazen Prelec, and George Loewenstein (2007) "Neural Predictors of Purchases", *Neuron*, 53, 147-156.

国民生活センター『消費生活年報1999』（国民生活センター，1999）

間々田孝夫『消費社会論』（有斐閣，2000）

松村祥子『現代生活論』（放送大学教育振興会，2003）

日本弁護士連合会消費者問題対策委員会『2017年破産事件及び個人再生事件記録調査』（2018）

日本クレジット協会編『日本の消費者信用統計平成29年版』（日本クレジット協会，2018）

日本クレジットカウンセリング協会『平成29年度事業報告書』（http://www.jcco.or.jp/）

西村隆男編『クレジットカウンセリング』（東洋経済新報社，1997）

大村敦志『生活民法入門』（東京大学出版会，2003）

重川純子「生協における多重債務者・生活困窮者への相談・貸付事業の現状と課題」
（『生活協同組合研究』434 号，pp.5-13 ，2012）

重川純子・松本奈津子「電子マネーの利用実態と利用上の課題：大学生調査から」（『埼
玉大学紀要教育学部』第 59 巻第 2 号，pp.135-142, 2010）

Soman, Dilip（2001），"Effects of Payment Mechanism on Spending Behavior: The
Role of Rehearsal and Immediacy of Payments," *Journal of Consumer Research.*
27（March），460-474.

宇都宮健児『消費者金融 実態と救済』（岩波書店，2002）

学習課題

1．消費者信用，販売信用，消費者金融について説明してみよう。

2．多重債務を整理する法的な手段にはどのようなものがあるか説明し
てみよう。

3．多重債務や家計の問題を予防するためにはどのようなことが必要か
説明してみよう。

9 | 生活と金融

《目標＆ポイント》　金融とは金銭を融通することであり，現代社会では金融機関を介すことが多い。金融機関の提供する金融商品と金融商品利用に関わる相談の現状を取り上げ，消費者として考慮すべき点，さらに金融の仕組みについて考える。

《キーワード》　金融商品，貯蓄，投資，リスクとリターン，直接金融，間接金融，社会的責任投資，NPO バンク，マイクロファイナンス

1．貨幣と金融

貨幣の機能・金融の機能

　貨幣は，支払い・交換，貯蔵，価値尺度の機能をもつ。国家が信用の裏づけを行い，紙や金属でできた貨幣を法定通貨として用いている[1]。

　生涯の中では住宅のような高額な買い物をする場合があり，そのために貯蓄を行っている。その時々の収入や貯蓄のみではまかなえず，借入を行うことも多い。借入するお金の原資は，他の家計や企業などが当面使用しない資金である。また，火災や事故などに遭遇した場合，それらの保険や共済に加入している人が拠出したお金の中からお金を受け取り対応することもある。資金に余裕のあるところ（資金余剰主体）から資金が不足しているところ（資金不足主体）にお金を融通することを金融という。現在では，多くの場合，金融機関を通じて融通が行われている。金融を通じて，自分のお金を時間を超えて融通することにもなる。

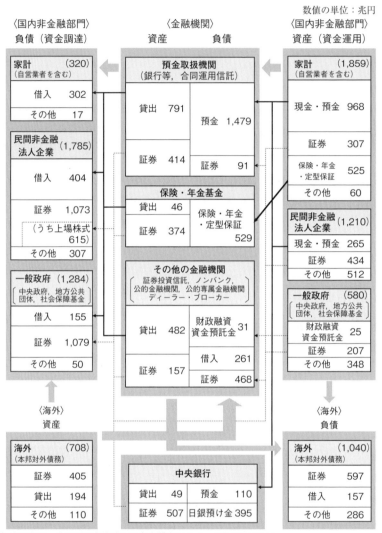

数値の単位：兆円

〈国内非金融部門〉
負債（資金調達）

〈金融機関〉
資産　　　負債

〈国内非金融部門〉
資産（資金運用）

家計 （320）
（自営業者を含む）

| 借入 | 302 |
| その他 | 17 |

**民間非金融
法人企業** （1,785）

借入	404
証券	1,073
（うち上場株式 615）	
その他	307

一般政府 （1,284）
（中央政府，地方公共
団体，社会保障基金）

借入	155
証券	1,079
その他	50

預金取扱機関
（銀行等，合同運用信託）

| 貸出 | 791 | 預金 | 1,479 |
| 証券 | 414 | 証券 | 91 |

保険・年金基金

| 貸出 | 46 | 保険・年金
・定型保証
529 |
| 証券 | 374 | |

その他の金融機関
［証券投資信託，ノンバンク，
公的金融機関，公的専属金融機関
ディーラー・ブローカー］

| 貸出 | 482 | 財政融資
資金預託金 31 |
| 証券 | 157 | 借入 | 261 |
| | | 証券 | 468 |

家計 （1,859）
（自営業者を含む）

| 現金・預金 | 968 |
| 証券 | 307 |
| 保険・年金
・定型保証 | 525 |
| その他 | 60 |

**民間非金融
法人企業** （1,210）

現金・預金	265
証券	434
その他	512

一般政府 （580）
（中央政府，地方公共
団体，社会保障基金）

| 財政融資
資金預託金 | 25 |
| 証券 | 207 |
| その他 | 348 |

〈海外〉
資産

〈海外〉
負債

海外 （708）
（本邦対外債務）

証券	405
貸出	194
その他	110

中央銀行

| 貸出 | 49 | 預金 | 110 |
| 証券 | 507 | 日銀預け金 | 395 |

海外 （1,040）
（本邦対外債務）

証券	597
借入	157
その他	286

注1) 主要部門，主要項目を抜粋して資金循環のイメージを示している。

注2) 貸出（借入）には，「日銀貸出金」「コール・手形」「民間金融機関貸出」「公的金融機関貸出」「非
金融部門貸出金」「割賦債権」「現先・債権貸借取引」が含まれる。

注3) 証券には，「株式等・投資信託受益証券」および「債務証券」（「国債・財投債」「金融債」「事
業債」「信託受益権」等）が含まれる（本邦対外債権のうち証券については，「対外証券投資」）。

注4) その他には，合計と他の表示項目の差額を計上している。

出典：日本銀行調査統計局『資金循環統計（速報）（2018 年第 3 四半期）』参考図表 p.1

図 9-1　資金循環統計にみる金融構造

金融には，このような資金の仲介機能のほか，決済サービスの機能，リスクの分配機能がある［釜江・皆木：2011，3-7］。

家計の金融資産保有実態

　図 9-1 には資金循環表により金融の構造を示している。2018 年 9 月時点で家計は 88 兆円の現金のほか，預貯金 880 兆円，株式等証券 307 兆円，保険・年金準備金ほか 585 兆円，合計 1,859 兆円を資産として保有し，320 兆円を負債として保有している。このように，自営業者分を含むとはいえ家計の資産の大きさが示される。一方，図 9-2 は貯蓄がない世帯の割合が増加傾向にあることを示している。預貯金のうち日常的な出し入れ・引落しに備えている部分は除外して回答することになっているので，まったく預貯金がないわけではないが，投資したり将来に備えるような預貯金がない世帯が 2000 年以降急増している。

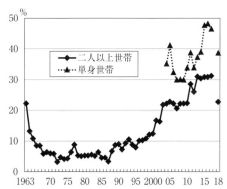

*預貯金などの金融資産の保有の有無を尋ねている。土地などの実物資産や現金, 事業用の金融資産は対象外。
　預貯金については, 運用の為または将来に備えて蓄えている部分のみを金融資産とし, 日常的な出し入れ・
　引落しに備えている部分は除外して回答するよう指示されている。
注：2017 年から 2018 年にかけて質問の仕方に変更あり。2017 年までは「保有している」と「保有していな
　い」から選択。2018 年は, 金融商品を複数あげ保有を尋ねた結果「いずれも保有していない」を選択
　した世帯と, 保有する金融商品で預貯金のみを選択し, 次の金額を尋ねる質問で預貯金の合計残高の「運
　用または将来の備え」がゼロないし無回答の世帯をそれぞれ「金融資産を保有していない世帯」（金融
　資産非保有世帯）としている。
資料：金融広報中央委員会『家計の金融行動に関する世論調査』各年版

図 9-2　貯蓄がない世帯割合の推移

2. 金融商品の選択

金融商品の多様化

　1996年に始まった自由（フリー），公平（フェア），国際化（グローバル）を目指す金融システム改革（日本版ビッグバン）による金融機関間の自由な競争，金融機関業種の相互乗り入れ，外国為替の自由化など，また情報技術の進歩により，個人が利用できる金融商品が増加した。金融機関の提供する商品には，預貯金のほか，株式・債券などの有価証券，保険，これらの商品をもとに損失リスクを抱えつつ高い収益を求めるデリバティブ（金融派生商品）など，様々なものがある。近年，フィンテック（第8章コラム参照）により，支払だけでなく，資金調達や家計管理，AIによる投資アドバイスなど，金融に関する幅広い分野で新しいサービスが広がっている。

金融商品の特性

　金融商品によって，安全性（元本の保証の程度），収益性（期待される利益の大きさ），流動性（換金のしやすさ）が異なる。

　安全性：元本が必ず確保されるもの，一定割合は保証されるもの，元本保証のないもの，元本を上回る損失が発生する可能性のあるものなど，安全性が異なる。金融機関が安全性を保証する場合には，金融商品そのものだけでなく，金融機関の経営の安定性も考慮の対象となる。金融機関が破綻した場合にも，預金保険，保険契約者保護など一定の保証が行われる場合もあり，それら制度の対象商品であるか否かも安全性に関わる。

　収益性：一定の収益が確定しているものと収益が定かではないもの（高いかもしれないし，低いかもしれない）がある。取引手数料が必要な場合には，その金額も考慮して収益性を考える必要がある。

流動性：いつでも現金化が可能なもの，一定期間は現金化が制限されているもの，途中解約の場合の条件など，流動性が異なる。店舗などの近さなども流動性に含めて考えることもある。

　金融商品を選択する場合，これらの特性を理解した上で，利用する必要がある。3つの特性いずれもすぐれたものがあるのが望ましいが，収益性と安全性，収益性と流動性は両立しがたい。図9-3に示すように，確実に（ローリスク）で高収益（ハイリターン）も難しい。自身の状況（元本確保の必要のある金額，使用予定時期，今後の稼得可能性，今後の余裕資金積み増しの可能性など）により，資産の配分（組み合わせ（ポートフォリオ）），預け入れ・投資先を検討することになる。

金利

　金利には固定金利と変動金利，単利と複利などの種類がある（表9-1）。預け入れだけでなく，借り入れの場合も同様である。

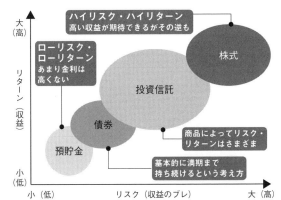

出典：金融庁，NISA推進・連絡協議会「新証券税制リーフレット「NISA〈ニーサ〉が平成26年1月からスタート！」」

図9-3　リスクとリターンの関係

表9-1　金利の種類例

固定金利	利用期間を通じて変わらない金利
変動金利	変わる可能性のある金利
単利	常に元本に対して金利を乗じて計算する方法
複利	2期目（1年単位の場合は2年目）以降は元本に前期の利息を組み入れて次の期間の利息を計算する方法

単利と複利の例）
　100万円（元本）を年利15％で5年間借りる場合の5年後の返済額
　　単利　　$100 + 100 \times 0.15 \times 5 = 175$（万円）
　　複利　　$100 \times 1.15 \times 1.15 \times 1.15 \times 1.15 \times 1.15 = 100 \times 1.15^5 = 201.1357$（万円）

住宅ローン

　住宅は生涯の中で最高額の買い物であることが多い。少しの金利の違いが返済額に大きく影響を与える。金利だけでなく，返済方法によっても返済額が異なる[2]。元金均等返済方式は返済期間を通じて元金分を同額返済する方法，元利均等返済方式は元金と利息分を合わせた総返済額を返済期間を通じて同額返済する方法である。元金均等返済方式の場合，元金の返済分にそれぞれの時点での利息を加えて返済する。未返済の部分の大きさが徐々に縮小するので，利息の金額も縮小していく。元利均等返済方式は返済総額は大きいが，期間を通じて毎月（毎年）同じ額を返済することになる。一方，元金均等返済方式は未返済残額が大きい最初の方の月々（年々）の返済額が大きく，その後減少していく。

3. 金融サービスの相談と対応策

金融サービスの相談

　図9-4には消費生活センターや金融庁に寄せられた金融サービスの相談件数を示している。2003年は，貸金業規制法，出資法が改正されたこ

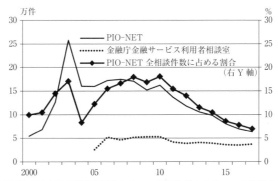

万件

注：PIO-NET では全国の消費生活センター，国民生活センターへの相談を捕捉
　　金融庁金融サービス利用者相談室分は年度の件数，2005 年度は 7 月 19 日から。
資料：国民生活センター『消費生活年報』各年版，金融庁『金融庁の 1 年』各年度版

図9-4　金融サービスに関する相談件数の推移

ともあり，フリーローン・サラ金の相談が前年比 10 万件以上増加し，突出した相談件数となっている。この年を除くと，2000 年代前半に相談件数が増加し，その後 2010 年まで消費生活センターでは 15 万件から 18 万件の間，金融庁では 5 万件前後で推移していた。その後，後述のような消費者保護の制度が敷かれ，減少傾向にある。2017 年の相談件数は消費生活センター等では約 6 万件，金融庁には 4 万件弱である。

　図 9-5 には商品分類別の相談件数と支払い金額を示している。サービスの中では，金融・保険サービスは通信サービスに次いで件数が多い。無回答を 0 とした場合の平均既支払額は 75.4 万円と高額であり，深刻度が大きい。年齢別では，高齢期にはそれまでの蓄えを取り崩しつつ生活する者が多くなり，低金利下ではその蓄えを少しでも増やしたいとの思いに乗じ金融商品の勧誘が行われ，被害にあうことも少なくない。

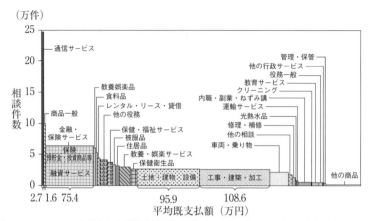

（備考）1. PIO-NET に登録された消費生活相談情報（2018 年 3 月 31 日までの登録分）。
　　　　2. 縦軸は商品別分類の相談件数。横軸の商品別分類の幅の長さは平均既支払額を示している。
　　　　3. 各商品別分類項目は相談件数の多い順に並んでいる。
　　　　4. 平均既支払額は無回答（未入力）を 0 と仮定して，消費者庁で算出している。
　　　　5. 「運輸・通信サービス」は，「運輸サービス」と「通信サービス」に分けて記載している。
　　　　6. 「金融・保険サービス」の内訳は，融資サービス，預貯金・投資商品等，保険で，その件
　　　　　数の内訳を割合で示している。平均既支払額の内訳を割合で示したものではない。「金融・
　　　　　保険サービス」の平均既支払額は，融資サービスでは 14.7 万円，預貯金・投資商品等で
　　　　　は 282.1 万円，保険では 46.3 万円。

出典：消費者庁『平成 30 年版 消費者白書』p.44-45 に注 6. 加筆

図 9-5　金融サービスの消費生活相談
　　　 ― 2017 年度の商品別分類相談件数と平均既支払額―

金融商品販売法

　高度化・専門化する金融商品に対し消費者保護を図るため，販売業者
の説明義務や説明しなかったことにより生じた損害賠償責任を定めた金
融商品販売法が 2000 年に制定された。対象の金融商品は，預貯金，信
託，保険，有価証券等幅広く設定されていた。当初，外国為替証拠金取
引（FX）は対象外だったが，トラブルの急増に対し，2004 年に対象商
品に指定された。2006 年改正では，それまでの顧客の状況を配慮した
勧誘方針の策定・公表義務に加え，説明義務として「顧客の知識，経

験，財産の状況及び当該金融商品の販売に係る契約を締結する目的に照らして，当該顧客に理解されるために必要な方法及び程度によるものでなければならない。」（3条2項）とする適合性の原則が導入された。

金融商品取引法

　2006年には，金融商品全般の取引について包括的にルールを定めた金融商品取引法が成立した[3]。預金や保険はこの法律では直接規制対象ではないが，投資性の強い預金・保険などについては金融商品取引法と同等の販売・勧誘ルールが適用されるようになっている。販売や勧誘のルールについて，この法律でも適合性の原則が規定されている。このほか，契約締結前及び契約締結時の書面交付義務，広告の規制，勧誘の要請をしていない顧客に対する訪問や電話による勧誘（不招請勧誘）・契約を締結しない旨の意思表示をした顧客への再勧誘・不確実な事項への断定的判断提供による勧誘・虚偽の説明の禁止などが規定されている[4]。

消費者の対応

　消費者保護の仕組みがつくられつつあるが，上述のように相談件数は少なくない。相談事例には法律の違反行為に相当するものも見られる。事業者に対し法令遵守の徹底を求めるとともに，消費者の側もリスクの程度を含め商品の仕組みなどを十分理解した上で購入する，理解できないものは避けるなどの対応が必要である。また，相談を通じた実態捕捉が制度改正につながる場合もあり，消費生活センターなどに問題状況の情報提供を行うことも重要である。

4. 貯蓄と投資

「貯蓄から投資へ」

　企業や国などが株式や債券を発行し証券市場を通じた貸し手からの直接の資金調達を直接金融といい，銀行などの金融機関からの借り入れによる資金調達を間接金融という。「貯蓄から投資へ」のキャッチフレーズで，株式や投資信託などへの資金の流れが呼びかけられている。欧米に比べると間接金融への偏りが大きいこと[5]から，経済成長のために家計がリスクをとることが期待されている。家計が間接金融ではなく，自身で提供先を考え直接金融にお金を流し，リスクを引き受けながらリターンを追求する，という流れである。少子化・高齢化による社会保障財源，年金のあり様の不透明さから自助努力が必要とする意見や，長く続いてきた低い預貯金金利下で家計の収益を求めるニーズなども背景にある。政策的にも，少額投資非課税制度（NISA）や確定拠出年金の対象拡大のような投資を促す対応が行われた。金融庁でも，顧客である消費者を第一に考えた運用となっているかをチェックする方針を示している[6]が，自身の資産を点検しリスクをとる余地を検討し，余地がある場合に金融商品の特徴を理解した上で投資先を考えることが必要である。

少額投資非課税制度

　2014年に始まった年間120万円（2015年までは100万円）までの新規に取得した株式や投資信託について配当・譲渡益等を取得後最長5年間非課税とするしくみ（2023年までの10年間の予定）。2016年には0歳から19歳の子どもを対象としたジュニアNISA（子ども名義の口座開設，18歳までは引き出し不能），2018年からは長期にわたる積立ができるよう一定の投資信託に限ったつみたてNISA（2037年までの予定[7]）

が始まった。イギリスの個人貯蓄口座（Individual Savings Account）を参考にしているが，イギリスでは預金や保険も対象としている。

確定拠出年金

2001 年に始まった拠出した掛金とその運用収益との合計額をもとに年金給付額が決まる年金制度。公的年金の上乗せ部分の新たな選択肢として導入された（12 章図 12-13 参照）。預貯金，公社債，投資信託，株式，信託，保険商品等の運用商品の中から加入者自身が運用指図することになっている。企業が従業員向け掛け金を負担する企業型，加入者個人が掛け金を負担する個人型（iDeCo（individual-type Defined Contribution pension plan））の 2 本立てで運営されている。2017 年から個人型の加入対象が拡大した。

フィデューシャリー・デューティー（Fiduciary duty）：受託者の責任

金融商品の購入について，特に運用を委ねる場合，商品内容とともに単にお金の運用だけでない事業の運営状況についての情報が不可欠である。受託者，特に，委託され資産の運用を担う事業者の責任をフィデューシャリー・デューティーという。金融機関が自主的に責任を果たすだけでなく，金融機関の監督機関である金融庁は，2017 年にその指針となる「顧客本位の業務運営に関する原則」（顧客本位の業務運営に関する方針の策定・公表等，顧客の最善の利益の追求，利益相反の適切な管理，手数料等の明確，重要な情報の分かりやすい提供，顧客にふさわしいサービスの提供，従業員に対する適切な動機づけの枠組み等）を定めている。さらに，この原則を採択した事業者，共通的指標による業務運営状況を公表している。

社会的責任投資

　環境，人権，労働環境等について社会性や倫理性を考慮した投資を社会的責任投資（SRI：Socially Responsible Investment）という。2006年に国連グローバルコンパクトと国連環境計画金融イニシアチブにより策定された国連責任投資原則では，機関投資家が環境（Environment），社会（Society），企業統治（Governance）（ESG）の問題を受託者責任に反しない範囲で投資分析，意思決定プロセスに組み入れることを掲げている。2011年には国内の金融機関により「持続可能な社会の形成に向けた金融行動原則（21世紀金融行動原則）」が策定され，2019年4月末現在で273機関が署名している。環境やジェンダーなどを視点にした金融商品も販売されている。

　株式や債券の購入には投資者の意思が反映される。先に挙げた安全性，収益性，流動性に加え，社会へ及ぼす影響を考慮にいれた選択が可能であり，社会に対する責任を負っているともいえる。

5. オルタナティブな金融の仕組み

マイクロファイナンス

　2006年に創設者のムハマド・ユヌスとともにノーベル賞を受賞したグラミン銀行は貧困層を対象に事業用資金の融資を行い，特に女性たちの生活改善，社会開発に貢献してきた。このように，貧困層や生活困窮者を対象の少額の融資や，少額の保険やその他の金融をマイクロファイナンス[8]という。途上国だけでなく，先進国においても貧困は解決すべき課題であり，マイクロファイナンスが実施されている［小関，2011］。小関は日本におけるマイクロファイナンスの範囲として，事業資金だけでなく，生活資金，就職活動・職業訓練資金融資を挙げている［同上：227-228］。第8章で取り上げた生協等によるセーフティネット貸付は，

既存の金融機関ではリスク（返済できない可能性）が高いと判断される層を対象とするマイクロファイナンスの例である。NPO 組織で運営している生活サポート基金では市民から出資を募り，出資金やその他借入金により生活困窮者に向けた事業や貸付を行っている。生協の場合，組合員の出資金や特別に発行した債券で資金調達し，融資している。先述の通り，返済可能と判断された人のみに融資するが，融資できない人にも利用可能な制度につなぐなどの対応が行われている。貸してくれるかもしれないという期待が相談へと誘導する仕組みとなっている。

NPO バンク

　既存の金融機関ではない資金余剰主体から資金を必要としている資金不足主体にお金を融通する組織に NPO バンクがある。NPO バンクの連絡組織である「NPO バンク連絡会」によると，NPO バンクとは「市民が自発的に出資した資金により，地域社会や福祉，環境保全のための活動を行う NPO や個人などに融資することを目的に設立された『市民の非営利バンク』」[9] である。表 9-2 には全国の NPO バンクの状況を示している。地域の中で必要とされる活動であるが，担保や事業内容，組織形態など既存の金融機関の融資基準では融資を受けにくい活動を行う個人や組織に対し，低利あるいは無利子で融資が行われている。融資対象者と「顔の見える」関係をつくるなどにより返済不能となる割合は低い[9]。預金ではなく出資金として拠出し，元本は保証されていない。配当は禁じられており[10]，出資者は，金銭ではなく暮らしやすい地域や自分が望むような社会につながっていることを受け取ることになる。

お金，金融について考える

　ベルナルド・リエターは，現代社会における貨幣の機能として投機的

表 9-2　全国の NPO バンク

調査・全国 NPO バンク連絡会　2018.3.30 現在　単位：千円

組織名	設立年	融資対象	出資金	融資累計	融資残高	備考（融資制度）	備考（出資金以外の融資原資）
未来バンク事業組合	1994 年	環境，福祉，市民事業	152,477	1,208,422	40,838	金利：1.6% 上限：300 万円 最長 5 年	-
女性・市民コミュニティバンク	1998 年	神奈川県内在住の出資者の団体，個人（対象は限定）	110,780	648,665（社会的投資を含むと，658,665）	58,402（社会的投資を含むと，88,402）	金利：1.8〜3% 上限：1,000 万円 最長 5 年	-
（特非）北海道 NPO バンク/NPO バンク事業組合	2002 年	NPO 団体，ワーカーズ・コレクティブ（※1）	40,899	385,670	9,028	金利：2〜5% 上限：500 万円 最長 2 年	寄付 7,675
（特非）NPO 夢バンク/NPO 夢バンク事業組合	2003 年	長野県内に主たる事業所を置く非営利組織	13,360	364,980	22,317	金利：2〜3% 上限：500 万円 最長 5 年	寄付金 35,715 無利息借入金 19,000
東京コミュニティパワーバンク	2003 年	東京都内の特定非営利活動促進法別表に該当する分野で活動する団体	110,350	420,278	72,381	金利：1.3〜1.8% 上限：1,000 万円 最長 5 年	融資累計は社会的投資（出資金）2,300 円含む-
ap bank（正式名：一般社団法人 AP バンク）	2003 年	自然エネルギーなどの環境を対象にしたプロジェクト	非公開	208,460	非公開	休止中。融資累計は 2007/12 現在	
コミュニティ・ユース・バンク momo	2005 年	NPO 法 20 分野の NPO 法人，個人事業主，任意団体，株式会社など	47,728	148,040	7,519	金利：2.5%（つなぎ融資 2.0%） 上限：500 万円（原則） 最長 3 年（原則）	
天然住宅バンク	2008 年	NPO 法 20 分野の NPO 法人または個人	79,378	111,704	15,402	金利：0〜2.0% 上限：300 万円 最長 15 年	
もやいバンク福岡	2009 年	福岡県内および近隣地域で活動する NPO や社会起業家など	12,840	42,420	5,416	金利：1.5〜3.0% 上限：300 万円 最長 5 年	
公益財団法人信頼資本財団	2009 年	個人，法人不問。法人格不問。活動地域（国）不問。	0	96,570	2,660	金利：0% 上限：300 万円 最長 2 年	寄付
ピースバンクいしかわ	2010 年	石川県内で活動する NPO 法 20 分野の活動をする NPO 法人，個人事業主，任意団体など	10,379	39,107	4,296	金利：3.0% （つなぎ融資 1.0〜3.0%） 最長 5 年	-
公益社団法人難民起業サポートファンド	2010 年（公益認定：2012 年）	日本在住の難民による事業	3,000	6,220	1,801	金利：2.0〜7.5% 上限：100 万円 最長 5 年	寄付金及び事業収益 （出資金の欄は基金の残高）
はちどり BANK@とやま	2011 年（2012 年12 月より融資事業開始）	富山県内に事業所のある個人/団体，もしくは富山県内を活動の対象とする個人/団体	861	15,700	2,458	金利：1〜2.5% 上限：300 万円 最長 5 年	
一般社団法人ムトス飯田市民ファンド	2008 年	主たる事業所が飯田市内にある特定非営利活動法人	7,001	24,090	0	金利：無利子 上限：300 万円（最長：1 年）100 万円（最長：2 年）	寄付金 6,000
女性シェルターネット PMJ 基金	2015 年貸金業登録	全国女性シェルターネット加盟団体の利用者である DV・性暴力被害者	-	27,181	11,982	金利 0% 上限 100 万円	寄付金
計			589,053	3,098,842	196,098		
対前年度比			104.4%	107.1%	105.3%		

※ 1「ワーカーズコレクティブ」とは，雇う―雇われるという関係ではなく，働く者同士が共同で出資して，それぞれが事業主として対等に働き，地域に必要な「もの」や「サービス」を市民事業として事業化する協同組合を指す。

※ 2 NPO 夢バンクは融資残高が出資金を上回っているが，これは出資金以外の融資原資によるものである。

調査・全国 NPO バンク連絡会（最終修正：2018 年 5 月 21 日）

出典：全国 NPO バンク連絡会ウェブサイト（https://www.npobank.net/）による提供資料

利益の道具，支配の道具，を挙げている［河村他，2000：250］。人と人をつなぐ道具・手段であった貨幣が，投機的利益の道具となる等貨幣それ自体を増やすことが目的とされるようになり，経済が生活と乖離したシステムとして成立し，貨幣の流通が生活の豊かさにつながらない，時には生活を悪化させる事態さえ生じさせることになった。

　生涯の安定的な生活を図るためどのように金融商品や金融機関を利用すればよいのか，自分や家族の生活だけでなく地域や社会をよりよくするお金の流れとはどのようなものかを考えることが必要である。

（注）

1)　法定通貨のほかに，限られた一定の地域やコミュニティの中でのみ使用可能な地域通貨を用いている地域もある。地域通貨は，発行主体だけでなくシステムへの現在の参加者や地域通貨が流通している地域社会・コミュニティへの信頼に基づいて機能している。このような法定通貨が果たさない，あるいは果たすことのできない社会的役割を果たせるように設計された通貨を補完通貨とよんでいる。

2)　例）2,000万円を返済期間25年（ボーナス返済なし）・金利3%で返済の場合
　　　　元金均等返済方式　　　返済合計金額　　　27,524,567円
　　　　元利均等返済方式　　　返済合計金額　　　28,452,600円
　　　　＊金利2%で元利均等返済方式を利用の場合　　　25,431,000円
　金融広報中央委員会や金融機関のウェブサイトなどで，金額と期間を入力すれば簡単にシミュレーションすることができる。

3)　金融先物取引法等個別の業種に関する4つの法律を廃止，証券取引法を改正し制定された。

4)　2011年施行の商品先物取引法でも，プロではない投資家に対して同様の事項が規定されたが，2015年6月から対象の条件が緩和された。

5)　小池（2009）のように，アメリカは平均値では直接金融割合が高くみえるが，統計の定義をそろえたり，不動産所有状況を考慮すると日本との差は小さくなること，資産保有上位10%を除くと日米の差はほとんどない，との指摘もある。

6)　日本経済新聞2014年10月9日記事「『貯蓄から投資』道半ば　細溝金融庁長官に聞く」

7) 積み立て開始時点から 20 年間積み立てできるようにする制度改正が検討されている（2019 年 10 月時点）。

8) 少額の融資をマイクロクレジットという。生活改善に資する側面がある一方，返済困難な借金を抱え一層の生活困難に陥る状況も生じている（日本経済新聞 2019 年 8 月 18 日記事「カンボジア「小口金融」普及で過剰債務者急増」）。

9) NPO バンク連絡会ウェブサイト（http://npobank.net）より。

10) 金融商品取引法ではファンドに対する情報開示と業者登録が義務化されている。NPO バンクはこの法律の適用除外を受けており，出資に対する配当を行わないことを条件づけられている。

参考文献

Allen, Franklin and Yago, Glenn, *Financing The Future*, FT Press, 2010（F・アレン，G・ヤーゴ著，藤野直明監訳・空閑裕美子訳『金融は人類に何をもたらしたか』東洋経済新報社，2014）

釜江廣志・皆木健男『金融・ファイナンス入門』（同文館出版，2011）

河邑厚徳・グループ現代『エンデの遺言「根源からお金を問うこと」』（日本放送出版協会，2000）

小池拓自「家計の保有するリスク資産―『貯蓄から投資へ』再考―」（『レファレンス』704 号，pp.59-78，2009）

小関隆志『金融によるコミュニティ・エンパワーメント』（ミネルヴァ書房，2011）

Lietaer, Bernard, *Das Geld Der Zukunft*, Riemann Verlag, 1999（B・リエター著，小林一紀・福元初男訳『マネー崩壊』日本経済評論社，2000）

坂井素思『産業社会と消費社会の現代』（放送大学教育振興会，2003）

財団法人トラスト 60 編『ソーシャル・ファイナンス』（金融財政事情研究会，2006）

全国 NPO バンク連絡会「全国の NPO バンクの現況」（2017）（http://www.npobank.net/docs/20140331_NPOBANK_Genkyo.pdf　2019 年 2 月 25 日閲覧）

学習課題

1．金融商品を選択する時に考慮する 3 つの特性をあげ，それぞれについて説明してみよう。
2．金融機関が販売する金融商品を 1. の 3 つの特性の点で比較してみよう。
3．社会的責任投資とはどのようなことか説明してみよう。

10 | 妻と夫の経済関係

《目標＆ポイント》　妻と夫は共同して生活を営むことが多く，経済について
も一体化して考えられることが多い。家計の管理形態，家計への貢献などか
ら夫妻間の経済関係について検討する。
《キーワード》　家計，家計の個別化，家計組織，家計管理，配偶者控除

1. 結婚生活と家計

　まず，夫妻のみの家計を一人暮らし（単身世帯）の男女の家計と比較
する。表 10-1 には世帯主年齢が 30 歳代の家計を示している。共稼ぎ世
帯の夫の勤め先収入は単身世帯（男）に比べ 6％，世帯主のみ就業の夫
の勤め先収入は単身世帯（男）に比べ約 3 割多い（ただし，夫婦世帯の
方が平均年齢が高い）。単身世帯（女）の方が共稼ぎの妻に比べ正規就
労の割合が高く勤め先収入額が高い。結婚して一緒に暮らすことが家計
に及ぼす影響をみるため，夫婦のみの共稼ぎ世帯の家計を単身世帯男女
の家計の合計額と比較すると，可処分所得では単身世帯合計額の 9 割，
消費支出では同約 8 割[1]である。持ち家率の相違が支出金額に影響する
住居費のほか，食料や光熱・水道，教養娯楽など，10 大費目中その他
の消費支出以外では夫婦世帯の方が支出額が小さい。調理の光熱や水，
湯船の湯，調理器具や洗濯機などのように人数の倍数分必要とはならな
い部分も多く，世帯の規模が大きくなるに従い経済性が高まる規模の経
済性がはたらいている。食料費では夫婦世帯の方が食材購入が多く調理

表 10-1　世帯主 30 歳代の単身世帯・夫妻のいる世帯[1]　の家計

| | 単身勤労者世帯 | | 単身男女計（A） | 夫婦のみの勤労者世帯 | | | | |
	男	女		共稼ぎ共に勤労者（B）	B/A	世帯主のみ就業[2]（C）	C/A	B/C
世帯主年齢（歳）	33.2	32.8		34.5		37.2		
持ち家率（%）	25.6	11.6		38.5		35.4		
世帯人員（人）	1.00	1.00		2.00		2.00		
実収入	304,317	261,494	565,811	499,970	0.88	403,990	0.71	1.24
勤め先収入	299,022	252,611	551,633	488,232	0.89	447,860	0.81	1.09
夫				318,329	1.06	391,118[3]	1.31	0.81
妻				160,146	0.63	603[3]		
可処分所得	250,985	209,370	460,355	409,758	0.89	323,197	0.70	1.27
実支出	222,398	234,032	456,430	359,978	0.79	336,970	0.74	1.07
消費支出	169,066	181,908	350,974	269,765	0.77	256,178	0.73	1.05
食料	44,591	37,871	82,462	59,861	0.73	57,759	0.70	1.04
穀類ほか[4]	8,259	10,693	15,818	18,590	1.18	22,526	1.42	0.83
調理食品	7,128	7,863	14,991	7,259	0.48	6,611	0.44	1.10
外食	21,600	11,456	33,056	22,015	0.67	18,170	0.55	1.21
住居	36,961	40,437	77,398	40,209	0.52	41,124	0.53	0.98
光熱・水道	8,940	8,992	17,932	13,660	0.76	14,848	0.83	0.92
家具・家事用品	1,794	12,756	14,550	8,474	0.58	7,129	0.49	1.19
被服及び履物	5,723	15,125	20,848	13,415	0.64	11,900	0.57	1.13
交通・通信	28,943	22,037	50,980	49,095	0.96	40,136	0.79	1.22
教養娯楽	18,054	16,549	34,603	27,859	0.81	27,925	0.81	1.00
その他の消費支出	22,539	21,700	44,239	45,052	1.02	41,919	0.95	1.07
非消費支出	53,333	52,124	105,457	90,212	0.86	80,792	0.77	1.12
直接税	20,870	19,238	40,108	32,768	0.82	32,882	0.82	1.00
社会保険料	32,384	32,879	65,263	57,142	0.88	47,899	0.73	1.19
土地家屋借入返済	11,219	2,944	14,163	29,346	2.07	20,073	1.42	1.46
サービス消費割合（%）[5]	63.6	50.8	60.9	55.6		55.8	0.92	1.00
平均消費性向（%）	67.4	86.9	76.2	65.8	0.86	79.4	1.04	0.83
金融資産純増率（%）	27.7	12.2		23.3		9.6		
エンゲル係数（%）	26.4	20.8	23.5	23.2		22.4		

1）単身世帯は 10，11 月の 2 ヶ月間，夫婦のいる世帯は 9，10，11 月の 3 ヶ月間調査。
2）30 歳代前半と 30 歳代後半のデータから作成
3）「夫が世帯主の場合」の平均値と「妻が世帯主の配偶者の場合」の平均値
4）穀類，魚介類，肉類，乳卵類，野菜・海藻，果物，油脂・調味料
5）財・サービス区分の合計支出中，サービスの割合
資料：総務省統計局『平成 26 年全国消費実態調査』

食品や外食などの利用は少なく，食生活のスタイルが異なっている。消費額全体でも単身世帯合計ではサービス消費の割合が高い。

　夫婦のみの世帯について妻の就業別[2]に家計を比較すると，夫の収入では共稼ぎ世帯は世帯主のみ就業世帯の約8割であるが，妻の収入を合わせた世帯の可処分所得では共稼ぎの方が約1.3倍大きい。消費支出の内訳では食の外部化や被服費，交通・通信といった妻の就業に関わると考えられる費目で共稼ぎの方が支出額が大きい。消費支出全体では1.05倍であり，妻の就業形態による差は比較的小さい。

2. 世帯と家計

家計を共にすること

　総務省の『家計調査』や『全国家計構造調査』では，その調査単位を「世帯」としている。「世帯」には単身世帯も含むが，2人以上の場合には「住居及び家計を共にしている人の集まり」である[3]。2人以上の世帯で1人だけが収入を得て，その収入を1つの「財布」にいれ，そのお金で一緒に暮らす家族全員が生活している場合には「家計を共にしていること」および「家計」と認識される範囲はわかりやすい。しかし，一緒に暮らす複数の人が別々に就業し収入を得て，その収入の一部は一緒に暮らす人のためにも用いるが残りは自分だけのために用いる場合，世帯の中に複数の「財布」があり，どの範囲が「家計」なのかはあいまいである。実際，人々が認識する家計の範囲は多様である。女性を対象とした調査[4]によると，妻と夫に収入がある場合に妻と夫の収入の全合計と回答する者は約半数である（表10-2）。夫のみ収入がある場合にも夫の収入全部と回答する者は約半数であり，認識は一様ではない。

　「家計調査」では，主食，副食などの購入や消費を共有している場合には「家計を共にしている」ものと扱っている[5]。「家計を共にする」

表 10-2　妻の認識する「家計」の範囲

(%)

夫妻双方に収入あり		夫のみに収入あり	
夫と妻の収入合計 すべて	56.2	夫の収入すべて	55.7
両方の収入から 一部を引いたもの	15.6	夫の収入から 一部を引いたもの	20.4
食料費等共同生活に 必要な支出	12.2	食料費等共同生活に 必要な支出	15.5
夫が妻に渡すお金	6.5	夫が妻に渡すお金	7.9
妻が管理しているお金	4.6		
夫と妻が共同生活の ために出し合うお金	3.9		
家族共同の「家計」 はない	0.5	家族共同の「家計」 はない	0.2
その他	0.5	その他	0.2

資料：（財）家計経済研究所（2003）

こととは，少なくとも生活のある部分についてお金を拠出したり，誰かの収入で購入したものやサービスをほかの世帯員も消費し「財布」を共有していることとなる。

家計の形と家計管理

　多くの世帯では，収入を得る活動だけでなく，それ以外の活動でも世帯構成員がそれぞれ別々に行動し別々に支出している。世帯員が個別に収入を得，それを支出し，それらを管理する場合が増加しており，そのような現象を家計の個別化あるいは個計化という。（個計化の場合，家計の構成員が1人のみの単身世帯が増加することを含む。）

　家計は，世帯構成員の収入，支出をすべて一括して捉えられているが，その中に世帯全体が共有する部分と世帯員ごとの部分を含んでおり，世帯内にも経済関係が存在する。世帯全体の収入合計を「全体家計」，世帯共有部分を「共同家計」，世帯員ごとの部分を「個計」としている

172

［御船，2000：72］。「共同家計」についても，世帯全体の共同家計のほか，世帯の一部の複数人の共同家計が併存する場合もある。例えば，3世代（祖父母・父母・子）で1世帯を構成している場合，共同家計の中に世帯全体の共同家計と祖父母夫婦の共同家計，父母と子の共同家計が成立することもある。2人以上の世帯では，世帯の全体家計の中に共同家計と個計が存在することが多い。共同家計のあり様についても一様ではない。図10-1には家計管理タイプを例示している。一体タイプのように2人の収入を一括して共同家計用に財布を1つ設定（図では「家族家計」）し，その中で家族の共同的な部分とこづかいのような個人管理部分を切り分けているタイプ以外に，支出分担タイプのように共同家計用の財布は持たず，共同家計部分の分担を決めて各個人が責任を持つ場

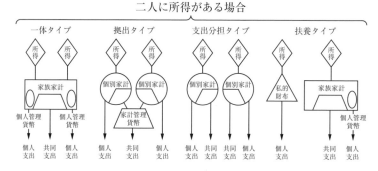

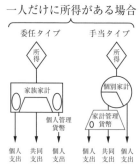

出典：御船美智子「生活と経済」長津美代子・岡村清子・川崎末美・槇石多希子・御船美智子『現代社会と生活』建帛社 p.140 より

図 10-1　家計管理のタイプ

合もある。例えば，家賃は妻が妻の収入から支払い，光熱費は夫が夫の収入から支払う，その他の妻，夫各個人のためだけに用いるのではない費用について支払いの担当を決めているような場合もある。

　夫妻間の家計管理の実態[6]をみてみる。調査対象者全体では約 5 割の世帯で妻が夫妻の全収入を管理している。妻に収入がある場合には，妻がすべてを管理する割合は 4 割である。拠出タイプは 1 割強，共同家計用の財布をもたない支出分担タイプの割合は 1 割弱である。妻による一体的な管理タイプの割合が多いものの，少しずつであるが独立性の高い家計管理タイプの割合が増えつつある［重川，2017］。管理タイプだけでなく，家計としての共通の財布を通らないお金を保有する割合が増加傾向にある。支出分担タイプは夫妻それぞれが収入を持ち世帯所得が高く，家計簿記帳や意識的に貯蓄を行う割合がほかの家計管理タイプに比べ低い。共通の財布がない場合は夫婦どちらか 1 人が集中的に管理している場合に比べ，短期的な支出分担のあり方だけでなく，長期的な生活設計の中で個計と共同家計部分をどのように位置づけるかを夫妻間で調整する必要性が高い。御船［1992：2］は「家族の範囲で，収入の確保，管理，配分・移転，消費を統括・秩序づける意識的行為が不可欠」と述べ，家族の範囲での一連の意識的経済行為を「家計組織化」としている。

世帯内の分配と権限

　同一世帯に所属している人の生活水準は等しいのだろうか。「ブラックボックス」化していた世帯内の経済関係を明らかにしていく研究の結果，必ずしもそうでないことが示されている。パール［1994］は，家庭内暴力を受け夫と別れた女性への調査で別れる前の世帯内で経済格差があったことを聞き，夫妻間の貨幣の配分に関する研究を行っている。

　世帯が複数人数で構成されている場合，世帯内の分配はどのように行

われているのだろうか。例えば，夫妻のみの世帯でそれぞれに収入がある場合，それぞれの収入をどの程度の割合で共同家計と個計部分（個別家計）に配分するのか。それぞれの個別家計として保有した金額の大きさの程度はどの程度なのか，2人の個別家計の大きさは同程度なのか。共同家計へのそれぞれの貢献割合はどの程度か。共同家計部分の2人の利用の程度は同程度なのか。2人の収入額が異なる場合，2人の間の「等しさ」をどのように規定するか容易ではない。さらに，貨幣のみでなく家事労働についても含めて考える必要がある。世帯内の誰かが家事労働を行う代わりに企業により提供されるものやサービスを購入すれば費用が発生する。家事労働に従事しなければ，その時間を収入を得る仕事にあてられるかもしれない。家事労働はものやサービスを生産し，家計はそれを現物として得ていることになり，家事労働分は帰属所得となる。

　日常的な買物や家計費管理の意思決定者を尋ねる調査[7]では約7割が意思決定者は妻と回答している。家計を管理することは「財布のひもを握る」として，世帯内の分配に対して権限を持つように認識されることが多い。家計を管理している妻はどのように認識しているのだろうか。有配偶女性の意識[8]をみると，約7割の人は義務（「どちらかといえば義務」も含む）と捉えている。家計管理の好き嫌いについて，約6割の人は嫌い（「どちらかといえば嫌い」も含む）と答えている。妻たちの中には，好きではないが義務と認識し家計管理を担っている者も多い。社会全体の生活水準が上昇したとはいえ，家計管理は「日々の生活のやりくり」的要素が強く，分配に対する権限とは意識されていない。

3. 妻と夫の家計・資産

　日本の夫妻間の経済関係の実態を，核家族調査[9]によりみてみる。

収入に対する意識（表 10-3）

　夫妻とも妻の就業形態によらず，それぞれの収入は 2 人のものと考える共有意識を持つ者が最も多い。夫の収入を夫妻 2 人のものと考える割合は約 90％であるのに対し，妻の収入を夫妻 2 人のものと考える割合は約 70％であり，妻の収入と夫の収入の間で共有意識に 20 ポイントの差がある。夫の稼得責任への賛否について，夫，妻共に全体では「賛成」が 5 割を超える（図 10-2）。フルタイム就労の妻の「賛成」割合は約 4 割と妻全体に比べるとやや低いが，「まあ賛成」を含むと 8 割以上が賛成である。夫，妻いずれも夫が一家の稼得役割を担うことを期待している割合が高い。稼得役割の性別分業意識が夫と妻のそれぞれの収入の家計への位置づけに影響を及ぼしている。

家庭経済への貢献と資産

　表 10-4 には，これまでの結婚生活において収入，家事，資産について妻と夫の貢献をあわせて 10 割とした場合，それぞれの貢献度合いの認識を示している。夫妻ともに，収入は夫，家事は妻の割合が高いと認識している。収入では夫妻間の認識のズレは小さいが，家事貢献では妻

表 10-3　収入の帰属意識

(%)

	妻収入は妻のもの，夫収入は夫のもの		妻収入は妻のもの，夫収入は 2 人のもの		妻収入は 2 人のもの，夫収入は夫のもの		妻収入は 2 人のもの，夫収入は 2 人のもの		その他	
	夫回答	妻回答	夫回答	妻回答	夫回答	妻回答	夫回答	妻回答	夫回答	妻回答
全体	7.7	7.3	18.6	21.9	1.4	0.8	69.2	67.6	3.0	2.4
うち,妻フルタイム	12.8	17.9	12.8	9.7	1.7	0.7	70.1	68.7	2.6	3.0

注：収入がない場合にも，あると仮定して回答を求めている。
資料：(財) 家計経済研究所（2009）『現代核家族のすがた』pp.151-152

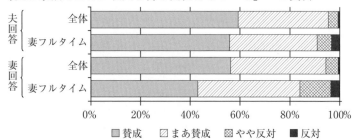

「夫は家族のために収入を得る責任をもつべき」への賛否

資料：(財) 家計経済研究所 (2009)『現代核家族のすがた』p.231, 235

図 10-2　性別役割分業意識

表 10-4　収入・家事・資産形成貢献累積割合平均値と資産保有割合平均値

(割)

	夫の累積収入割合		妻の累積家事分担割合		妻の資産形成への貢献割合		妻の保有資産割合	
	夫回答	妻回答	夫回答	妻回答	夫回答	妻回答	夫回答	妻回答
全体	8.1	8.1	6.9	7.8	4.4	5.2	3.5	2.6
うち, 妻フルタイム	6.4	6.2	6.4	7.1	5.1	5.7	4.7	3.9

資料：(財) 家計経済研究所 (2009)『現代核家族のすがた』pp.154-167

　の認識に比べ夫は自身の貢献が大きいと認識している。妻の就業状態は調査時点のもので継続的な状況を示していないが，調査時点にフルタイムの場合，結婚期間を通じ継続的に稼得に貢献してきた者が多いと考えられ，ほかの就業形態に比べると収入の貢献割合が大きい。

　家事・育児・介護等の貢献も考慮にいれた妻の資産形成への貢献割合は，妻の回答では5.2割とほぼ半分は貢献と認識しているのに対し，夫の回答では4.4割と妻の認識に比べ低い。妻がフルタイムの場合には夫は約半分を妻の貢献と認識しているが，妻自身はさらに多い5.7割を自分の貢献と認識している。この貢献は実際の資産保有に反映されている

のだろうか。妻の保有資産割合は貢献認識に比べると小さい。夫妻共に夫が多く保有していると認識している。日本の夫婦財産制は別産別有制であり，稼得所得は稼いだ人に帰属する。双方が等しく稼げる状況にある場合には問題ないが，夫が稼ぎ妻が家事という性別役割分業下では妻は資産を確保しがたい。夫妻共に就労の場合にも，正規と非正規の就業形態の違いや男女の賃金格差が資産保有に影響を及ぼすことになる。

　資産の名義について，実質的な意味を持つと考えているか形式的なものと考えているかの質問では，実質的と考える割合は妻 46%，夫 34% と妻の方が名義の意味を重視している。夫婦関係が良好な場合には名義は問題になりにくいが，夫婦関係が悪化した場合にも形式的と考え，良好だった時と同じように相手の使用を許容するだろうか。そのような場合に名義が意味を持つこととなる。

　有償，無償の貢献がともに資産保有実態に反映される仕組みの存在は，既に性別役割が存在している場合には役割の偏りを見えにくくし，その役割を固定化させることにもつながりうる。世帯内の有償，無償の貢献をともに評価するシステムが有効に作用するには性別役割を固定化させないシステムが必要である。

4. 妻と夫の経済関係と政策

夫と妻の経済関係の共同性と法

　法律は問題が生じてはじめて参照され，通常は意識することなく生活が営まれていることが多い。法律では夫と妻の間の経済関係はどのように規定されているだろうか。

　夫妻間の扶養について，「互いに協力し扶助しなければならない」（民法 752 条）と扶養義務が示されている。これに関連して，日常生活のための費用について，「その資産，収入その他一切の事情を考慮して，婚

姻から生ずる費用を分担する」（同 760 条）とされている。家事を分担して担うことも費用分担である。借入についても，日常生活に関わる借金（日常家事債務）は連帯責任を負うこととされている。夫と妻の生活には強い共同性があると考えられている。

　財産について，結婚前に保有していた財産や結婚期間中にそれぞれの名前で得た財産はそれぞれに帰属することになっており，先述のように別産別有制である。帰属が不明の場合には共有財産となる。ただし，結婚（婚姻届提出）前までに夫婦財産契約を行った場合には，その取り決めに基づくことになる（この取り決めは原則変更できない）。離婚の場合には財産分与を請求することができる。2007 年度以降の離婚では一定条件により公的年金を分割して受給できるようになった。

　夫妻間においても金銭を贈与した場合には一定金額（基礎控除）を超えると贈与税を支払う必要がある。ただし，婚姻期間が 20 年以上の夫妻間で居住用の住宅や土地を贈与する場合には基礎控除以外に一定金額までの控除を受けることができる。相続についても，死亡した配偶者からの遺産額[10] が一定金額までか法定相続分に相当する金額分までは相続税はかからない。2018 年の民法改正では，相続について残された配偶者への配慮として配偶者居住権の創設，居住用不動産贈与に関する優遇措置がとられた。従前は住宅資産分も合算して相続財産を相続人の間で分けており，例えば相続財産の住宅用不動産評価額と金融資産金額が同額で法定相続通りに配分することになると，居住している住宅を相続することで金融資産を相続できなくなる場合が生じる。所有権ではなく配偶者居住権とそれ以外の人への負担付き所有権に分割することで，同じ配分比率でも住宅を相続した配偶者が居住する権利を持ちつつ確保できる金融資産を増やすことができるようになった。また，婚姻期間 20 年以上での居住用不動産贈与分は相続財産に繰入する必要がなくなった。制

度自体は性別は問わないが，多くの場合妻の財産確保につながりうる。財産制度は別産別有であるが，夫妻間の経済関係の共同性が考慮されている。

ライフスタイル選択の中立性

　税制や社会保障制度の変更が検討される場合，世帯の可処分所得の増減など世帯に対する影響が議論されることが多い。

　所得税は個人単位で課税されるが，配偶者やその他扶養している者の存在が考慮される。給与所得者の所得税の課税所得算出において所得が一定額以下の者を扶養している場合には，扶養控除や配偶者控除として所得額から一定額が控除される。配偶者控除は，1961 年に妻（制度自体は性に中立的であるが，実態として雇用者である男性の配偶者）の内助の功の評価と給与所得者と個人事業者等の所得の捕捉率との相違を考慮し導入された。配偶者の所得が一定額を超えた場合，世帯の可処分所得が減少してしまう逆転現象があり，その解消と控除分の上乗せのため1987 年には配偶者特別控除が創設された。

　図 10-3 には女性パート就労者の年収分布を示している。収入額の少ない 60 万円未満とフルタイムと同程度の時間就労していると考えられる層を含む 150 万円以上 300 万円未満のほか，100 万円前後の割合が高い。配偶者のいるパート就労の女性の場合，収入が少なく調整の必要のない者を除くと 4 割弱が就業調整しており[11]，その理由を表 10-5 に示している。所得税や社会保険，配偶者手当の給付[12]のような制度のあり方が働き方に影響を与えている。

　内閣府の男女共同参画会議影響調査専門調査会の報告では，ライフスタイル選択に中立的でないとして配偶者控除・配偶者特別控除の見直しを求めている[13]。政府の税制調査会においても働き方の選択に対して

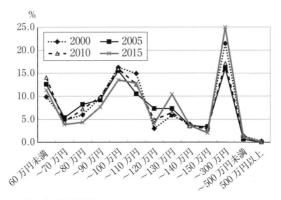

注：昨年収入なし，不明の者を除く割合

　　平成23年調査は，被災3県（岩手県，宮城県，福島県）を除いて調査実施。また，平成23年
　　調査では官公営を調査していない。

資料：厚生労働省『雇用の構造に関する実態調査』平成13, 18, 23, 28年版（平成23年までは『パー
　　トタイム労働者総合実態調査』）

図 10-3　女性パートタイム就労者の年収（税込み）分布

表 10-5　就業調整の理由―パート就労・配偶者あり―

（複数回答）（単位：%）

	所得税の非課税限度額(103万円)を超えると税金支払い必要	配偶者の配偶者控除が無くなり，配偶者特別控除が少なくなる	配偶者の会社の配偶者手当がもらえなくなる	一定額(130万円)を超えると配偶者の健康保険，厚生年金等の被扶養者にならず，自分で加入	週の所定労働時間20時間以上になると雇用保険に加入	正社員の所定労働時間の3/4以上になると健康保険，厚生年金等に加入*	社会保険の加入要件変更*され，加入しなければならない	会社の都合により雇用保険，厚生年金等の加入要件に該当しないように	年金の減額率を抑える又は減額を避ける	その他
男性 2016年	11.0	4.2	2.1	7.8	4.7	6.1	3.4	6.3	49.0	17.4
女性 2016年	55.1	44.8	23.4	54.0	10.5	11.6	13.4	2.3	1.1	4.4
女性 2011年	63.0	37.7	20.6	49.3	2.8	4.3		2.6	0.4	6.2
女性 2006年	66.9	50.4	28.9	48.1	5.1	7.0		8.4	0.6	2.5

*法改正により，2016年10月からは一定の条件下で週20時間以上就労の場合，健康保険，厚生年金
　に加入することになっている

注：平成23年調査は，被災3県（岩手県，宮城県，福島県）を除いて調査実施。また，平成23年
　　調査では官公営を調査していない。

資料：厚生労働省『雇用の構造に関する実態調査』平成18, 23, 28年版（平成23年までは『パー
　　トタイム労働者総合実態調査』）

中立的な税制のあり方が検討されている[14]。税制調査会の 2014 年 11月の論点整理では，中立性について①配偶者の働き方（収入）によって納税者本人の控除額（税負担額）が影響を受けないという意味での中立性と②配偶者の働き方（収入）によらず控除により夫婦 2 人で受けられる税負担軽減額の合計額が一定となるという意味での中立性が示されており，夫婦間と世帯間の観点が示されている。

　イギリスでは 1970 年代後半に児童手当給付の相当な部分の管理権を父親から母親に移した結果，女性と子どもの利益になる支出パターンへと変化がおこった［世界銀行，2002：116-118］。ほかの国の研究結果からも，財源の管理者の性別により支出パターンが異なることが示されている［同上］。現時点では支出の仕方にジェンダー・バイアスがあるため，世帯全体としていくら収入を増加させるかだけでなく，どのような経路で世帯収入を増加させるかも検討課題となる。先の配偶者控除の場合，控除を受ける者（多くの場合，夫）の所得が増加することになる。

　年金制度やひとり親世帯への支援制度では，以前は夫が稼ぎ妻が家事をする性別役割分業をもとに制度が考えられていた。所得など一定要件下のひとり親世帯対象に支給されている児童扶養手当は以前は母子世帯のみを対象としていたが，父子世帯も対象にすることになっている。遺族基礎年金の支給対象は 2014 年 3 月までは子どものいる妻か子どもであったが，子どものいる配偶者か子どもに変更されている。

　平均値でみると男性は女性に比べ経済的に優位にあることが多いが，一人ひとりの状況は多様である。政策や制度の設計において，多様な個人のライフスタイルの可能性を阻むものでないこと，中央集権的な家計モデル［同上］ではなく多様な世帯内の経済のありようを踏まえ，政策や制度の効果がそのターゲットとするところに届くことを考慮することが必要である。

（注）

1) 住居費を除いた消費支出額の場合では84%。

2) 夫が雇用者の世帯のうち妻も雇用者の共稼ぎ世帯の割合は，1980年には35.5%であったが，1992年には半数を超え，2017年には65.0%を占めている。

3) 海外の家計調査における世帯の定義には，住居，支出，収入の共有が用いられることが多いが一律ではない［重川，2007］。

4) （財）家計経済研究所『消費生活に関するパネル調査』の第10回調査（2002年）。10回調査は29〜43歳の女性が対象。

5) 調査員向けの資料より

6) （財）家計経済研究所『消費生活に関するパネル調査』の第22回調査（2014年）。22回調査は25〜55歳の女性が対象。

7) 「男女共同参画社会に関する世論調査」（2002年）では家計費管理における最終決定者が尋ねられ69.5%が妻と回答［内閣府，2003：39］。「男女の消費・貯蓄等の生活意識に関する調査」（2010年）では日常的な買い物の意思決定者が尋ねられ74.2%が妻と回答［内閣府，2010：24］。

8) 注4と同じ調査による。

9) 2008年に首都30km圏内に居住する妻年齢35〜49歳の核家族世帯に調査実施。同一世帯の夫妻と子（小学4年生から18歳までの長子1人）に調査。有効回収票：妻1020，夫885，子ども466。詳細は『現代核家族のすがた』参照。

10) 遺産総額と相続時精算課税による贈与財産の合計金額から債務等を差し引きし，相続開始前3年以内の贈与財産を加えた金額。

11) 厚生労働省『平成28年雇用の構造に関する実態調査（パートタイム労働者総合実態調査)』。過去1年間の状況を調査。

12) 配偶者の就業や稼得の状況により扶養対象として手当（配偶者手当）を支給する場合に配偶者控除対象であるかが基準にされることがある。近年，配偶者手当も廃止や見直しが検討されつつある。

13) 2002年12月「ライフスタイルの選択と税制・社会保障制度・雇用システム」に関する報告」。報告書では，このほかに，公的年金，社会保険の問題も取り上げられている。

14) 2002年度税制調査会の答申「平成15年度における税制改革についての答申」（2002年11月）において，「個々人の自由な選択に介入しないような中立的な税制」という観点から配偶者特別控除の廃止が提案され，2004年からその一部（配偶者控除適用者への上乗せ部分）が廃止された。2014年度の税制調査会においても，配偶控除の廃止を含め中立的な税制のあり方が検討されている（「働き方の選択に対し

て中立的な税制の構築をはじめとする個人所得課税改革に関する論点整理（第一次
レポート）」（2014 年 11 月））。2017 年度の税制改正（2018 年分から実施）では，就
業調整を意識しなくて済む仕組みの構築として所得税の配偶者控除・配偶者特別控
除の見直しが行われたが，上限の引き上げ等であり制度自体は存続している。

参考文献

（財）家計経済研究所『家計・仕事・暮らしと女性の現在　消費生活に関するパネ
　　ル調査—平成 15 年版—（第 10 年度)』（国立印刷局，2003）

（財）家計経済研究所『現代核家族のすがた』（家計経済研究所研究報告書 No.4，
　　2009）

国連開発計画『人間開発報告書』各年版（国際協力出版会）

御船美智子「家計組織化研究の目的」家計経済研究所『ザ・現代家計』（大蔵省印
　　刷局，pp.5-17，1992）

御船美智子「生活と経済」長津美代子・岡村清子・川崎末美・槇石多希子・御船美
　　智子『現代社会と生活』（建帛社，pp.129-151，1997）

御船美智子『生活者の経済』（放送大学教育振興会，2000）

内閣府『平成 15 年男女共同参画白書』（2003）

内閣府『平成 22 年男女共同参画白書』（2010）

内閣府『平成 30 年男女共同参画白書』（2018）

岡本政人「世界と日本の家計管理の実態と動向—国際社会調査データを用いたパネ
　　ル分析および多項ロジット分析」（『家計経済研究』No.107，pp.54-63，2015）

Pahl, Jan, *Money and Marriage*, 1989（J・パール，室住真麻子・木村清美・御船美
　　智子訳『マネー＆マリッジ』，ミネルヴァ書房，1994）

重川純子「世界の政府機関による家計調査」御船美智子・家計経済研究所編『家計
　　研究へのアプローチ』（御）（ミネルヴァ書房，49-80，2007）

重川純子「夫妻間の家計管理タイプの変化」（『家計経済研究』No.114，pp.38-47，
　　2017）

The International Bank for Reconstruction and Development/The World Bank,
　　Engendering Development -Through Gender Equality in Rights, Resources, and

Voice, 2001（Labour Market and Social Policy Occasional Paper No. 52），the World Bank（＝ 関本勘次他訳，世界銀行『男女平等と経済発展（世界銀行政策リサーチレポート）』，シュプリンガー・フェアラーク東京，2002）

学習課題

1. 「家計を共にする」こと，「家計の個別化」とはどのようなことか説明してみよう。
2. 夫妻間の経済関係について法律ではどのように規定されているか説明してみよう。
3. ライフスタイルの選択に影響する可能性のある税制や社会保障制度について説明してみよう。

11 | 親と子の経済関係

《**目標＆ポイント**》　親と子の間の経済関係を取り上げる。親による子の教育・養育期と親の高齢期に焦点をあて，親子間の経済関係について，実態や意識を概観し，課題を検討する。

《**キーワード**》　扶養，教育費，養育費，機会費用，介護，相続

1. 親と子の関係

　親と子の関係は，親による幼少期の子どもの養育・教育，子の成長，子の離家・独立，子による親の扶養など，ライフステージにより関わり方が変化する。

　法的には民法において，直系血族及び兄弟姉妹は互いに扶養をする義務がある（民法877条）と扶養義務が規定されており，親子間には相互に扶養義務がある。未成熟子に対する親の義務は自身と同程度の生活を保障する「生活保持義務」であるが，それ以外の場合には自身の生活に余力のある場合に扶ける「生活扶助義務」と考えられている。

　病気やけがなどにより，ライフステージ上の様々な時期において親子の助け合いは行われるが，ここでは支援を受ける必要性の高い時期として子どもの養育期と親の高齢期に焦点をあて，親子の間の経済的な関係の実態，意識を取り上げる。

2. 子の教育・養育

教育費

　子育ての楽しさ・辛さを尋ねた調査では，20～40歳代の有配偶者の9割以上の人が「楽しいと感じるときの方が多い」と回答し，子育てを総合的に捉えると肯定的に考えている人が多い[1]。一方，9割の人が子育てで負担に思うことがあり，その内容として子育ての費用をあげる人が多い。世帯人員2人以上の世帯主年齢40歳代以下の層では，貯蓄目的の中で「こどもの教育資金」の選択率が最も高く，子どもの教育は家計にとって大きな位置を占めている[2]。

　図11-1には世帯人員2人以上の世帯の消費支出に占める教育関係費割合の推移を示している。全年齢平均では6，7％台であり，2000年以降減少傾向にある。全年齢平均には子どもの教育期間を終えたり子どものいない世帯も含まれるため，子どもがいる場合に高校生から大学生になる年齢層である40歳代，50歳代を取り上げている。2000年までは

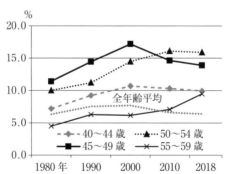

＊教育関係費：授業料・塾の費用などの教育費のほか，通学定期，学校給食，
　制服，学習机・いす，文房具，通学カバン，仕送り金（国内遊学）を含む
資料：総務省統計局『家計調査』各年版

図11-1　世帯主年齢別教育関係費割合（対消費支出）

40 歳代と 50 歳代前半において上昇している。特に 40 歳代後半では 2000 年には 17.2％を占める。2000 年以降 40 歳代では割合が低下傾向にあるが，50 歳代では上昇傾向にあり，2010 年には 50 歳代前半が 40 歳代後半を上回った。晩婚化や高学歴化に伴う教育期間の長期化，高等教育にかかる費用の増加（図 11-2）により，世帯主の年齢の高い層での教育関係費の負担が高まってきている。

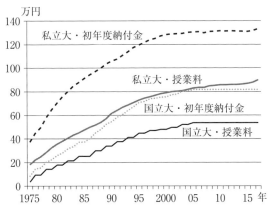

初年度納付金：国立大は授業料と入学金，私立大は授業料，入学金，施設整備費
私立大学は平均額，国立大学は 2002 年度以降は標準額
資料：文部科学省資料より作成

図 11-2　大学授業料等の推移

　幼稚園から大学生の子どもがいる場合に家庭が支出している教育にかかる年間金額を表 11-1，表 11-2 に示している。幼稚園，中学，高校，大学ともに国公立に比べ私立の場合には金額が大きい。高校生に対し 2010 年度に授業料無償化・就学支援金支給制度（2014 年度からは所得要件付）が始まり，高校の学校教育費は減少したが[3]，授業料以外の費用がかかり公立の場合にも平均約 30 万円を支出している。

表 11-1　保護者の支出する教育費（2016 年度）

(万円)

| | 幼稚園 | | 小学校 | | 中学校 | | 高等学校（全日制） | |
	公立	私立	公立	私立	公立	私立	公立	私立
学校教育費	12.1	31.9	6.0	87.0	13.4	99.7	27.6 (35.7)	75.5 (78.3)
学校給食費	2.0	3.0	4.4	4.5	4.4	0.9	–	–
学校外活動費	9.3	13.4	21.8	61.3	30.1	32.1	17.5 (15.9)	28.5 (19.8)
合計	23.4	48.2	32.2	152.8	47.9	132.7	32.2 (51.6)	104.0 (98.1)

注：幼児・児童・生徒一人当たりの教育費（年間）である。
　　学校外活動費：補助学習費（物品，図書，家庭教師，学習塾等），その他（体験・地域活動，芸
　　　　術文化活動，スポーツ・レクリエーション活動，教養・その他）
　　高等学校の括弧内は 2008 年度調査（授業料無償化・就学金支援制度開始前）の値
資料：文部科学省『平成 28 年度 子どもの学習費調査報告書』

表 11-2　大学生（大学・昼間部）の年間の収入と支出（2016 年）

(万円)

| | 自宅 | | 下宿 | |
	国立	私立	国立	私立
収入合計	119.7	184.0	184.2	256.3
家庭から	62.8	102.0	117.7	172.8
奨学金	20.2	37.7	33.4	44.8
アルバイト	33.0	40.1	29.2	33.3
定職他	3.7	4.3	3.9	5.5
支出合計	109.0	175.9	174.4	249.3
学費	70.0	134.3	62.3	140.3
生活費	39.1	41.7	112.0	108.9

資料：日本学生支援機構『平成 28 年度学生生活調査』

　大学生の場合，最も家庭の負担が少ないのは自宅から国立大学に通う
場合で年額 62.8 万円（月額約 5 万円）である。下宿等をして私立大学に
通う場合 172.8 万円（月額約 14 万円）と家庭の負担は高額である。国
立・私立，居住形態の別によらず，家庭からの割合が半分以上であり，
奨学金により賄われるのは収入の 2 割前後である。世帯主年齢 40 歳代

後半，50 歳代前半の勤労者世帯の年間可処分所得に対する家庭の支出
額は，自宅・国立の場合で約 1 割，下宿等・私立の場合には 3 割を占め
る。2 人以上の子どもが大学，高校に在籍する場合には更なる負担とな
り，家計は著しく圧迫される。日本政策金融公庫による高校生以上の子
をもつ保護者を対象とした「教育費負担の実態調査」（2017 年実施）に
よると，高校入学から大学卒業までの学校関係の費用は 1 人当たり平均
935 万円であり，7 割の世帯で教育費の捻出のため，教育費以外の支出
削減や貯蓄取り崩し，子どもによるアルバイト，奨学金利用などの対応
をしている。子ども全員分の在学費用の対年収割合は教育ローン利用世
帯では平均 24.2%，ローン非利用世帯では 15.0% である。特に，年収
200 万円から 400 万円未満の教育ローン利用世帯では 53.3% と収入の半
分以上の重い負担となっている。

養育費

　2009 年に実施された教育関係以外も含めた子育て費用調査（内閣府
『平成 21 年度インターネットによる子育て費用に関する調査』）による
と，第 1 子中学卒業までの累積子育て費用は 1,900 万円である。高校と
大学について家庭からの支出分を合計すると，高校公立，大学国立・自
宅通学の場合で約 2,250 万円，高校私立・大学私立・下宿の場合には約
2,900 万円になる。高校時代の教育費以外の費用を加えると，子ども 1
人当たりの子育て費用は平均 2,500 万円から 3,000 万円になる。1999 年
の教育関係以外も含む子育て費用の累積額の試算結果[4]) でもほぼ同額で
ある。妻の就労形態別の 1 人あたりの子育て費用（大学まで進学と仮定，
幼稚園と大学は私立，ほかは公立）は，夫のみ就労世帯では 2,421 万円，
夫妻共稼ぎ世帯では 2,617 万円と試算されている。共稼ぎの場合，子育
てと就業の両立のための費用が上積みされ夫のみ就業世帯に比べ高い。

2歳違いの第2子が大学に入学する年には年間の子ども費用が600万円を超え，夫のみ就労世帯では可処分所得を超え赤字である。子育て期間の子育て費用の対可処分所得割合は，夫のみ就業世帯では37%，夫妻共稼ぎ世帯では27%と可処分所得の中の大きな割合を占めている。

機会費用

　先の試算において，第1子出生前年から第2子大学卒業（夫28〜52歳，妻26〜50歳と設定）までの夫のみ就業世帯と夫妻共稼ぎ世帯の収入の差は7,895万円である。夫のみ就業世帯の妻が出産，子育てのため仕事をやめざるをえなかったとすると，子育てにより25年間で約8,000万円稼得する機会を逃している。この額は実際には家計は支出していないが，子育てのための費用と考えることができる。ある特定の用途（ここでは子育て）に利用されている生産要素（妻の労働力）を別の用途（就労）に利用したならば得られたであろう貨幣額を機会費用という。

　内閣府［2005］の推計では，就業継続時の生涯所得（含む退職金）を100とすると，出産退職後子どもが6歳で再就職の場合64.1，出産退職後子どもが6歳でパート・アルバイト（年収120万）で再就職の場合17.8と，継続しない場合には逸失割合が大きい。女性が同一企業に継続就業した場合60歳までの生涯賃金（退職金含まず）の推計額（2016年）は高校卒1億8,600万円，大学卒2億4,100万円である［労働政策研究・研修機構編，2018：328］。直接支出している費用以上に子育ての機会費用は大きい。女性の高学歴化により，機会費用が大きい層が増加している。

3. 教育・養育費は誰が負担するのか？

　子どもの養育・教育の費用は，高学歴化により直接費用，機会費用と

もに高額になっている。大学・短大等への進学率は 6 割近く，専門学校
を含めると約 8 割が高等教育機関へ進学している。親は高等教育を受け
させることが子のために必要と考え，負担を感じつつも，家計の中で優
先的に費用を負担することが多い。後述するように親が自らの老後を子
に頼る意識は低下しており，教育投資により子を通じて親自身に返って
くるより，見返りは期待せず子自身の能力の向上が期待されていると考
えられる（実際には，外部効果として何らかの見返りがある場合もある
とは思われる）。奨学金等の制度が不十分な中，教育の直接的な受益者
である子が自分で賄うことは難しく，子の進学は親自身の希望でもある
ため親が負担することが多い。

　教育費は家計が負担するだけでなく，税金（公財政）によっても賄わ
れている。日本の学校教育費について公財政支出が GDP に対する割合
を OECD（経済協力開発機構）平均と比較すると 1.3 ポイント OECD
平均の方が高い（表 11-3）。全教育段階の公私の負担区分別では日本の
私費負担割合は 28.1％と表中で値のわかっている 20 カ国中アメリカ，
イギリス，韓国に次いで高い。表には示していない初等・中等教育等の
私費負担割合は 7.7％と OECD 平均（9.2％）より低いが，高等教育の
私費負担割合は 67.6％と OECD 平均の 30.7％に比べ著しく高い。私費
負担が高いと親の所得が子の進学へ影響を及ぼしやすい。小林［2008：
47-86］によると，家計所得が親，子それぞれの進学意識，実態に影響し
ており，大学進学と家計所得の関係について成績が上位以外の場合には
所得が高い方が大学進学率が高い。また保護者の進学意向と所得の関係
でも，所得が高い方が子に大学進学してほしいと考えている割合が高い。

　親の所得によらない教育機会のためには教育機関への公財政支出を増
加させ授業料等の値下げ，無償化や奨学金制度の充実が必要となる。代
表的な奨学金である日本学生支援機構の奨学金貸与者数では利息が付加

表 11-3 OECD 諸国の教育支出の公費負担・公私分担 (2015)　　　(%)

	教育機関に対する支出の対 GDP 比			教育支出の公私負担 割合：全教育段階			教育支出の公私負担 割合：高等教育		
	公財政支出	私費負担	合計	公財政	私費	私費のうち家計	公財政	私費	私費のうち家計
オーストリア	4.6	0.3	4.9	94.8	5.2	3.3	93.8	6.2	3.1
ベルギー	5.4	0.3	5.7	93.2	6.1	4.6	83.0	14.2	8.6
カナダ	4.4	1.6	6.0	73.5	26.5	14.2	49.1	50.6	28.5
デンマーク	m	m	m	m	m	m	m	m	m
フランス	4.5	0.6	5.2	87.1	12.3	8.6	77.8	20.3	10.7
ドイツ	3.6	0.6	4.2	85.8	13.6		82.7	15.3	
ギリシャ	3.4	0.3	3.8	88.1	8.0		73.3	11.6	
アイスランド	5.5	0.3	5.8	94.7	4.8	4.4	89.3	8.3	7.7
アイルランド	3.1	0.4	3.5	89.7	10.3	9.1	73.6	26.4	21.5
イタリア	3.3	0.5	3.9	85.2	12.3	10.6	61.7	35.4	28.2
日本	2.9	1.1	4.1	71.9	28.1	21.2	32.4	67.6	51.9
韓国	4.1	1.7	5.8	71.1	28.9	22.2	36.1	63.9	45.4
ルクセンブルグ	3.3	0.1	3.5	94.5	2.8	2.4	92.4	4.3	2.4
オランダ	4.3	1.0	5.4	81.0	17.9	8.3	67.5	29.3	16.1
ノルウェー	6.3	0.1	6.4	98.5	1.5	1.4	96.0	4.0	3.8
ポルトガル	4.1	0.9	5.2	79.2	16.3	15.0	58.1	31.6	26.1
スペイン	3.5	0.8	4.4	80.5	18.9	17.3	66.4	31.8	28.8
スウェーデン	5.0	0.2	5.3	95.3	3.5	0.2	84.7	11.3	0.8
スイス	4.5	m	m	m	m	m	m	m	m
トルコ	3.8	1.0	4.8	78.8	21.0	13.3	74.8	24.9	12.4
イギリス	4.2	1.9	6.2	68.2	30.7	21.8	25.0	71.4	48.0
アメリカ	4.1	2.0	6.1	67.5	32.5	24.6	35.2	64.8	46.3
OECD 平均	4.2	0.8	5.0	82.7	16.1	12.0	66.0	30.7	21.6

原加盟国と日本と韓国のみを抜粋。
m：データ利用できない
資料：OECD *Education at a Glance 2018*
OECD ウェブサイト (https://www.oecd-ilibrary.org/education/education-at-a-glance-2018)

される有利子奨学金貸与者が増え，全体として 2013 年度までは増加傾向にあったが，その後利用者がやや減少している（図 11-3）。学校卒業時点で高額な借金を抱えることや経済的な事情による返済滞納の問題が

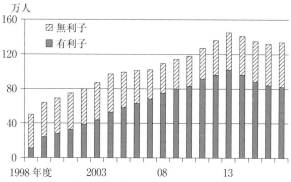

*日本学生支援機構奨学金貸与者数
出典：文部科学省「奨学金の充実」ウェブサイト http://www.
mext.go.jp/a_menu/koutou/shougakukin/main.htm

図 11-3　奨学金利用者の推移

指摘される中，2017 年度には給付型奨学金創設とともに新規無利子奨学金利用者は収入に応じ返済額が変動する所得連動返還方式を選択できるようになった。2020 年度から低所得世帯の場合に高等教育授業料・入学金が減免されることになった。

　義務教育段階においても経済的理由により就学が困難と認められる児童生徒の割合は増加傾向[5]にあり，義務教育段階の学習や高校進学に親の経済状況が影響を及ぼしている。子育てや教育費の支援のため，2013 年には祖父母が孫などに教育資金を一括贈与する場合，2015 年には結婚・子育て資金を一括贈与する場合に贈与税を非課税にする措置が設けられた（経済活性化の意図もあり，時限的な制度）。信託協会によるとこれら信託制度の利用に係る契約数・信託財産設定額が増加している。教育費負担が大きい中，利用可能な層では負担軽減を図ることができるが，贈与資金のない層には活用不能であり社会的な対応が必要である。養育にかかる費用についても，次世代育成支援策，女性の就労支援策と

して諸制度の見直しや拡充が実施・検討されている[6]。教育費，養育にかかる費用の公財政と私的負担の関係のあり方について考えることが必要である。

4. 親の扶養

　農業や自営等の場合，生涯職業を持ち稼得し続ける者もいるが，加齢に伴い健康上の理由や高齢であることを理由に職業生活から引退する者が多くなる。雇用者の場合には一定年齢になると職場からの引退を余儀なくされることが多い[7]。職業から引退したり，健康を損ねることにより経済的，身体的な自立能力が減退し，誰かからの支援の必要度が高まる。老親の扶養には，経済的扶養，身辺介護，情緒的援助が含まれる[森岡・望月，1997：138]。ここでは，子による親の扶養として経済的扶養と身辺介護について取り上げる。

　戦前の旧民法では「家」制度下，扶養義務の範囲，順序が規定され，直系卑属より直系尊属，傍系血族より直系血族，配偶者より直系血族をそれぞれ優先させること，同じ「家」にある婿・嫁が義父母に対し扶養義務を負うこと，「戸主」がその家族に対し扶養義務を負うことなどが示されていた［原田，1998：172-173]。年老いた親の扶養は，戸主である長男が担うことが当然と考えられていた。戦後の民法では，老親も扶養義務の範囲内ではあるが，未成熟の子に比べ優先度は低い。民法学の解釈では，民法上の扶養とは一般に経済的給付を指し，介護・面倒見は生活扶助義務の範囲外との理解が有力である[8]［前掲書，1998：219]。

5. 子による経済的扶養

　高齢期の経済生活を支える手段として，自分自身での備え，家族からの援助，公的保障が考えられる。まず，高齢期の親の経済生活がどの程

度子により担われてきたのか推移を追う。経済生活を子の扶養料に全面的に依存する高齢者の割合は 1957 年には 77％と高かったが，68 年56％，74 年 25％と大幅に低下した[9]。その後も，60 歳以上の人の中で主な収入源が「子どもなどからの援助」である割合は 1980 年 15.6％，1990 年 5.7％，2001 年 3.4％，2010 年 1.9％，2015 年 0.8％と子への依存は著しく低下している（内閣府『高齢者の生活と意識　国際比較調査』）。主たる収入源以外も含め「子どもなどから援助」がある割合も1980 年の 29.8％から 2010 年には 7.4％に低下している。1959 年に自営業者等の厚生年金の適用を受けない者を対象とする国民年金法が制定され，一応の国民皆年金の体制となった[10]。図 11-4 に示すように，2000年代に入り低下傾向にあるものの，長期的には年金の支給水準が上昇してきた。公的年金の整備や所得水準が上昇し自分自身で高齢期に備えることが可能になってきたことが，子への依存の必要性を低下させてきたと考えられる。公的年金は保険料を拠出している点では公的なしくみを通じた自分自身による備え（積立）といえるが，実際には年金の仕組み

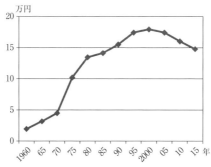

＊2015 年の値に実質化している
資料：厚生労働省年金局「年金財政」ウェブサイト，2010 年度，2015 年度
　　　の値は厚生労働省『厚生年金保険・国民年金事業の概況』各年版より
図 11-4　厚生年金保険受給者の平均年金月額の推移

は賦課方式[11]であり下の世代に依存している。下の世代の中で特定の
存在である子から社会全体で扶養する仕組みに変化してきた。

　65歳以上で子らと同居する割合は以前に比べると減少傾向にあるが，
4割（「国民生活基礎調査」（2016年））を占める（12章参照）。子らと
の同居により支出の抑制を含め経済的な援助を得る場合もある。子らと
の同居について，一方的に親側が子側から援助を受けるわけではなく，
親側から子や孫への生活費等の金銭の給付のほか，親名義の住宅に居住
し子側が住居費分の帰属所得を得る，家事や孫の育児などのサービスの
提供など親側が子側を援助することもある。

　同別居意向についても，65歳以上の人の中で子との同居を希望する
割合は減少している。2015年の国土交通省「住生活総合調査」では，
高齢期の子との同居希望について「こだわりはない」の選択肢が設定さ
れており，65歳以上の中で同居・準同居希望が3分の1いる一方，こ
だわらない者も3分の1を占めている。

6. 介護の実態と意識

　高齢化が進む中，2000年に介護の社会化をめざし公的な介護保険制度
が始まった（介護保険法制定は1997年）。40歳以上を被保険者とし，
要支援・要介護状態になった場合一定割合の負担でサービスを利用でき
る。厚生労働省『平成28年度介護保険事業状況報告』によると，2016
年度末の要介護（含む要支援）認定者数は632万人（うち13万人は40
歳から64歳）である。65歳以上の被保険者のうち認定者は18.0%であ
る。75歳以上の要介護認定者は544万人で75歳以上被保険者の32.1%
を占める（重い要介護状態である要介護4，5の者が65歳以上全体，75
歳以上に占める割合は各3.9%，7.0%）。加齢に伴い健康を損ねたり日常
生活に援助が必要になる割合が高くなる。施設サービス利用者は月平均

92 万人であり，要介護者の多くは在宅で介護サービスを利用している。

　在宅での介護の状況を厚生労働省『平成 28 年国民生活基礎調査』により概観する。主な介護者は同居する家族等が 58.7％であり過半数を占める。事業者は 14.8％である。介護保険開始直後の 2001 年に比べ，事業者が 3.7 ポイント増加し同居家族は 12.4 ポイント減少したが，依然同居家族が介護の主な支え手である。主に介護を担う同居家族の続柄は，配偶者が 25.2％（2001 年 25.8％），子が 21.8％（同 19.9％），子の配偶者が 9.7％（同 22.6％）であり，子の配偶者が担うことは少なくなっている。

　以前に比べると主な介護者を男性が担うことが増えてきたが，3 分の 2 は女性である。主な介護者の年齢は，男女とも 60 歳以上が約 7 割であり，介護者自身が高齢者である割合が高い。主な介護者が 1 日に要する介護時間は要介護者の介護度により大きく異なり，要介護 3 の場合，ほとんど終日介護している者が約 3 分の 1，最も介護の必要度が高い区分である要介護 5 の場合には終日介護の者が 5 割を超える。介護時間が長い方がストレスを感じる割合が高く，家族の病気や介護をストレスの内容にあげる者が大多数を占める。

　育児介護休業法により，要介護の人 1 人につき要介護状態に至るごとに 93 日まで介護休業が認められている。2017 年の法改正では，介護休業を 3 回まで分割，年 5 日まで取得できる介護休暇も半日単位で利用できるようになった。育児休業の取得可能期間に比べ介護休業の期間は短いが，実際に介護をするというより，介護の長期的方針決定のための情報収集や介護の委託先等との交渉を行うことを趣旨としているためである。2017 年総務省『就業構造基本調査』によると，年間約 10 万人が介護・看護のために離職しており，その約 8 割は女性である。全離職者に占める割合は 1.8％である。10 年前に比べると，介護・看護離職者数，離職者に占める介護・看護離職者の割合（2007 年は 14.5 万人，2.2％）

は低下しているが，5年前とは同程度であり，状況は改善していない。介護保険法制定から約20年が経過しているが，在宅での介護はほとんど家族に担われており，その負担も重く，介護の機会費用も少なくない。

40歳以上を対象とした厚生労働省の調査（「高齢社会に関する意識調査」（2016年））によると，介護が必要となった場合に介護を受けたい場所は自宅が7割を占める。ただし，その約半分は家族に迷惑をかけたくないという「家族に依存せずに生活できる介護サービスがあれば」という条件付きである。自宅を選択する割合は男女ともほぼ同じであるが，女性の場合には「家族に依存せずに生活できる介護サービスがあれば自宅」を選択する割合が高い（男性31％に対し，女性43％）。実際に介護を担う割合の高い女性の方が，家族に依存しないことを意識する割合が高い。現状では介護は同居家族に担われることが多いが，意識面では専門機関や専門的なサービスをあげる割合が高くなっている。

7. 相続と親の扶養

旧民法の「家」制度の下では，戸主が家督相続し財産は家産として意識されていた。農業やその他自営業の場合には，家業の継承のために家産の継承も不可欠であった。産業構造の変化，雇用者化により，継承する家業をもつ家族は減少した。戦後の民法では子の間では相続は均分相続[12]となった。遺産に対する意識をみてみよう。

60歳代（親世代）と30，40歳代（子世代）対象[13]に，親世代には「財産は子に残さず自分で使いたい。その代わり老後は子に頼らず自分自身で解決。」と「老後の面倒は子にみてもらいたい。その代わり財産は子に譲る。」の2つの考え方のどちらに近いかが尋ねられている。「やや」を含め前者の「財産は自分で使いたい」が75.6％を占める。子世

代にも 2 つの考え方に相応する「親の財産は親に自由に使ってもらい，老後は自分自身で解決してほしい。」と「親の面倒は最期までみる。その代わり財産は自分に引き継いでほしい。」のどちらに近いかを尋ねた結果，「やや」を含め前者に近い者が 66.8 ％を占め，概ね親世代の考え方と重なる。老後の面倒とセットで遺産に対する考え方を尋ねたものであるが，親世代，子世代ともに家産継承的な意見は少数派である。

　相続と扶養の関係については，相続を扶養の対価と捉えることと，相続財産により扶養にかかる費用を精算することを区別する必要性が指摘されている［原田，1998：220-221］。相続を対価的に捉えることは，家族内での介護を強く求めることにもつながる。相続という制度とは切り離して，相続財産により家族以外の者（機関）も含め介護等の費用を精算できる制度の必要性が指摘されていた。2018 年の民法改正では，相続人以外が無償で被相続人（亡くなった人）の看護などを行っていた場合には，特別寄与分として相続人に金銭を請求することができるようになった。ただし，寄与者は親族に限られている。

　「財産は自分のために用いる」という意向に沿う制度としてリバースモーゲージ（逆抵当融資制度）がある。住宅・宅地を担保に融資をうけ，生存中はそこに住み続け，死後住宅・宅地により精算（融資の返済）を行うという制度である。世帯主 60 歳以上の世帯の持ち家率は 8 割を超えるが，住宅資産を売却して換金すると新たに住むところを探さなければならない。この制度では，住み慣れた所で生活を続けながら資金の融資をうけることができる。リバースモーゲージには，長生きリスク（長寿による担保割れ），金利リスク（金利上昇による担保割れ），不動産価値低下リスク（不動産価格の下落による担保割れ）などサービス提供側，利用側双方にとってのリスクがあり，サービスの提供が広がっていなかったが，取り扱い始める金融機関が増えつつある[14]。

介護保険制度が始まった 2000 年には，財産管理や介護などについて判断能力が衰えた後にも自己決定を尊重するための制度として成年後見制度が創設された。判断能力が衰えた後に裁判所が後見人を選任する法定後見制度のほか，自分自身で判断が可能なうちに判断能力が衰えた場合の後見人を選ぶことができる任意後見制度がある。この制度の利用により，判断能力が衰えた後も主体的に自身の生活についての意思を反映させることができる。2006 年には信託法が改正され，委託者生存中は自分を受益者とし，死亡後，配偶者や子などを受益者にできる遺言代用信託などが可能になった[15]。2012 年には，家庭裁判所の指示にもとづき，現金や預貯金について信託を活用して管理できる後見制度支援信託が創設されている（12 章参照）。

親が高齢となった後の親子関係について，介護は依然家族の負担が大きく子と同居する者も少なくないが，経済面，意識面において子への依存は著しく低下してきている。制度の面でも高齢となった親自身が主体的に生活を営める環境が整えられつつある。実態，意識ともに一世代完結型家計[16] 化している。各人が高齢期の生活について利用できる制度を知り，どのように暮らしたいか考えることが必要である。

（注）

1) 内閣府，『平成 27 年度少子化社会に関する国際意識調査』。子どものいない人も，子育てをする場合を想定して回答している。
2) 金融広報中央委員会『家計の金融行動に関する世論調査』。2018 年の調査では，世帯主年齢 30 歳代，40 歳代では，約 7 割が貯蓄保有の目的に「子どもの教育資金」をあげている。
3) 高等学校等就学支援金受給率は 2017 年度 77％（全国平均値）である。
4) （財）子ども未来財団，2000『平成 11 年子育てコストに関する調査研究報告書』。様々な子育て費用に関する調査をもとに，子育てにかかる各種項目の平均額

が積み上げて算出されている。夫29歳，妻28歳で第1子出産，2年後に第2子出産。夫の年収は男性労働者の平均値。実際の子育てでは，世帯の所得額により子育てにかける費用が異なる，第1子と第2子では子育て費用が異なる等の場合もあるが，試算では子ども1人当たりの費用には均一の値が用いられている。1999年の消費者物価指数（2015年＝100，持家の帰属家賃を除く総合）は99.5である。

5)　要保護・準要保護児童生徒数の割合である就学援助率は1995年には6.10%であったが，2017年には15.23%に上昇している。

6)　2019年10月から幼児教育・保育は無償化。0歳から2歳までは住民税非課税世帯，3歳から5歳までの全児童対象。ただし，施設によっては一定の上限額設定や行事関係の費用ほか無償とはならないものもある。

7)　厚生労働省『平成29年就労条件総合調査』によると，95.5%の企業が定年制を定めており，そのうち97.8%は一律定年制。ただし，一律定年制を定める企業のうち92.9%に勤務延長制度か再雇用制度がある。

8)　一般に経済的給付を指すと理解されていた中，介護・面倒見も生活扶助義務に含む，老親扶養は生活保持義務に近いとする考え方もでてきたが，介護・面倒見は生活扶助義務の範囲外との理解が有力化しつつある。

9)　各年の調査は継続的な調査ではない［湯沢，1998：248-249］。

10)　1985年に基礎年金制度が創設され，1986年に20歳以上60歳未満の人は強制加入（学生も義務化されるのは1991年）となった。

11)　各時点の被保険者の保険料で年金の費用を賄う方式。完全な賦課方式ではなく，積立部分も含むため修正積み立て方式と呼ばれることもある。

12)　民法で規定する法定相続分は，配偶者と子では1：1，配偶者と被相続人の直系尊属では2：1，配偶者と被相続人の兄弟姉妹では3：1である。立場が同じ人が2人以上いる場合はその中で均等配分。

13)　2010年に東京スター銀行により行われたインターネット調査。親世代：子どもが30，40歳代で本人か配偶者名義の住宅をもつ60歳代。子世代：持ち家を保有する60歳代の親のいる30，40歳代。それぞれ独立した対象。

14)　利用条件などは一律ではないので，利用希望時には具体的内容を確認することが必要ある。都道府県社会福祉協議会では，65歳以上の低所得者対象に居住用不動産を担保にした長期生活支援資金貸付を行っている。

15)　信託とは委託者が信託行為（例えば，信託契約，遺言）によって信頼できる人（受託者）に対してお金や土地，建物などの財産を移転し，受託者は委託者が設定した信託目的に従って受益者のためにその財産（信託財産）の管理・処分などをする制度［金融広報中央委員会，2013：144］。

16) 世代間の家計の関係を類型化した1つの型。財産を家産と考え前（親）の世代から次（子）の世代へと継承していく世代継承型家計に対し，一世代完結型家計の場合には結果的に子世代に財産を遺すこともあるが，それは選択肢の1つであり，親世代が得た財産は親世代が使い途を考えるという家計のタイプである［御船，1996：23-24］。

参考文献

原田純孝「扶養と相続」奥山・田中・義江編『扶養と相続』（早稲田大学出版部，pp.167-237，1998）

ホリオカ，チャールズ・ユウジ/家計経済研究所編『世帯内分配と世代間移転の経済分析』（ミネルヴァ書房，2008）

金融広報中央委員会『金融商品なんでも百科〈平成25・26年用〉』（2013）

小林雅之『進学格差』（筑摩書房，2008）

（財）子ども未来財団『平成11年子育てコストに関する調査研究報告書』（2000）

御船美智子『家庭生活の経済』（放送大学教育振興会，1996）

宮島洋『高齢化時代の社会経済学』（岩波書店，1992）

森岡清美・望月嵩『新しい家族社会学（四訂版）』（培風館，1997）

内閣府『高齢者の生活と意識―第8回国際比較調査結果報告書』（2016）

内閣府『平成17年国民生活白書』（国立印刷局，2005）

中澤渉『なぜ日本の公教育費は少ないのか―教育の公的役割を問いなおす』（勁草書房，2014）

OECD, *Education at a Glance 2018*, 2018

奥山恭子・田中真砂子・義江明子編『扶養と相続』（早稲田大学出版部，1998）

労働政策研究・研修機構編『ユースフル労働統計2018』（労働政策研究・研修機構，2018）

冨永忠祐「福祉型信託の活用」（『LIBRA』Vol.8 No.2，pp.10-11，2008）

利谷信義『家族の法』（有斐閣，1996）

湯沢雍彦「戦後日本の老人扶養と相続の変容」奥山・田中・義江編『相続と扶養』（早稲田大学出版部，pp.238-249，1998）

学習課題

1．子の教育・養育にかかる費用の現状を，直接の支出と機会費用の点
　から説明してみよう。
2．OECDによる教育支出の調査から日本の現状と課題を説明してみ
　よう。（最新の結果を調べることができれば，それをもとに説明して
　みよう。）
3．高齢期に財産を自分のために用いることを支える仕組みや制度につ
　いて説明してみよう。

12 | 高齢期の生活と経済保障

《目標＆ポイント》 長寿化により高齢期が長期化している。高齢期の経済生活は，生活設計上の最重要課題の1つとなっている。高齢期の経済生活の実態を概観し，外国との比較により，高齢者の生活実態・意識と制度の関わりについて検討する。

《キーワード》 公的年金，介護費用，財産管理，老後不安，給付と負担

1. 高齢化と高齢者の居住状況

　長寿化，少子化により急速に高齢化が進行している。65歳以上人口が全人口に占める割合を高齢化率という。日本の高齢化率は1970年には7％，1994年には14％を超え[1]，2018年の高齢化率は28.1％である。長寿化，少子傾向は続いており，今後も高齢化率の上昇が予測されている（図12-1）。中でも75歳以上の割合の増加が著しい。高齢者の性別では女性割合が高く，2015年の国勢調査では女性割合は56.7％を占める。75歳以上の高齢者層では女性割合は更に高く61.4％である。

　高齢者の家族との居住形態も変化している。図12-2に示すように高齢期に子どもらと同居する割合は減少しつつも1998年までは過半数を占めていた。その後も同居割合は低下し，夫婦のみで居住する割合が増加し，2016年には子らと同居する者，夫婦のみの者がともに約4割である。単身世帯（1人暮らし）割合は徐々に増加している[2]。単身世帯のうち女性の占める割合は低下傾向にあるが，2016年においても68.1％

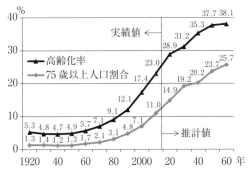

資料：2010 年までは総務省統計局『国勢調査』，2020 年以降は国立人口問題・社会保障研
　　　究所『日本の将来推計人口（平成 29 年推計）』（死亡中位・出生中位仮定）

図 12-1　高齢化の推移と将来推計

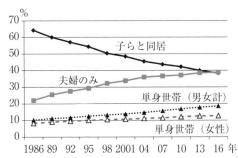

注：単身赴任，社会福祉施設の入所者，長期入院者（住民登録を病院に移している者）な
　　ど世帯に不在の者は調査対象から除外されている。

資料：厚生労働省『平成 28 年　国民生活基礎調査の概況』

図 12-2　家族との居住状況別高齢者割合

と高い。単身世帯の 54.2%，夫婦のみ世帯の人の 61.6% には別居の子ど
もがおり，それぞれ約半数は同一市町村内に居住している。一方，単身
世帯の 32.7%，夫婦のみ世帯の人の 22.9% には子どもはいない。

　図 12-3 には 1990 年と 2015 年の 50 歳代前半と 70 歳代後半の居住形

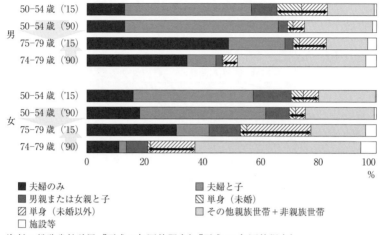

資料：総務省統計局『平成 2 年国勢調査』『平成 27 年国勢調査』

図 12-3　高齢期の居住形態 2

態を示している。25 年間の変化を同じ 70 歳代後半における変化で比べ
ると大きく変化しているが，1990 年に 50 歳代前半層の加齢による変化
として捉えると，男性の場合子どもの独立以外では変化は小さい。女性
の場合，単身世帯割合（図中の矢印部分）が大幅に増加している。50
歳代前半時点の単身世帯割合は，1990 年に比べ 2015 年には増加してお
り，今後高齢期の単身者割合がさらに増加すると予測される。

2. 老後に対する不安

　長寿は喜ばしいことであるが，加齢により疾病や要介護になる可能性
が増すほか，職業から引退後の生活費用をいかにまかなうかなど不安を
伴うことにもなる。図 12-4 に示すように，老後の経済生活に不安を感
じる者の割合は 1990 年代後半以降約 8 割と高い割合で推移している。
単身世帯と 2 人以上世帯の世帯類型による違いはほとんどないが，年齢

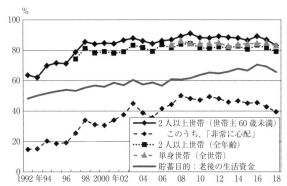

*金融資産保有の目的を 3 つまで複数回答（対象：金融資産保有の 2 人以上世帯の全年齢）
**「多少心配である」と「非常に心配である」の合計
資料：金融広報中央委員会『家計の金融行動に関する世論調査』

図 12-4　老後への経済準備*と老後経済生活への不安**

別では世帯主年齢 60 歳未満の方が世帯主年齢 60 歳以上の世帯を含む全
世帯対象より不安を感じる割合が高い。不安を感じる者の中で，強い不
安（「非常に心配」）を感じている割合が半分程度を占めている。景気動
向では 1993 年 10 月から 1997 年 5 月までは景気拡張期であったが，金
融機関の破綻が相次いだ 1990 年代後半には，不安感を抱く割合が上昇
している。1998 年以降上昇傾向は緩やかになるが，世界金融危機後の
2009 年には不安を抱く者は 90％を超えている。このような中，貯蓄目
的として老後の生活資金を選択する割合が増加してきている。
　高齢期の生活を充実したものにするため，生活の経済的基盤を整備す
ることが，個人にとっても，社会にとっても課題となっている。

3. 高齢者の就業

　65 歳以上の男性の就業率は，1968 年には 51.4％であり，過半数が就
業していた（図 12-5）。この中には農林就業者が多く含まれており，非

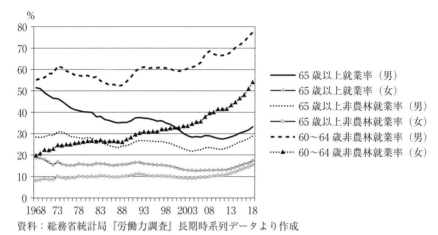

%

資料：総務省統計局『労働力調査』長期時系列データより作成

図 12-5　60 歳代の就業率の推移

農林就業率は 28.4％であった。その後，農林業従事者が減少し，就業
率と非農林就業率の差が縮小した。非農林就業率は 2004 年に最も低く
なり，2012 年以降は毎年上昇している。65 歳以上の女性についても，
男性同様に，就業率と非農林就業率の差が縮小し，近年上昇している。

　60 歳代前半男性の非農林就業率は 1973 年から 1980 年代後半まで低下
した後，1990 年代前半にかけて約 8 ポイント増加した。その後 2000 年
代前半まで 60％前後で推移していたが，近年上昇傾向にある。60 歳代前
半女性の非農林就業率は，概ね上昇傾向にある。男女ともに，2011 年か
ら 2018 年にかけて 10 ポイント以上上昇している。

　1985 年の年金改定により老齢厚生年金の支給開始年齢について，男性
は 60 歳から 65 歳（65 歳までは特別支給の老齢厚生年金支給）に，女性
は 55 歳から 60 歳（1987 年度から 1999 年度にかけて）に引き上げられ
た。さらに，1994 年の年金改定により男性の老齢厚生年金の特別支給の
定額部分が 2001 年度から 2013 年度にかけて 60 歳から 65 歳に引き上げ

られた（女性は 2006 年度から 2018 年度にかけて）。雇用について 1986年に高年齢者雇用安定法が制定され 60 歳定年が努力義務（1998 年に義務化施行）となり，2004 年改正（2006 年 4 月施行）では定年の引上げ，継続雇用制度の導入，定年の定めの廃止いずれかの措置を講じることになった。2012 年の改正では，老齢厚生年金の報酬比例部分の受給開始まで空白期間が生じないよう段階的な移行措置を伴いながら，希望者は65 歳まで雇用されるようになった（ただし，65 歳定年の義務化ではない）。2016 年度には 65 歳を超えて雇用できる仕組み等を新設した事業所への助成金制度を開始し，高齢期の雇用就労可能性が広がりつつある。男性の非農林就業率は 1973 年以降低下傾向にあったが，年金や雇用制度が変わる中，1980 年代後半以降，60 歳代前半層が就業化している。概ね就業率が低下傾向にあった 65 歳以上においても，2000 年頃から男女ともに就業率が下げ止まり，2012 年からは上昇している。

4. 高齢期の経済生活

高齢者世帯の所得

　前節でみたように，高齢期の生活は世帯形態，就業状態など多様であるが，まず，主に高齢者のみで構成される高齢者世帯の所得の推移を追う（図 12-6）。実質所得額は 1995 年までは増加していたが，その後はほとんど変化していない。所得の内訳では，1985 年には公的年金割合が約半分，稼働所得割合が 3 分の 1 を占めていたが，その後稼働所得割合は減少し，公的年金割合が増加し 2005 年には所得全体の 70% を占める。先述の通り，近年高齢期の就業率が上昇傾向にあり，2016 年には稼働所得割合が増加に転じているが，高齢者世帯の経済生活には公的年金の及ぼす影響が大きい。

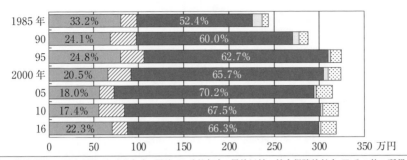

図 12-6　高齢者世帯の収入源別平均収入額（2015 年実質値）

高齢期の収入と支出

　次に，世帯形態，就業状態別の高齢期の経済生活を概観する。世帯主が 60 歳代前半と 65 歳以上の勤労者世帯（世帯人員 2 人以上世帯），無職の高齢夫婦世帯と高齢単身世帯について，家計収支を平均値で比較する（表 12-1）。

　世帯主 65 歳以上の 3 類型（表 12-1 の右の 3 列）の世帯主の平均年齢を比較すると，勤労者世帯はほかの 2 類型に比べ若い。持ち家率は，夫婦世帯が高く，単身世帯はほかに比べると低いが 80％を超えている。収入は，勤労者世帯では世帯主自身以外にも有業人員がいる場合も多く，勤め先収入が多く，実収入額も高い。勤労者世帯では，世帯主年齢が 60 歳代前半，65 歳以上のいずれの場合にも実収入額は約 40 万円であるが，65 歳以上の場合には社会保障給付が約 3 分の 1 を占める。無職夫婦世帯，無職単身世帯では，実収入のうち社会保障給付の割合が 9 割を超える。その大部分は公的年金である。公的年金により無職あるい

表 12-1　年齢・就業・世帯類型別家計収支

(円)

	世帯人員 2 人以上・勤労者世帯			65 歳以上夫婦世帯	65 歳以上単身世帯
	全年齢平均	世帯主年齢		無職	無職
		60〜64 歳	65 歳以上		
世　帯　人　員（人）	3.32	2.77	2.59	2.00	1.00
有　業　人　員（人）	1.78	1.96	1.76	0.07	0.00
世 帯 主 の 年 齢（歳）	49.6	61.9	68.8	76.2	76.5
持 ち 家 率（現 住 居）（%）	78.3	89.2	86.9	93.2	82.1
実　　　　収　　　　入	558,718	428,320	420,064	221,575	126,547
経　　常　　収　　入	549,950	421,151	411,268	216,383	122,296
勤　め　先　収　入	512,604	373,704	254,479	3,597	
財　　産　　収　　入	591	1,731	1,057	2,671	2,276
社　会　保　障　給　付	32,454	39,643	150,112	205,334	118,411
うち，公 的 年 金 給 付	23,975	36,255	149,020	204,444	
仕　　送　　り　　金	578	479	492	681	364
実収入以外の受取（除繰入金）	420,330	412,542	350,690	288,301	168,503
預　貯　金　引　出	347,768	335,758	289,618	236,780	143,540
保　　　険　　　金	5,319	16,849	16,105	19,928	11,399
実　　　　支　　　　出	418,907	386,596	339,589	261,109	162,027
消　　費　　支　　出	315,314	308,513	283,960	232,818	149,685
食　　　　　　　料	24.1	25.2	26.9	27.9	24.3
うち，調 理 食 品	3.2	3.6	3.8	3.5	3.7
う　ち，外　食	4.9	3.7	3.6	2.7	3.4
住　　　　　　　居	5.8	5.1	6.0	5.9	12.5
うち，設備修繕・維持	1.9	3.2	3.3	4.5	8.2
光　熱　・　水　道	6.9	7.6	7.9	8.5	8.8
家　具　・　家　事　用　品	3.6	4.0	4.0	4.0	3.1
被　服　及　び　履　物	4.1	3.7	3.3	2.6	2.4
保　健　医　療	3.8	4.6	4.9	6.5	5.6
交　通　・　通　信	16.3	16.5	13.7	11.8	9.4
教　　　　　　　育	6.1	1.2	0.4	0.0	0.0
教　養　娯　楽	9.5	9.0	9.6	10.1	11.2
そ の 他 の 消 費 支 出	19.8	23.2	23.4	22.8	22.7
う　ち，交　際　費	5.7	8.3	9.6	10.9	12.5
非　消　費　支　出	103,593	78,084	55,629	28,291	12,342
直　　接　　税	43,428	32,635	23,447	11,388	6,213
社　会　保　険　料	60,079	45,359	32,093	16,888	6,083
実支出以外の支払（除繰越金）	571,542	464,906	440,724	261,677	144,457
預　　貯　　金	450,373	364,342	381,135	228,408	130,294
保　　険　　料	23,849	20,150	15,006	7,725	4,452
平 均 消 費 性 向（%）	69.3	88.1	77.9	120.5	131.1
エ ン ゲ ル 係 数（%）	24.1	25.2	26.9	27.9	24.3
実支出以外の支払−実収入以外の受取	151,212	52,364	90,034	−26,624	−24,046
預貯金−預貯金引出：B	102,605	28,584	91,517	−8,372	−13,246
保険料−保険金（受取）：C	18,530	3,301	−1,099	−12,203	−6,947
B＋C	121,135	31,885	90,418	−20,575	−20,193

注：消費支出の内訳は消費支出に占める割合（%）を示している。

資料：総務省統計局『家計調査　平成 30 年』

は高齢者のみ世帯での生活が可能になっているともいえる。収支バラン
スを平均消費性向によりみると，勤労者世帯では黒字であるものの全年
齢平均に比べると高く，無職世帯（夫婦世帯，単身世帯）では100を超
え赤字である。預貯金と保険金の預け入れ額から引き出し・受け取り額
を差し引いた額は無職世帯ではマイナスであり，退職後は高齢期までに
蓄えた貯蓄を取り崩しながら消費を行っている。

消費の特徴

　消費支出に占める割合を2人以上の勤労者世帯と比較すると，65歳
以上の世帯では保健医療費，教養娯楽費，交際費割合が高い。交際費に
は，冠婚葬祭のほか，別に暮らす子や孫などへの支出も含まれると考え
られる。被服費や交通・通信費は職業生活にも関わりのある費目である
ため，高齢期には割合が低い。高齢期には，住居費の中の設備修繕・維
持費の支出額が比較的高い。持ち家取得から年数を経て修繕の必要度が
増すだけでなく，高齢期に向けた改修等も含まれていると考えられる。

所得と貯蓄の分布

　高齢者のいる世帯の所得，貯蓄の分布状況を世帯形態ごと（単身世
帯，夫婦のみ世帯，三世代世帯）にみてみる（図12-7）。年間所得の分
布について，主稼得者が高齢者以外である可能性の高い三世代世帯では
高所得層の割合が高い。一方，単身世帯では所得の低い層の割合が高
い。特に女性単身世帯では，年間所得が200万円未満までで約7割を占
める。貯蓄額は所得額に比べると世帯類型ごとの差が小さい。単身世帯
は貯蓄額の少ない割合が高く，貯蓄なしが約20%を占める。女性に比
べ男性の方が貯蓄額の少ない者の割合が高い。所得と貯蓄には正の関連
がみられ，特に低所得で低貯蓄の場合が多い。単身者は，所得，貯蓄共

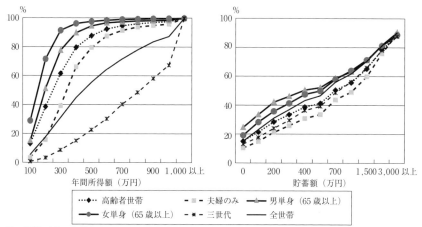

注：階級不詳の世帯もあるため累積合計は 100%に満たない場合もある。
　　高齢者世帯：65 歳以上の者のみで構成するか，またはこれに 18 歳以上の未婚の者が加わった世帯
　　夫婦のみ：少なくとも 1 人は 65 歳
　　全世帯：国民生活基礎調査対象の全世帯
資料：厚生労働省大臣官房統計情報部編『平成 28 年国民生活基礎調査』

図 12-7　所得（年額）・貯蓄額階級別世帯数の相対累積度数分布

に低い者が少なくないと考えられる。また，表 12-1 に示したように単身者は持ち家率も夫婦世帯に比べ低く，実物資産の保有でも低位にある。2016 年の生活保護受給者のうち，65 歳以上が 47％を占め，そのうち 76％が単身世帯，内 52％が女性単身者である（厚生労働省『平成 28 年被保護者調査』）。

　65 歳以上人口の中で生活保護受給者の割合は，1990 年から 2015 年まで 5 年ごとに，1.82％，1.55％，1.71％，2.16％，2.53％，2.89％と 1995 年以降，困窮層の割合が増加傾向にある[3]。『国民生活基礎調査』により算出された 2015 年の相対的貧困率は，全年齢では 15.7％であるが，高齢者の値は 19.6％とさらに高い（第 5 章第 4 節「相対的貧困率」の項参照）。

介護費用

　65歳以上の要介護者等（要支援含む）の割合（厚生労働省『平成28年度介護保険事業状況報告』）は，74歳まででは4.3%（要介護のみ2.9%），75歳以上では32.1%（同23.3%）である。5歳刻みで要介護認定率をとらえると，年齢上昇に伴い認定率は高くなる。介護費用の負担について，公的介護保険のサービス利用の場合，費用の一定割合の負担である[4]。介護費用は，要介護者の状況により多様であり，期間も個別性が高いため，経済面に対する不安も大きい。

　実態調査[5]により，一時的費用と月々の費用にわけて介護費用の状況をみてみる。住宅改造や介護ベッド購入などの一時的費用（図12-8①）について，在宅と施設を比べると，施設の方が平均金額が高い。施設の中で，民間施設と公的施設では違いがみられ，民間の方が高額を支出した割合が高く，平均金額が高い。在宅や施設の種類によらず，支出なしの者と高額支出の者が一定割合存在している。

　月々かかった介護費用（図12-8②）については，在宅より施設入所の方が，施設の場合には公的施設より民間施設の方が高額支出の割合が高い。民間施設では支払月額15万円以上の割合が31.4%を占める。要介護（要支援は含まず）の場合には，支出なしはほとんどなく，何かしら支出が発生している。介護度別では，概ね介護度が高くなるにつれ支出額の大きい割合が高くなる。月々の介護費用は，居住場所や介護度により異なっている。要介護3以上では，金額がわかっている者の半分以上で月額5万円以上の費用が発生している。先述の『家計調査』の無職世帯では収支バランスは赤字であり，それに加え介護費用の支出が発生すると，赤字幅が拡大することになる。厚生労働省『平成28年国民生活基礎調査』の在宅介護の場合の費用負担源（複数回答可）の調査では，要介護者（あるいはその配偶者）の収入をあげる者が多く74.1%である。

① 一時的にかかった介護費用の合計額**

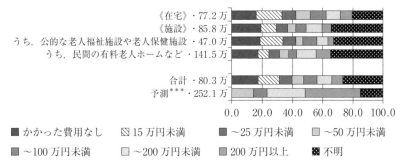

② 月々にかかった介護費用***

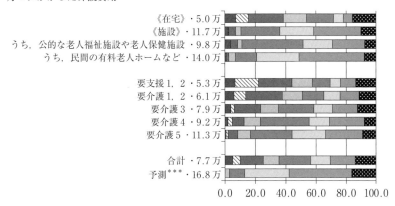

注*：過去 3 年間に介護経験のある世帯対象，項目の後ろの数値は平均額
注**：住宅改造や介護用ベッドの購入など一時的に掛かった費用のこれまでの合計額
注***：「もし世帯主もしくは配偶者の方が要介護状態（寝たきりや認知症など）なった場合の，公
　　　　的介護保険の範囲外の費用に対する経済的そなえ」として，「どのくらいの金額を準備して
　　　　おけば安心だとお考えですか。」の質問のうち，①住宅改造や介護用品購入などの初期費用
　　　　の回答，②月々の介護費用の回答
資料：（公財）生命保険文化センター『平成 27 年度生命保険に関する全国実態調査』

図 12-8　介護費用*

要介護者（あるいはその配偶者）の貯蓄は14.3％，要介護者（あるいはその配偶者）以外の収入・貯蓄が10.2％であり，大部分を要介護の本人あるいは配偶者が担っている。

生命保険文化センター調査では，介護経験者も含めた調査の全対象に，予測必要額が尋ねられている。一時的費用，月々の費用ともに高額を予測する者が多く，実際の金額の分布とは乖離している。介護状況の予測が困難なため，最悪の状況を考えて費用予測をしている者と情報不足から過大な負荷を予測している者が含まれていると考えられる[6]。

高齢期の財産管理

2012年の認知症患者数は476万人と推計されている。認知症有病率は加齢に伴い上昇するため，長寿化により認知症有病率が高くなり，2040年には患者数800〜950万人，2060年には850〜1,150万人に増加すると予測されている［二宮，2016］。判断能力が低下した場合の日常生活

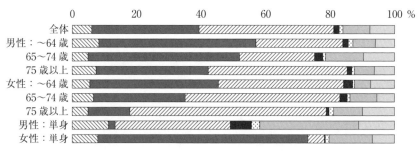

問：「万一，認知症になるなど，高齢化に伴って財産の適正な管理や活用に不安が生じた場合，あなたはどのようにされますか。」

資料：内閣府『平成28年　高齢者の経済・生活環境に関する調査』

図 12-9　認知症などになった時の財産管理の希望

や財産管理を支える仕組みの必要性が高まっている。図12-9には，認
知症などになり適正な管理や活用に不安が生じた場合の財産管理を委ね
たい相手を示している。「適正な活用に不安が生じた場合」と限定して
いるが，6％は「自分」と回答している。一人暮らしの場合には，やや
その割合が高い。男性は配偶者に，女性は子などを挙げる割合が高い。
男女とも75歳以上では子などの選択率が最も高い。専門知識をもつ第
三者を挙げる割合は低い。実際の利用状況についても，図12-10に示す
ように少しずつ件数は増加しているが，推定される認知症患者の数に比
して，必ずしも利用されていない。家族に委ねる場合には，成年後見制
度を利用して家族が後見人になるほか，家族間で信託契約を結ぶ民事信
託の利用がある。

　成年後見の申し立て動機で最も多いのは，預貯金等の管理・解約であ
り，2017年の申立件数の約8割を占めている。後見人による財産の横領
を防ぐため，2012年に後見制度支援信託，2018年に後見制度支援預貯

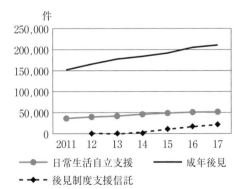

資料：全国社会福祉協議会地域福祉推進委員会/全国ボランティア・市民
　　　活動振興センター「平成29年　日常生活自立支援事業」ファイル
　　　厚生労働省「成年後見制度の現状」平成30年5月版

図 12-10　認知症などの時の支援制度の利用件数

金が創設された。財産のうち，日常生活に必要な金銭を後見人が管理し，それ以外は信託銀行に信託，あるいは銀行等に大口預金として預け，払い戻しや解約時には家庭裁判所による指示書を必要とする。財産の管理や消費生活を支える仕組みには，成年後見のほかに日常生活自立支援がある。日常生活自立支援制度は，認知症高齢者のほか，知的・精神障がい者等の中で判断能力が不十分な方が地域において自立した生活が送れるよう，利用者との契約に基づき，福祉サービスの利用や日常生活上の消費契約などを支える仕組みである。預金の払い戻しや解約，預け入れの手続等利用者の日常生活費の管理（日常的金銭管理）の援助を利用できる。市町村社会福祉協議会が窓口になっている。

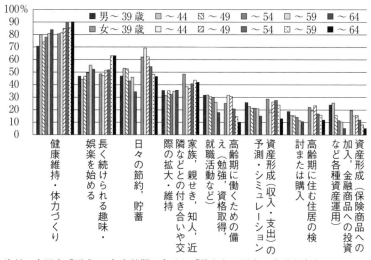

資料：内閣府「平成25年高齢期に向けた「備え」に関する意識調査」

図12-11　高齢期への備えとして重要なもの（複数回答）

高齢期への備え

　高齢期の備えとして，健康維持や体力作りを意識している割合が高く，高齢期が近づくにつれ（年齢が高い方が）高い（図 12-11）。直接お金に関わることでは，日々の節約や貯蓄を選択する者は比較的多いが，具体的に収支の予測やシミュレーションをしたり，金融商品を活用した資産形成を意識する割合は低い。明治安田生活福祉研究所「セカンドライフの生活設計に関する調査」[7] では，将来に備えた節約の状況を尋ねており，年齢が高い方が実施率は高く，40 歳代 48％，50 歳代51％，60 歳代 59％である。節約の理由では，「老後前に高額出費が見込まれる」（23％）や「老後に高額出費が見込まれる」（20％）といった具体的な予測よりも，「老後にいくらかかるかわからないので怖くて使えない」（50％）と回答する者が多い。収入について，2009 年度から公的年金の加入状況や受取見込額の通知が毎年行われているが，受け取ることができる公的年金額を把握している割合は，40 歳代では 29％，50 歳代では 52％と低く，60 歳代で 89％になる。先述の通り，老後に不安を抱く割合は高いが，必ずしも予めの情報収集や準備が行われていない。

　60 歳以上の人たちの 50 歳代までの経済準備状況を，スウェーデン，アメリカと比較する。アメリカとスウェーデンは，福祉政策ではそれぞれ自由主義的，社会民主主義的と異なる方向性に位置づけられている。スウェーデン（以下では瑞）では，1999 年に公的年金制度が改定され，61 歳以降に受給可能な賦課方式の所得比例年金と積立年金を組み合わせた制度になり，65 歳以上でこの額が一定額以下の場合には無拠出の保証年金が支給されることになった。アメリカ（以下では米）の公的年金（老齢・遺族・傷害保険）は一部職種を除く雇用者と一定所得以上の自営業者を対象としている。支給開始年齢は 66 歳（67 歳に引き上げ予定）である。日本の公的年金の仕組みは，図 12-13 に示すように，「国民年

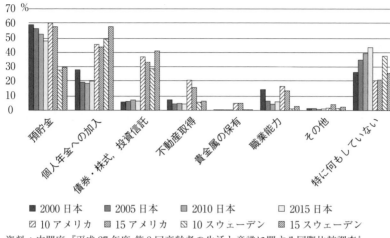

資料：内閣府『平成 27 年度 第 8 回高齢者の生活と意識に関する国際比較調査』

図 12-12　50 歳代までの経済準備

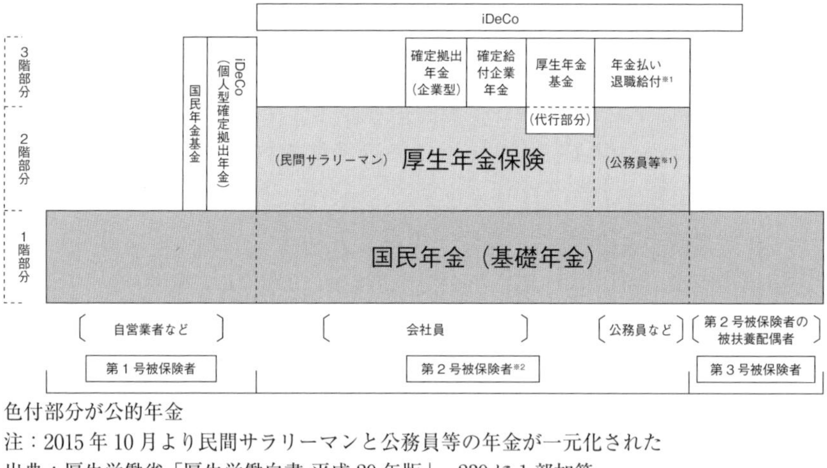

色付部分が公的年金
注：2015 年 10 月より民間サラリーマンと公務員等の年金が一元化された
出典：厚生労働省「厚生労働白書 平成 29 年版」p.239 に 1 部加筆

図 12-13　公的年金の仕組み

金（基礎年金）」には日本に住む 20 歳以上の全ての人が加入することになっており，雇用者は 2 階部分の「厚生年金」にも加入することになる。

　日本は準備しない人の割合が増加傾向にあり，2015 年には 4 割を占めている。また，米瑞に比べ，準備が預貯金に偏っている。米では 2010 年，2015 年ともに，8 割が何かしらの準備を行っており，内容も預貯金のほか，個人年金や有価証券など多様である。図示していないが，瑞は 2000 年調査では準備していない人が過半数を占めていたが，年金制度の改定もあり，準備していない割合が大幅に低下した。預貯金ではなく，個人年金や有価証券などにより準備が行われている。積立年金は自分で運用機関の選択が可能であり，年金以外の準備として預貯金以外の金融商品が利用されている。日本の場合，老後に対する不安感は高いため，準備を怠ったというより，準備の余裕がなかった層もいると推察される。

　2015 年の国際比較調査における現有資産に対する評価では，「まあ十分」を含む「十分」と「社会保障で十分」の合計割合は，瑞，米，日本の順に約 8 割，約 7 割，約 4 割であり，日本は不足感を抱く割合が高い。2010 年調査による経済困窮状況と資産評価の関係から，現在経済的に困っていない場合に「やや」を含め足りないと回答する者は瑞では 5 ％程度，米では 1 割強であるが，日本では 4 割弱と高い［重川，2011］。

　老後不安や医療保険負担増と貯蓄や消費額抑制には関係がみられ，日本の場合には，年金制度への不信[8]や制度の認知不足が老後不安につながる可能性が示唆されている［内閣府，2009：261-76］。このような中で必要と考えられる水準を十分に上回る「過剰な貯蓄」が生じているとされ，社会保障制度に対する信頼感を高める必要性が指摘されている[9]。

5. 給付と負担

　4 章で取り上げたように，生活の保障は，各個人，家族，地域，行政

など多様な主体が担いうる。先述の高齢者の国際比較調査では，老後の生活費に対する考え方として，「社会保障など公的な援助によってまかなわれるべき」（公的援助）か「働けるうちに準備し，家族や公的な援助には頼らないようにすべき」（自分）か「家族が面倒をみるべき」（家族）かを尋ねている。日米では自分と公的援助がそれぞれ40％台であるが，瑞では公的援助を選択する者が7割を超える（表12-2）。1980年代の調査では自分を選択する者が，日本では50％台，米では60％であったが，日米ともに公的援助の選択率が増加している。

表 12-2　老後生活費のまかない方に対する考え方

(%)

	自分	家族	公的援助	その他	無回答
日本	45.7	6.0	44.9	3.4	－
アメリカ	43.6	5.9	42.3	7.8	0.5
スウェーデン	19.0	0.8	75.3	4.9	－

自分：働けるうちに準備し，家族や公的な援助には頼らないようにすべき，
家族：家族が面倒をみるべき，公的援助：社会保障など公的な援助によってまかなわ
　　　れるべき
資料：内閣府『平成27年度 第8回高齢者の生活と意識に関する国際比較調査』

表 12-3　社会支出対 GDP 比（2015 年）

(%)

	公的支出の内訳					公的社会支出	純公的社会支出	私的社会支出	純社会支出
	老齢給付	遺族	障害・業務災害・傷病等	医療	その他				
日本	9.9	1.3	1.0	7.7	2.0	21.9	20.8	3.1	23.5
アメリカ	6.4	0.7	1.4	8.4	2.0	18.8	20.7	12.5	30.0
スウェーデン	9.1	0.3	4.1	6.3	6.4	26.3	22.0	3.6	24.5

資料：OECD.StatExtracts により作成（https://stats.oecd.org/Index.aspx）

　公的援助について，各国の社会保障関連の費用，公的社会支出を対
GDP 割合で比較する（表 12-3）。公的社会支出は，直接あるいは間接
的に個人に還元（給付）されており，個人の側からみると受け取りにな
る。総額では，瑞は 26.3％と，日米に比べ高い。そのうち，年金のほか
介護の現物給付を含む老齢給付金の費用の割合が日本では 45％を占め，
米瑞に比べると高い。公的社会支出から公的部門への家計の支出を差し
引いた純公的社会支出割合の国別格差はかなり縮小する。米では，企業
年金などの私的ではあるが社会的な性格をもつ社会支出（純私的社会支
出）割合が高く，それを加えた純社会支出割合では，瑞を上回っている。
　租税・社会保障負担が国民所得に占める国民負担率[10]を比較すると
（表 12-4），瑞では 50％を超える。公的社会支出の高さの背景には，家
計の高い負担があることがわかる。米では，公的社会支出割合同様，国
民負担率も日本，瑞に比べ低い。先述のように，日本では「過剰な貯
蓄」と指摘されていたが，各個人が貯蓄して備える形での対応が行われ
ていると考えられる。
　表 12-5 には，日本，米，瑞の高齢者の近隣や友人との関係，ボラン
ティア活動への参加状況を示している。米では身近に相互的にちょっと
したことを助け合える関係がある者の割合が高い。また，米，瑞では日

表 12-4　国民負担率（対国民所得比，2015 年）

(％)

	租税負担	社会保障負担	計（国民負担率）
日本	25.4 〈24.9〉	17.2 〈17.6〉	42.6 〈42.5〉
アメリカ	25.0	8.3	33.3
スウェーデン	51.8	5.1	56.9

〈　〉の値は 2018 年度見通しの値
出典：財務省ウェブサイト（http://www.mof.go.jp/）

表 12-5　近隣・友人との助け合いとボランティア活動への参加

(%)

	近所の人との付き合い		病気や手助け*が必要な時に頼れる人（同居家族以外）がいない	相談・世話をしあう親しい友人がいない	ボランティア活動や社会活動へ参加している
	家事やちょっとした用事をしあう	病気の時に助け合う			
日本	5.2	5.9	16.1	25.9	33.3
アメリカ	15.2	27.0	13.0	11.9	58.7
スウェーデン	3.2	16.9	10.8	8.9	58.2

*一人ではできない日常生活に必要な作業（電球交換や庭の手入れなど）
資料：内閣府『平成27年度 第8回高齢者の生活と意識に関する国際比較調査』

本に比べ，ボランティア活動等への参加割合が高い。近隣・地域社会のあり様は，公的なサービスのあり方に影響したり，地域の中に住み続けられるかにも関わっている。

　共助，公助の現状に鑑み，自助としてどのように高齢期に備えた準備をするのかを考えるとともに，社会としてどのような共助，公助のありかたを期待するのか，自助や共助と公助のバランスのあり方を考えることが必要である。

（注）

1） 65歳以上の高齢者人口の割合が7％を超えると高齢化社会，14％を超えると高齢社会とよぶ。日本老年学会・日本老年医学会による『高齢者に関する定義検討WG報告書』（2017年）では，生活機能，身体的・知的機能の研究，高齢期に多い疾病受療率などから「若返り」傾向が確認されることから，65〜74歳は「准高齢者」，75歳からを「高齢者」とすること，超高齢者の分類を設ける場合には90歳以上を「超高齢者」とすることが提案されている。

2） 世帯数でとらえると，65歳以上の者がいる世帯中，夫婦のみの世帯31.1％，単身世帯27.1％，親と未婚の子のみの世帯20.7％，三世代世帯11.0％である（『平

成 28 年国民生活基礎調査』)。

3)　生活保護受給者数：厚生労働省『被保護者調査』(2011 年度までは『被保護者全国一斉調査結果報告書（基礎調査)』)，人口：総務省『国勢調査』。64 歳までの保護率は 1990 年から 5 年おきに，0.67％，0.53％，0.63％，0.86％，1.16％，1.67％。

4)　利用額は認定された介護度の状況に応じ上限が設定されており，上限を超えた部分は全額負担となる。一方，介護保険利用による一定割合負担額の世帯合計額が一定額を超えた場合には，超えた分の払い戻しを受けることができる。

5)　全国の世帯員 2 人以上の世帯を対象にした世帯調査。

6)　質問文の要介護状態の例示が「認知症や寝たきり」となっているため，比較的高い介護度を想定して回答している可能性も考えられる。

7)　40 歳〜69 歳の男女を対象に 2015 年 3 月実施。

8)　European Commission "Special Eurobarometer 273" と内閣府「社会保障制度に関する特別世論調査」によると，年金に対し「大いに信頼」「どちらかといえば信頼」とする者は，スウェーデン 12％，41％，日本 2％，18％である［内閣府，2009：267］。日本では若年世代も年金に対して不安を感じている者が多く，2018 年実施の若者（13〜29 歳）対象の調査で，現在または将来の不安について尋ねており，「老後の年金はどうなるか」が項目に含まれている。「不安」と回答する割合は日本 38.3％，米 30.0％，瑞 18.0％，「どちらかといえば」を含めると日本 74.2％，米 59.4％，瑞 45.7％である［内閣府，2019：200］

9)　結果的には「過剰」にみえるが，長寿化により高齢期に介護や病気等が生じる可能性も高まっており，自己負担も高まる中，必要額を高く見積もる傾向が生じやすい。制度に関する信頼感や情報だけでなく，必要額設定に関する信頼できる情報が必要である。

10)　家計だけでなく企業なども含む国全体でとらえた所得（国民所得）に対する社会全体の租税と社会保険料の負担分の割合。

参考文献

石川達哉「老後生活資金としての公的年金と私的年金」(『ジェロントロジージャーナル』No.10_005，32-41，2010)

内閣府編『平成 21 年経済財政白書』(2009)

内閣府編『平成 30 年度我が国と諸外国の若者の意識に関する調査』(2019)

内閣府政策統括官（共生社会政策担当）『高齢者の生活と意識に関する国際比較調査』
（2016）

内閣府編『平成 29 年版 高齢社会白書』（2017）

日本労働政策研究・研修機構『データブック国際比較 2013』

二宮利治『日本における認知症の高齢者人口の将来推計に関する研究総括研究報告
書』（平成 26 年度厚生労働科学研究費補助金特別研究事業）（2016）

重川純子「高齢期の経済生活」（内閣府政策統括官（共生社会政策担当）『高齢者の
生活と意識』，pp.265-287，2011）

重川純子「高齢期のライフステージ移行による家計変動」（『生活福祉研究』第 82 号，
pp.20-38，2012）

学習課題

1．高齢者の世帯の消費支出の特徴を説明してみよう。
2．高齢期に判断力が低下した場合の財産管理を支援する制度にはどの
ようなものがあるか説明してみよう。
3．アメリカ，スウェーデンの高齢者との対比により，日本の高齢者の
経済生活の特徴を説明してみよう。

13 | NPO と家計

《目標＆ポイント》　生活の中でNPO（民間非営利組織）により提供される
サービスやものを利用したり，NPOの活動に関わることも少なくない。家計
とNPOの関わりの実態を概観するとともに，今後の課題について考える。
《キーワード》　NPO，サードセクター，特定非営利活動法人（NPO法人），
ボランティア，寄付，公益

1. 非営利組織

　日々の生活では会社などの営利組織や国・地方公共団体などの行政機
関だけでなく，様々な非営利組織（Non-Profit Organization：NPO）
とも経済関係を持っている（第1章参照）。行政，企業，家計，NPOの
複数の経済主体が協働して様々な活動を行っていることも少なくない。
　非営利組織は営利を目的としない組織であり，社会的な活動の組織だ
けでなく，趣味の同好会，自治会や町内会，同窓会など様々な目的，組
織形態，規模のものが考えられる。
　内閣府ではNPOを「様々な社会貢献活動を行い，団体の構成員に対し
収益を分配することを目的としない団体」[1)]と説明しており，この説明
には，活動内容として社会貢献を行っていること，組織のあり方として
収益分配を目的としないことが含まれている。ジョン・ホプキンス大学
で実施された非営利セクター国際比較プロジェクトでは，非営利組織の
要件として，組織として実体がある，民間の団体である，利益を分配し

ない，自己統治されている，自発性に基づいた組織である，の5つすべて満たすことを共通の基準としている［雨森，2012：16］。

国民経済計算の非営利サテライト勘定推計によると，2004年度の非営利セクターの付加価値総額は23.8兆円でありGDPの4.8%を占める。市場非営利団体[2]の非市場産出分とボランティア分を含むとGDPの6.0%と推計されている［内閣府経済社会総合研究所，2009］。法人の種類別の付加価値総額内訳では，医療法人が46.2%とほぼ半分を占め，このほか業界団体を除く公益法人や社会福祉法人，学校法人が各16%台であり，この4種で96%を占めている。

非営利組織の活動は様々に行われていたが，法人格取得は容易ではなく多くが任意団体として活動していた。1995年の阪神・淡路大震災時のボランティアや市民活動団体の支援活動の力，意義の大きさが広く認識され，1995年はボランティア元年と呼ばれている。1998年には「特定非営利活動を行う団体に法人格を付与すること等により，ボランティア活動をはじめとする市民が行う自由な社会貢献活動としての特定非営利活動の健全な発展を促進し，もって公益の増進に寄与することを目的とする」（制定時の第1条）特定非営利活動促進法（NPO法）が制定された。非営利サテライト勘定推計（2004年度）では，この法律に基づくNPO法人分の付加価値総額は1,140億円（付加価値総額の0.5%）である。

法律で規定される特定非営利活動の種類は下記の1から20である。

1. 保健・医療又は福祉の増進を図る活動
2. 社会教育の推進を図る活動
3. まちづくりの推進を図る活動
4. 観光の振興を図る活動**
5. 農山漁村または中山間地域の振興を図る活動**
6. 学術，文化，芸術又はスポーツの振興を図る活動
7. 環境の保全を図る活動
8. 災害救援活動
9. 地域安全活動

10. 人権の擁護又は平和の推進を図る活動
11. 国際協力の活動
12. 男女共同参画社会の形成の促進を図る活動
13. 子どもの健全育成を図る活動
14. 情報化社会の発展を図る活動*
15. 科学技術の振興を図る活動*
16. 経済活動の活性化を図る活動*
17. 職業能力の開発又は雇用機会の拡充を支援する活動*
18. 消費者の保護を図る活動*
19. 前各号に掲げる活動を行う団体の運営又は活動に関する連絡，助言又は援助の活動
20. 前各号に掲げる活動に準ずる活動として都道府県又は指定都市の条例で定める活動**

（*2002年に追加，**2011年に追加）

　非営利組織の状況は多様であり，図13-1に示す公益性がある非営利の領域の中にも，NPO法により法人格を取得した特定非営利活動法人（NPO法人）を指す場合（最狭義），法人格取得によらず市民が公益的な活動を行う市民活動団体を指す場合（狭義），公益法人，社会福祉法人，医療法人，学校法人等も含め各種の民間の非営利の組織を指す場合（広義）がある。さらに最も広義には，互助的組織とされている協同組合などを含めて捉えることもある[3]。

　国や地方公共団体などを公的セクター，企業等の私的セクター，そのいずれでもない組織をサードセクター[4]と呼ぶこともある。リピエッツ[2011]は，サードセクターについて，活動の特殊性として「協同的」あるいは「社会的，エコロジー的効用（文化的，地域的などほかの「効用」を付加することができた）」[同上：82]をあげ，「市場によっても，国家によっても充足されていないような需要の全体を引き受けることになる」[同上：127]としている。

　サードセクターと同様の特徴を持つ組織を社会的企業とよぶこともある。社会的企業には，非営利組織に限らず営利企業の形態で社会的課題に取り組むような組織を含む場合などもある［藤井他，2013：1-3］。

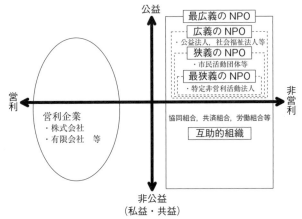

注：互助的組織の例示を加筆。
出典：内閣府国民生活局（2001）『平成12年度市民活動団体等基本調査』

図13-1　営利性，公益性による非営利組織（NPO）の位置づけ

2. NPO法人の活動

法人数の推移

　NPO法人設立には，所轄の役所に申請書を提出し，特定非営利活動が主な目的である，営利を目的としないなどの一定基準に適合との確認により認証され，認証後，登記することが必要である。2001年には，NPO法人のうち一定基準適合が認定されると認定NPO法人になることができる制度が創設された。認定NPO法人になると，その法人への寄付者が税制上の優遇措置を受けることができる。認定の有効期間は認定日から5年間であり，継続する場合には更新する必要がある。

　NPO法人にならなくても様々に公益的な活動を行うことは可能であり，その実態の全体像を捕捉するのは容易ではないが，1996年度に都道府県等が把握していた公益法人以外の継続的，自発的に社会的活動を行

う営利を目的としない団体数は 85,786（経済企画庁が市民活動団体調査を実施した際の母集団）であった。

　図 13-2 には NPO 法施行（1998 年 12 月）以降の NPO 法人数の推移を示している。2002 年度末には 1 万件を，2014 年には 5 万件を超えた。認定を受けた法人数は，2012 年度までは認証法人数の 1％未満であったが，2011 年 6 月に認定要件を大幅に緩和するよう法律が改正され（2012 年度から実施），2012 年度から増加し，2016 年度に 1000 件を超え，2017 年度には認証法人数の 2.0％を超えた（なお，認定法人数には，設立後 5 年以内の法人で一部認定要件が緩和されている特例認定 NPO 法人（2016 年度までの名称は仮認定 NPO 法人）を含んでいる）。

活動実態[5)]

　図 13-3 には NPO 法人の活動内容を示している。1 法人あたり平均 4.5 件の活動内容を挙げており，多くの法人が複数の分野の活動を行ってい

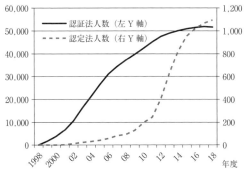

*各年度末の法人数。2012～2018 年度の認定法人数には，特例認定法人数を含む。
資料：内閣府 NPO ホームページ（https://www.npo-homepage.go.jp/about/
　　　toukei-info/ninshou-senihomepage.go.jp/about/npodata/kihon_1.html）

図 13-2　NPO 法人数の推移

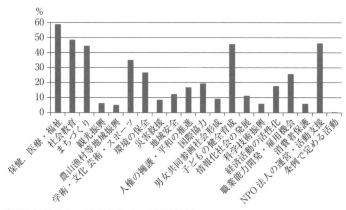

*2018 年 10 月末の NPO 法人（n＝51745 対象）
資料：内閣府 NPO ホームページ（https://www.npo-homepage.go.jp/about/
toukei-info/ninshou-bunyabetsu）

図 13-3　NPO 法人の活動内容（複数回答）

る。「保健，医療・福祉の増進」が最も多く，このほか「社会教育」「ま
ちづくり」「子どもの健全育成」の活動が比較的多く，日常生活に関わる
様々な活動が NPO 法人に担われていることがわかる。また，約半分の
法人が「NPO 法人の運営又は活動に関する支援」の活動を行っている。

　組織の規模について，会員数（正会員）の中央値は，認定・特例認定
法人（以下，認定法人）で個人会員 37 人，法人会員 0，認定・特例認定
をうけていない法人（以下，非認定法人）で個人会員 13 人，法人会員 0
である。約 1 万人の正会員を抱える法人もあるが，多くは小規模である。

　職員数の中央値は，認定法人で 7 人，非認定法員で 5 人である。その
うち有給の職員は，認定法人 6 人（うち，常勤 2 人），非認定法人 2 人
（同，1 人）である。有給職員 1 人あたり人件費年額（中央値）は，認
定法人で 146 万円，非認定法人で 135 万円，常勤の有給職員 1 人あたり
人件費年額（中央値）は，認定法人で 241 万円，非認定法人で 225 万円

である（人件費には福利厚生費や法定福利費，交通費は含まない）。常勤有給職員の1人あたり年間人件費（平均値）は，認定法人で246万円，非認定法人で225万円であり，国税庁『平成29年民間給与実態統計調査』の正規就業者の平均年間給与額494万円の約半分の金額である。

　事業実施に際し，ボランティアの参加を得て活動が行われることも多い。図13-4に示すように認定法人では89％，非認定法人では76％の法人の活動（前年度分）にボランティアが参加している。認定法人では100人以上のボランティアの参加がある法人が過半数を占める。非認定法人では，100人以上の参加がある法人が約3割であるが，過半数は30人未満（0人含む）である。

　財政規模（特定非営利活動に係る事業に関する収益）は，認定法人で2,231万円（中央値），非認定法人で684万円（同）である。非認定法人の場合，0円の4.3％を含め100万円までで27.4％を占めている。収益の内訳について，事業収益の割合が高く，認定法人では67.9％，非認定法人では83.8％を占める。寄付金の割合は，認定法人では15.9％であるが，非認定法人では2.1％と低い。個人からの寄付について，非認定法人の60.1％が0円である。認定法人では0円の割合は4.2％であり，12.2％

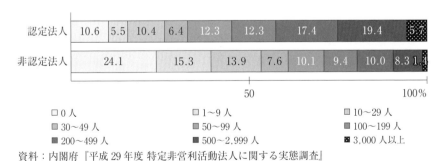

資料：内閣府『平成29年度 特定非営利活動法人に関する実態調査』

図13-4　NPO法人へのボランティア参加延べ人数

は 1,000 万円を超える寄付を得ている。法人の抱える課題について，認定法人，非認定法人ともに，人材の確保や教育を挙げる割合が高い。このほか，収入源の多様化，後継者の不足，法人の事業運営力の向上を挙げる割合が高い。

3. 家計から NPO への関与（1）NPO への寄付

　家計は NPO から有償，無償の財やサービスを受け取るだけでなく，家計から NPO への関わりとして，会費や寄付などの金銭の支出，職業として労働力あるいはボランティアとして無償の労働力を拠出している[6]。

家計からの寄付

　まず，総務省統計局『家計調査』により寄付の状況をみてみる。図 13-5 には消費支出に占める寄付金[7] の割合を示している。2 人以上世帯では 1991 年から 2015 年までは概ね 0.07％から 0.1％の間で推移しているが，大震災のおきた 1995 年と 2011 年はほかの年に比べ割合が高い。図示していないが，実額では 1994 年まで 3 千円台であった寄付金額（世帯あたり平均額）は 1995 年に 5 千円台に増加したが，1996 年以降は再び 3 千円台以下で推移していた。東日本大震災の 2011 年には寄付平均額が 6 千円台になったが，その後 2014 年までの寄付金額は各年 2 千円台である。2015 年以降，寄付金の割合が上昇している。単身世帯の寄付金の割合は 2011 年に 0.3％を超えたが，2012，2013 年には 0.1％以下に低下している。2011 年の寄付金額は 6 千円台であり 2 人以上世帯の金額に近い。2014 年，2018 年には跳ね上がっているが，それを除いても 2015 年以降は 2 人以上世帯同様に割合が上昇している。2011 年に所得税の寄付金の控除が所得控除と税額控除[8] の選択制に変更された後も金額や支出割合は以前とほとんど変化していなかった。2015 年以

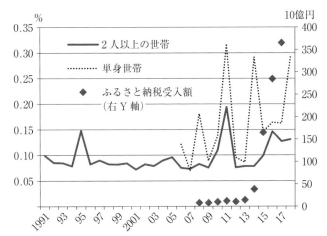

注：1999 年以前は農林漁家世帯を除く結果，ふるさと納税の金額は年度分
資料：総務省統計局『家計調査』各年版
　　　総務省自治税務局「ふるさと納税に関する現況調査結果（平成 29 年度実績）」より

図 13-5　消費支出に占める寄付金支出の割合

降の寄付金割合の上昇について，2008 年に始まっていたふるさと納税
制度の税額控除枠が 2015 年に拡充し手続きが簡素化したこともあり，
大幅に受入金額が増加しており，その影響と考えられる。

　図 13-6 には世帯主年齢と所得階級の世帯属性別の寄付金の割合を示
している。世帯主年齢別では，29 歳以下では 0.02％であるが，70 歳代以
上では 0.16％を占めており，概ね年齢が高くなるにつれ割合が高くな
る[9]。図示していないが，実額でも年齢が高くなるにつれ概ね金額が大
きくなる。70 歳以上世帯の消費支出額は 29 歳以下と同程度で，30 歳代
から 60 歳代に比べると低いが，寄付額は 3 年間の平均額，2 年間の平
均額いずれも 50 歳代に次いで高い。所得階級別では，全ての世帯の場合
には第Ⅳ分位まで，勤労者世帯で第Ⅲ分位まではほぼ同程度の割合であ
るが，所得階級の高い第Ⅴ分位では割合が高い。

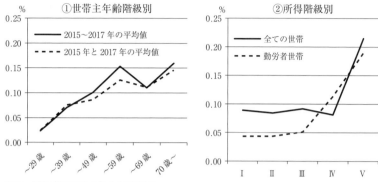

① 世帯主年齢階級別

② 所得階級別

2015～2017 年の平均値

2015 年と 2017 年の平均値

全ての世帯

勤労者世帯

~29歳　~39歳　~49歳　~59歳　~69歳　70歳~

Ⅰ　Ⅱ　Ⅲ　Ⅳ　Ⅴ

2015～2017 年までの 3 年分の平均値
世帯主年齢 50 歳代の 2016 年の寄付金額が大きかったため，2016 年を除いたものも掲載
所得階級は 5 分位（世帯所得金額順に世帯数を 5 つのグループに分け）を使用。Ⅰが低所得，
Ⅴが高所得

資料：総務省統計局『家計調査』（2015 年，2016 年，2017 年）

図 13-6　世帯属性別消費支出に占める寄付金支出の割合（2 人以上の世帯）

　内閣府の調査[10]によると，過去 1 年間に寄付経験のある人は 41.2%
であり，寄付した人の年額寄付額の中央値は 2,000 円である。寄付先で
は，共同募金（38.4%），日本赤十字社（33.2%）が比較的多く，次い
で町内会・自治会（27.4%）である。寄付の分野では，災害救助支援
（53.7%）は半数の者が選択しており，地震や土砂災害などの発災時に
は寄付が意識されることが多い。保健・医療・福祉，子ども・青少年育
成など例示された9つの分野いずれも選択している者は3割以下である。
図 13-1 に示した広義の NPO に含まれる公益社団法人，公益財団法人
へは 23.2% であるが，NPO 法人を選択した人は 12.6% と低い。寄付理
由では「社会の役に立ちたい」と社会貢献意識をあげる割合が 59.4%
と高い。一方，寄付の阻害要因として最も高いのは経済的余裕のなさ
（50.0%）であり寄付する側の事情であるが，寄付先に対する不信・信
頼欠如（31.3%）や「寄付しても役に立っていると思えない」（28.2%）

など寄付先側に対する不信をあげる者が各 3 割程度みられる。寄付時に必要な情報として，活動内容のほか，期待される効果を挙げる者が多く，具体的にどのように有効に用いられているかをわかりやすく示すことが求められている。NPO 法人への寄付意向を尋ねた調査[11] によると，寄付先（寄付する NPO 法人）の選定では，目的や活動内容への共感や有効に使ってもらえることを挙げる者が多い。

　海外の状況と比較する。1 ヶ月以内に慈善事業に寄付をした割合を比較した調査（2012 年実施，ギャラップ世論調査）によると，OECD 平均では 44％であるのに対し，日本は 33％である［明石書店，2017：153］。OECD 諸国ではイギリスが 72％，アイルランドが 71％と高く，アメリカは 62％である。社会の寄付金総額（2010 年）は，日本では 8,800 億円（うち，個人によるもの 21％）である。アメリカ 36 兆 2,258 億円（2008 年，個人分 82％），イギリス 1 兆 812 億円（2007 年，個人分 94％）である[12]。個人分の金額から人口 1 人あたりの金額を算出すると，日本 1,442 円，アメリカ 97,435 円，イギリス 16,642 円であり，日本の金額はイギリス，アメリカに比べ著しく小さい。アメリカの家計調査（Consumer Expenditures 2016）による消費支出中の寄付金（cash contributions）の割合は 3.6％である（消費支出に含まれている個人年金・保険分を控除した対消費支出額割合は 4.1％）。日本に比べ，世帯あたりの寄付割合も大きい。世帯主年齢別では，25〜34 歳 2.0％，35〜44 歳 2.4％，55〜65 歳 4.9％，75 歳以上 7.5％であり，概ね年齢が高い方が寄付割合が高い傾向は日本と同じである。

4.　家計から NPO への関与（2）NPO での労働

有償労働（職業）と無償労働（ボランティア）

　表 13-1 には国民経済計算の非営利サテライト勘定推計において推計

表 13-1　NPO の雇用者数・ボランティア数の推計（2004 年度）

	人数		フルタイム換算労働者数		雇用者報酬	
	人数	対全従業者数	人数	対フルタイム換算合計	金額	対名目 GDP
	万人	％	万人	％	10 億円	％
従業者	490.4	7.3	430.7	7.3	20,827	4.2
ボランティア	3,790	56.5	210	3.6	5,316	1.1

注：ボランティアの人数は延べ人数，ボランティアの雇用者報酬は帰属計算による。
資料：内閣府経済社会研究所国民経済計算部（2009）p.6 より抜粋

された NPO で働く人数を示している（ここで取り上げられる NPO は NPO 法人だけではなく，公益法人や医療法人なども含む広義の NPO）。有償の労働者数は約 490 万であり，従業者全体の 7.3％を占めており，有償の働き先として NPO の存在は小さくない。先述のように NPO の活動にはボランティアが関わることも多い。延べ人数では 3,790 万人がボランティアを行っている。フルタイム換算では 210 万人分の時間が NPO の活動に費やされ，有償労働者分の約半分であり，NPO にとってボランティアの力の大きさをみてとることができる。

ボランティア活動の実態

　時間の使い方の調査である総務省統計局『社会生活基本調査』によりボランティア活動への参加状況をみてみる。2016 年調査で過去 1 年のボランティア活動の行動者率（行動した人の割合）は男性 25.0％，女性 26.9％である。人口推計では，男性 1,382 万人，女性 1,562 万人，計 2,944 万人がボランティア活動を行っている。図 13-7 には行動者率の推移を示している。各年とも参加の自発性は不明であるが，初回調査の 1976 年[13)] は必ずしも自発的ではないかもしれない地域の共同作業や地

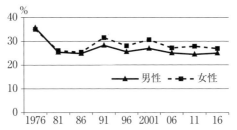

注：活動名の表現（1976「奉仕的な活動」81, 86「社会奉仕活動」91, 96「社会的活動」
　　2001, 06「ボランティア活動」11「ボランティア・社会活動」）は一律ではなく，
　　活動内容も必ずしも同じではない。
　　1991 年までは 15 歳以上，1996 年以降は 10 歳以上の値
　　資料：総務省（総理府・総務庁）統計局「社会生活基本調査」各年版
図 13-7　奉仕的活動・社会的活動・ボランティア活動行動者率の推移

域団体の世話の行動率が高く，奉仕的活動全体の行動者率が 1981 年以降に比べると高い。1981 年以降は 24％から 32％の間で増減を繰り返しており，あまり変化していない。1986 年までは男女差が小さかったが，1991 年以降数％ポイントであるが，女性の方が高い。

　表 13-2 には，いくつかの属性を取り上げ，属性別の行動者率を示している。年齢別では 10 歳代後半から 30 歳代前半までの若年層の割合が低い。30 歳代半ばから 40 歳代にかけては，子どもを対象とした女性の活動参加が比較的高いこともあり，割合が高い。健康状態については，よい方が割合が高い。就労の有無による差は小さい。収入との関係では，年収 100 万円台から 300 万円台の割合が低く，年収 99 万円未満の収入の低い層と年収 500 万円以上の収入の高い層で割合が高く，収入額中間層で参加率が低い。労働時間との関係では，概ね時間の長い方が割合が低い傾向がある。健康状態や収入額，就労や通勤など職業労働に関わる拘束時間により行動者率が異なる（詳細には属性間の関係などを検討する必要がある）。

表 13-2　属性別ボランティア活動行動者率

年齢		健康状態		有業者のみ			
10〜14 歳	26.5	良い	29.2	仕事からの年収・収益		週間労働時間	
〜19 歳	22.6	まあ良い	31.0	50 万円未満	35.8	15 時間未満	33.1
〜24 歳	19.2	普通	24.7	〜99 万円	32.0	〜29 時間	32.1
〜29 歳	15.3	あまり良くない	19.3	〜149 万円	26.3	〜34 時間	28.0
〜34 歳	19.3	良くない	10.2	〜199 万円	21.6	〜39 時間	25.2
〜39 歳	27.9	ふだんの就業状態		〜249 万円	21.1	〜48 時間	24.6
〜44 歳	32.2	(在学者除く 15 歳以上)		〜299 万円	22.3	〜59 時間	26.9
〜49 歳	31.4	有業者	27.1	〜399 万円	22.7	60 時間以上	25.2
〜54 歳	29.3	無業者	24.3	〜499 万円	25.8	きまっていない	28.2
〜59 歳	29.2			〜599 万円	29.2		
〜64 歳	28.6			〜699 万円	32.8		
〜69 歳	29.8			〜799 万円	30.7		
〜74 歳	30.0			〜899 万円	33.1		
75 歳以上	20.0			〜999 万円	31.2		
				〜1,499 万円	33.9		
				1,500 万円以上	35.4		

資料：総務省統計局「社会生活基本調査」(2016 年)

　図 13-8 には 2016 年調査のボランティア活動の種類別の日数と 1 日あたりの時間を示している。男女ともにスポーツ・文化・芸術・学術に関する活動，高齢者対象の活動，女性では障がい者対象の活動，男性では国際協力の活動で 24 日を上回り，年平均 1 ヶ月あたり 2 日以上活動している。1 日あたりの時間は 1 時間から 3 時間程度である。

　表 13-3 には，日本を含む 8 か国の 1 日あたりのボランティア活動の時間を示している。日本は韓国に次いで短く，取り上げている国の中で時間が長いアメリカ，カナダの 2 割前後の長さである。

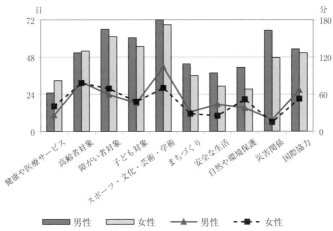

男性 ▬▬ 女性 ▬▲▬ 男性 ▪▬■▬ 女性
（1日当たり平均時間（分）） （年間平均行動日数（日））
資料：総務省統計局「社会生活基本調査」（2016年）

図 13-8　ボランティア活動の種類別年間行動日数・1日当たり平均時間

表 13-3　1日あたりボランティア活動の時間（週全体平均）

(時間. 分)

	日本	韓国	アメリカ[*1)]	カナダ[*1)]	ドイツ	スウェーデン	イギリス	ノルウェー
男性	0.05	0.00	0.20	0.21	0.16	0.13	0.09	0.09
女性	0.04	0.02	0.23	0.24	0.14	0.12	0.12	0.09
調査年月	2011.10	2009.9	2011.1～2011.12	2010.1～2010.12	2001.4～2002.4	2000.10～2001.9	2000.6～2001.9	2000.2～2001.2
集計対象年齢	10歳以上	10歳以上	15歳以上	15歳以上	10歳以上	20～84歳	10歳以上	10～79歳

[*1)] 移動は関連する目的の行動に含まれている。
出典：日本は「平成23年社会生活基本調査　詳細行動分類による生活時間に関する結果」。小分類レベルでEU
　　　比較用に組替えた行動分類による。
　　　韓国は Korea National Statistical Office, "2009 Report on the Time Use Survey"
　　　アメリカは U.S.Bureau of Labor Statistics（BLS）, "American Time Use Survey—2011 Results"
　　　カナダは Statistics Canada, "General Social Survey—2010 Overview of the Time Use of Canadians"
　　　EU諸国は EUROSTAT, "Comparable time use statistics—National tables from 10 European countries
　　　—February 2005"
出典：総務省「社会生活基本調査」（2011年）（参考）生活時間配分の各国比較より

5. 公益を支える・担う

　NPO の持続的な活動が可能となるためには，運営・活動資金の調達，共に活動に関わるボランティア人材の確保，職員の確保・待遇改善を図ることが必要である[14]。NPO の中には事業性を発揮し，提供する財やサービスの利用者から得た収入で事業，組織維持が可能なものもあるが，経済的困窮者や不特定多数に向けた活動の場合にはそれは難しい。公的な補助金や寄付など金銭面，ボランティア情報の一元化・発信などの運営面のサポートが必要である。2016 年制定の休眠預金等活用法により，一定期間取引のない預金等（休眠預金等）を民間公益活動の支援に用いられることになった。

　すべての人の基礎的な生活を保障するためには，公的な制度である社会保障が重要である。社会保障は以前に比べると選択可能な制度も増えているが，決まった制度の中で実施するため画一的で融通がきかないという面もある。また，サービス利用は権利であるが，提供側と利用側の関係性として利用者がスティグマ（烙印を押されたような感覚）を感じる場合もある。困難を抱えた人を支援する NPO では，困窮者に寄り添い対等な関係の中で 1 人一人の状況を丁寧に把握し，必要な支援を行うことも少なくない［重川，2015］。公益的サービスには社会保障だけでなく，特定非営利活動の種類に例示されるように様々なものが含まれる。政府により「新しい公共」や「共助社会」が提唱されるのは財源的な問題も大きいが，一人ひとりにとって社会の中でつながりを持つことに意味があると考えるからでもある。リピエッツ［2011：40］は，サードセクターは現代において人間の活動が市場セクターと公的セクターに限定されてしまい社会的紐帯に生じた間隙を埋める性格をもつと指摘する。

　ボランティアや NPO 活動，市民活動に参加している理由[15]として，

「職場の取組の一環」（20.1％）といった仕事との関わりを挙げる人もいるが，「社会の役に立ちたい」（47.7％）といった活動の意義を理解して，また，「自己啓発や自らの成長につながる」（30.1％）のように自身の効果を感じて参加している人が比較的多い。別の調査[16]では，これらの理由のほかに「仲間ができる」や「参加して楽しい」，「生きがいを感じる」という生活の楽しみが感じられていることが示されている。参加しない理由には，時間やお金のほかに情報不足があり，阻害要因を取り除くことも検討課題である[17]。欧州社会調査に基づくボランティア活動への参加要因の検討からは，経済面，活動に関する情報のほか，自分には他人に提供できるものをもっていないという誤解もあげられている［OECD，2016：240-242］。活動へ参加できないことは社会関係資本や人的資本など能力を高める機会の剝奪と指摘している。

　先述のように，お金，時間の側面からみた家計からNPOへの拠出について，寄付割合は以前に比べ高くなっているが水準は低く，時間も短い。これに関して，田中［2011］は，政府側とNPO側からの問題を指摘している。政府によるNPOの推進は，収益性のない行政の仕事の安価な下請け化であり，NPOの側も業務委託費や補助金により必ずしも寄付を必要としないということにつながりやすい。田中は，組織の持続性には収入多様性が重要であることを指摘している。

　NPO法人の情報について，内閣府のポータルサイトで概要を知ることはできるが，具体的内容を知るためにはNPOの書類等を閲覧する必要がある[18]。第三者による評価を参考にすることもできる。例えば，「エクセレントNPO」をめざそう市民会議[19]では，市民性，社会変革性，組織安定性を観点にNPOが自己評価できる項目を示すとともに，「エクセレントNPO」の表彰事業を行っている。寄付の仕方として直接共感する団体に寄付するほか，寄付を仲立ちする組織を通じて寄付を行

う方法がある。例えば，「認定NPO法人まちぽっと」による「草の根
市民基金・ぐらん」[20]では，資金を必要とする地域活動を行う団体を
募集し，市民から寄付を募り，寄付者による事前投票や公開の選考会な
ど，寄付先を運営者に一任するのではなく，寄付者が寄付先の選定に直
接関わることのできる仕組みを作っている。助成先のNPOと事業運営
者だけでなく，寄付者も参加できる交流集会が開催され，直接事業の様
子を聞くことができる。単なるお金の拠出ではなく，積極的に団体に関
わり，社会の課題を知る機会となっている。

【コラム】　社会的経済・社会(的)連帯経済

　NPOや協同組合などの経済活動を社会的経済，社会（的）連帯経済とよぶ
ことがある。社会的課題解決につながるような活動を行う企業を含むことも
ある。格差や貧困，社会的排除が問題となる中で注目が集まりつつある。
　スペインやフランスなどでは，非営利組織（協同組合や共済組合なども含
む）の活動に対し公的支援を行い，振興するための法律（フランス：社会
（的）連帯経済法，スペイン：社会的経済法）が制定されている。2014年に
制定されたフランスでは，法律で社会（的）連帯経済を「1. 経済的または
社会的地位が不安定であり，健康面で社会的援助を必要としている者のため
の支援活動，2. 社会的な排除の対象となったり，健康面，経済面，文化面で
不平等な状態にある者への対策のため，市民教育を行い，社会的な絆や結束
を維持し強化することに貢献する活動，3. 上記1. 及び2. で挙げた目的と
関連するもので，エネルギー移転または国際的な連帯に資する活動」とし，
資金調達を行いやすくすることなどが規定されている。
　本文ではNPOと家計との関係を寄付や労働の観点から取りあげたが，消
費（ものやサービスの購入先，生産者）や貯蓄，投資などでも，協同組合な
どを含む広義のNPOや社会的企業との関係を考えることも重要である。
　資料：労働政策研究・研修機構（2014），フランス外務省（2013）

（注）

1)　内閣府の NPO のウェブサイト中,「NPO 基礎知識 >NPO のイロハ」より。

2)　業界団体や職業団体の公益法人や医療法人。

3)　協同組合の国際的連合組織である国際協同組合同盟（ICA）では協同組合原則の 1 つに地域社会への関わりを挙げている。

4)　企業と自治体等の共同出資によるによる組織を第三セクターと呼ぶこともあるが, ここで取り上げるサードセクターとは異なるものである。

5)　活動実態中, 活動内容以外の数値は, 内閣府が 2017 年に全国の 6,452 の NPO 法人対象に行った調査（『平成 29 年度 特定非営利活動法人に関する実態調査』）の結果である。回収率は 53.8%。

6)　自身で NPO を立ち上げることもあるかもしれない。

7)　商品に寄付金が付加されている場合があるが, ここで捕捉している寄付金は, NPO 法人を含む様々な団体などへの寄付金, 祝儀などの移転的支出の金額。

8)　所得控除, 税額控除いずれも税額を軽減する仕組み。所得控除は医療費控除や生命保険料控除など要件にあてはまる控除の合計額を所得額から差し引き, 課税対象の所得を減じる仕組み。税額控除は規定に則り算出された所得税額から一定金額を差し引く仕組み。認定 NPO 法人へ寄付した場合に利用できる控除の仕組みは, 以前は所得控除に限られていた。

9)　50 歳代の寄付が跳ね上がっている 2016 年を除くと, 年齢上昇に伴い寄付金割合が上昇する傾向がより明確である。

10)　内閣府『平成 28 年度 市民の社会貢献に関する実態調査』（20 歳から 69 歳の男女対象, 3,766 人回答）寄付先を限定せず, 過去 1 年間の寄付の経験を尋ねている。寄付経験のある人に, NPO 法人だけでなく, 町内会・自治会, 学校法人, 共同募金会, 日本赤十字など幅広い対象の中から寄付先を尋ねている。

11)　内閣府『NPO 法人に関する世論調査』（2018 年に調査）

12)　内閣府 NPO ウェブサイト掲載データより

13)　『社会生活基本調査』初回調査の 1976 年の活動の種類は, 社会奉仕, 自治会・町内会での清掃など共同活動, 自治会・町内会など地域団体の世話, PTA の世話, その他同窓会・スポーツクラブなどの団体の世話, 民生委員等の公的な活動, その他（先輩としてクラブ活動の指導や町内の子どもへ無料で勉強やそろばんを教えるなど）である。81 年から 96 年までの活動内容には, 社会奉仕として 6 つのグループの人（地域社会や居住地域の人, 福祉施設等の人, 児童・老人・障害者（特定のグループの人）, 特定地域の人, その他一般の人）が挙げられている。91 年と 96 年は, これに社会参加活動が加わる。

14) 活動内容や活動頻度，運営状況によって必要度が異なる。

15) 内閣府『平成28年度 市民の社会貢献に関する実態調査』

16) 内閣府『平成23年度国民生活選好度調査』

17) 例えば，参加のための交通費などの経済的負担が大きい場合の費用援助や，休んだ分の賃金削減を気にせず活動に参加できる有給のボランティア休暇制度など。

18) NPO法人は毎年事業報告書などを所轄の役所に提出するともに，事務所で閲覧できるようにしておく必要がある。

19) 「エクセレントNPO」をめざそう市民会議 （http://www.excellent-npo.net）

20) 認定NPO法人まちぽっと （http://machi-pot.org/），草の根市民基金・ぐらん （https://citizensfund-grand.org/）

参考文献

雨森孝悦『テキストブックNPO（第2版）』（東洋経済新報社，2012）

フランス外務省「フランスと社会的連帯経済」（『アクチュアリテ・アン・フランス』41号，2013（在日フランス大使館ウェブサイト））

藤井敦史・原田晃樹・太高研道『闘う社会的企業』（勁草書房，2013）

Lipietz, Alain, 2001, *Pour le Tiers Secteur*（＝井上泰夫訳，2011，アラン・リピエッツ『サードセクター』，藤原書店）

内閣府『平成23年度国民生活選好度調査』（2012）（内閣府ウェブサイト）

内閣府『平成25年度 特定非営利活動法人に関する実態調査報告書』（2013）（内閣府ウェブサイト）

内閣府『平成25年度 市民の社会貢献に関する実態調査報告書』（2014）（内閣府ウェブサイト）

内閣府経済社会総合研究所『平成19年度非営利サテライト勘定に関する調査研究報告書』（『季刊国民経済計算』No.138，2009）

OECD, *Society at a Glance 2014 OECD Social Indicators*, 2014（＝OECD編著，高木郁郎監訳・麻生裕子訳『図表でみる世界の社会問題4 OECD社会政策指標』明石書店，2017）.

OECD, *How's Life? 2015 Measuring Well-being*, 2015（＝OECD編著，西村美由紀

　訳『OECD 幸福度白書 3』明石書店，2016).

大沢真理編著『社会的経済が拓く未来』（ミネルヴァ書房，2011）

労働政策研究・研修機構「従業員の協同組合組織による売却企業の買収を促進」（海
　外労働情報国別労働トピックス，2014）（労働政策研究・研修機構ウェブサイト）

Salamon, Lester M., Sokolowski, S. W., Haddock, M., and Tice, H. S., 2013, *The
　State of Global Civil Society and Volunteering ∶ Latest findings from the
　implementation of the UN Nonprofit Handbook*, Comparative Nonprofit Sector
　working paper, No.49

澤村明・田中敬文・黒田かをり・西出優子『はじめての NPO 論』（有斐閣，2017）

重川純子「総合的な生活理解と生活支援」（『生活経営学研究』No.50，pp.24-26
　2015）

田中弥生『市民社会政策論』（明石書店，2011）

田尾雅夫・吉田忠彦『非営利組織論』（有斐閣，2009）

学習課題

1．非営利組織とはどのようなものか説明してみよう。

2．家計と NPO の関わりについて寄付，労働の点から説明してみよう。

3．自分の生活と NPO の関わりについてどのようなものがあるか考え
　てみよう。

14 | 生活経済と環境

《**目標＆ポイント**》　環境問題を人々の生活，経済活動との関わりから検討する。日常生活に関わる環境政策・制度を概観するとともに，持続可能な生活のあり様について考える。
《**キーワード**》　エコロジカルフットプリント，持続可能，循環型社会，グリーンコンシューマー，環境政策，エシカル消費，SDGs

1. 自然の循環と人の生活

生態系への負荷

　私たちの生活はすべて自然を基盤として成り立っている。自然界の様々な資源を採取し，多くの場合は経済活動の中で加工し，人の様々な活動に利用している。かつては，人の活動も生態系の循環の中に位置づいていたが，経済活動や生活の変化により，生態系の循環が乱れ，生活の基盤となる自然が破壊されつつある。人が普通に生活を営むために必要な陸，海の面積で資源消費量を示すエコロジカルフットプリントと自然の生産能力（生物生産力）を対比させ，人の活動がどの程度自然に負荷を与えているかを見てみよう。2013 年の 1 人当たりの資源消費量は2.9 グローバルヘクタール（gha）であるのに対し，生物生産力は1.7 gha であり，2013 年時点の生活を維持するためには 1.7（＝2.9/1.7）個の地球が必要である［WWF, 2018］。図 14-1 には，1961 年以降のエコロジカルフットプリントの推移を示している。1970 年頃には

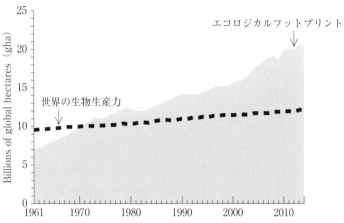

出典：WWF. 2018. *Living Planet Report 2018*. Aiming Higher. Grooten, M. and Almond, R.E.A.（Eds）. WWF, Gland, Switzerland. p.30

図 14-1　エコロジカルフットプリントの推移

生物生産力を超え，その後も乖離が拡大している。人以外のほかの生物による資源消費も考慮すると，さらに以前に1を超えている。日本のエコロジカルフットプリントは5.0 gha（2013 年）であり，日本でのライフスタイルを全世界の人が行うと，地球が2.9 個必要となる。フットプリントは足跡を意味するが，私たちの生活は，まさに地球環境，ほかの生物を踏みつけにしながら行われており，自然を基盤とした生活の持続可能性を低下させることにつながっている。

「持続可能」

　環境問題に限らず今後の社会のあり方について，「持続可能」という語が用いられることが多い。2015 年には国連で，「我々の世界を変革する：持続可能な開発のための 2030 アジェンダ」が採択され，2030 年までに達成を目指す 17 の目標「持続可能な開発目標（Sustainable Development

Goals）：SDGs）」が設定されている（本章末コラム参照）。「持続可能」の語を広く定着させたのは，1987年に国連の環境と開発に関する世界委員会（ブルントラント委員会）が出した報告書『われら共有の未来（Our Common Future）』である。この中で，「持続可能な開発とは，将来の世代が自らの欲求（ニーズ）を充足する能力を損なうことなく，今日の世代の欲求を満たすような開発をいう」と定義され，世代間の公正の考え方が示されている。同報告書では，南北間の格差も取り上げており，世代内の公正の問題も重視されている。その後，国際自然保護連合（IUCN），国連環境計画（UNEP），世界自然保護基金（WWF）が共同で作成した『新・世界環境保全戦略』では，「自然界では無限に成長できるものではな」く，「持続可能な開発」とは，「人々の生活の質的改善を，その生活支持基盤となっている各生態系の収容能力限界内で生活しつつ達成すること」［国際自然保護連合ほか，1992：25］と定義し，主体を人からほかの生物も含む生態系へと拡大している。

2. 生活の変化と環境

生活の変化

　18世紀後半にイギリスでおこった産業革命は，機械化によりものの生産量を増大させ，新しい動力を用いた輸送機関により人とものの移動距離を飛躍的に拡大した。経済の発展には，次々と生産し，それを次々と消費し，さらに生産を拡大していくことが求められていた。図14-2には，温暖化ガスの主要因といわれる二酸化炭素（CO_2）の1750年以降の排出量を示している。1950年以降増加が著しい。日本だけでなく，先進国において大量生産・大量消費のパターンが一般化していった。大量生産・大量消費は大量廃棄を伴い，大量生産・大量消費・大量廃棄型の社会経済システムの中に生活が組み込まれていった。多くの人が，たくさ

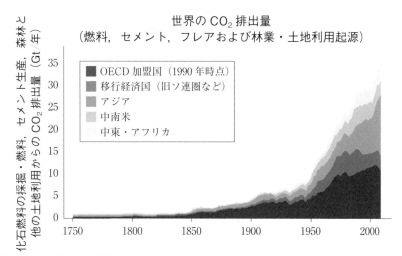

世界の CO₂ 排出量
（燃料，セメント，フレアおよび林業・土地利用起源）

（縦軸）化石燃料の採掘・燃料，セメント生産，森林と他の土地利用からの CO_2 排出量（Gt／年）

凡例：
■ OECD 加盟国（1990 年時点）
■ 移行経済国（旧ソ連圏など）
■ アジア
□ 中南米
□ 中東・アフリカ

出典：IPCC 第 5 次評価報告書 WG Ⅲ Figre TS.2
参考：全国地球温暖化防止活動推進センターウェブサイト（http://www.jccca.org/）より

図 14-2　世界の CO_2 排出量の推移

んのものを購入し，保有することにより豊かさを実感していた。

　交通機関の発達により輸送が容易になり，国内の産業構造の変化や安さの追求などの結果，生活のための様々な資源の輸入依存度が高まっている。生産地と消費地が離れ，国内の場合でも生産の様子は，意識的に知ろうとしなければほとんど知ることはないが，国外の場合，さらに見えにくい。経済行為というあたかも正当に見える活動により，生産地の生態系を破壊している場合もある［村井，1988・2007］。生活と生産が，距離だけでなく意識の面でも離れていった結果ともいえる。

生活による環境負荷

　日々の生活による環境負荷はどの程度だろうか。一般廃棄物（産業廃棄物は除く）は，2000 年（1 人 1 日 1,185 g）をピークに減少傾向にあ

り，2016年度は1人1日925gである。一般廃棄物のうち，約70％が生活系である。CO_2排出量について，日本の全排出量の中で産業部門の割合が最も大きいが，産業部門は減少傾向にある。2017年度の民生（家庭）部門の割合は16％である。増加傾向にあった家庭からの排出量は2013年度以降減少傾向にあるが，1990年度に比べ約4割多い。環境問題への社会的関心の高まりや法律の制定等が行われているが，必ずしも生活からの環境負荷の削減には結びついていない。

3. 環境政策

環境政策の必要性

　先述のように，生活のあり様は環境に負荷を及ぼし，また環境の悪化は各人の生活へ影響を及ぼしている。原因，結果ともに個人的な問題の場合—例えば，偏った食生活が体調不良につながっている場合—には，問題に気づけば，原因を考え改善に向けた対応に結びつきやすい。環境への負荷の場合，問題状況や原因の認識されにくさ，個々人の行為と結果の関係のわかりにくさなどから対応がなされにくい。個人的問題であれば対応は各個人の判断の問題であるが，環境の悪化は社会問題であるので，環境負荷を削減し，環境を保全するため，一定の権限をもつ国や地方自治体・国際機関が社会的対応として環境政策を実施している。

　環境問題を「市場の失敗」ととらえ，環境政策は外部不経済の是正，あるいは適正な水準の公共財[1]を供給するための方策と定義されている［後藤，2003：19］。市場での取引が，市場の外側に影響を及ぼすことを外部性（正と負の両方向を含む）といい，外部不経済は負の影響を及ぼすことである。外部不経済の是正は，市場でのより効率的な取引のため公害等へ対応がなされず，市場外での社会的費用への対応である。適正な水準の公共財については，よい環境は公共財と位置づけられ，市

場では供給されにくいため，公的機関での対応が必要となる。

環境政策に関する法律

　高度経済成長期に経済成長の一方で公害による被害が発生し，社会問題となった。1967 年に，その対応策として公害対策基本法が制定され，1970 年には公害関係の 14 法案が制定，改正された。1971 年には環境保全に関する行政を総合的に推進するため環境庁（2001 年から環境省）が設置された。1972 年には国連ではじめて環境をテーマとした会議である人間環境会議において「人間環境宣言」を採択し，経済成長から環境保護への転換の必要性が示された。同年，OECD 環境委員会により，汚染物質排出者が対策費用を負担すべきという汚染者負担原則（Polluter Pays Principle：PPP）が提示されている。その後，国内問題への対応や国際的な取り組みの一環として立法化されたものもあるが，政策の後退もみられ 1970 年代半ばから 1980 年代は公害・環境法の停滞期ともいわれている［淡路，2011：19-20］。国内外で環境の悪化が進行する中，1992 年にリオ・デ・ジャネイロで「環境と開発に関する国際会議」（地球サミット）が開催され，環境と開発に関するリオ宣言，具現化のためのアジェンダ 21 の採択のほか，気候変動枠組み条約（地球温暖化防止条約），生物多様性条約の締結，森林原則声明の合意がなされた。これらに関連して，国内では，地球温暖化対策推進法（1998 年），森林・林業基本法（2001 年）[2]，生物多様性基本法（2008 年）が制定されている。

　発生した問題への事後的な対応，対症療法的な取り組みでは環境問題の悪化を防止できないとの認識から，1993 年に環境に関する国の政策の基本的な方向を示す環境基本法が制定された。環境保全の基本理念として，環境の恵沢の享受と継承等，環境への負荷の少ない持続的な発展が可能な社会の構築等，国際的協調による地球環境保全の積極的推進を定

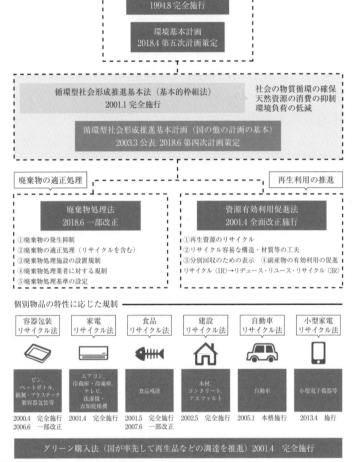

出典：環境省，2018，『第四次循環型社会形成推進基本計画（パンフレット）』p.8

図 14-3　循環型社会を形成するための法体系

め，国，地方公共団体，企業の責務のほか，国民の責務として「日常生活にともなう環境への負荷の軽減に努めること」が示されている。1997年には，環境問題の予防的措置として事業実施に対し環境への影響の事前評価（環境アセスメント）の法制化が求められつつも，経済界等の反対により制定が見送られ続けていた環境影響評価法が制定された。2000年には，従前は個別に制定されていた資源回収や廃棄物処理に関する法律の基本的枠組みとなる循環型社会形成推進基本法が制定された（図14-3）。新たな天然資源の消費を抑制し，物質を循環使用するためには，生産段階でそのことが組み込まれている必要がある。法律には，拡大生産者責任（Extended Producer Responsibility：EPR）——使用時だけでなく，資源調達から廃棄後までに係わる製品のリサイクルや処理に対して責任を生産者が負うという考え方——や処分の優先順位——①発生抑制（Reduce），②再使用（Reuse），③再生利用（Recycle），④熱回収（Reconvert to energy），⑤適正な処分——が示されている[3]。2003年には環境保全活動・環境教育推進法が制定され，2011年に民間団体等との協働取組の推進や環境教育の具体的推進策を含む環境教育等促進法に改正されている。

環境政策の手段

　環境政策の手段には，法律等による直接的な規制のほか，原因者を誘導したり，自発性を促す間接的手段，環境情報の公開・蓄積，環境教育など環境保全の基盤整備である基盤的手段がある（表14-1）。原因者を誘導・制御する間接的手段は経済的手段ということもある。具体的には，環境負荷の高い活動や環境汚染物質への課税，環境配慮を行うための補助金の支給，環境汚染物質の排出量制限を排出権とし排出権の取引を認めるなどのほか，製品の回収を促進するため販売時に預り金を上乗

表 14-1　環境政策手段の分類

	公共機関自身による活動手段	原因者を誘導・制御する手段	契約や自発性に基づく手段
直接的手段	環境インフラストラクチャーの整備（ごみ処理サービス，下水道サービスなど）環境保全型公共投資公有化	直接規制土地利用規制	公害防止協定自発的協定
間接的手段	研究開発グリーン調達	課徴金補助金排出権取引市場減免税財政投融資	エコラベルグリーン購入環境管理システム環境報告書環境監査環境会計
基盤的手段	コミュニティの知る権利法環境情報公開環境モニタリング・サーベイランス環境情報データベース環境責任ルール環境アセスメント環境教育		

注：基盤的手段が，原因者を誘導・制御，あるいは自発的取り組みを促す手段になることもある。
出典：植田（1998）を加筆・補正。
　　　植田和弘（2002）p.104。

せ徴収し，回収時に預り金を返却するデポジット・リファンド制度，ゴミ袋の有料化等による利用者負担などがある。これらの政策により外部不経済で生じる社会的費用を内部化するなどし，市場取引において費用面から環境負荷の少ない方へ選択を導こうとしている。北欧では1990年代に炭素税が導入されていたが，日本でも2012年10月から地球温暖化対策のための税が導入され，CO_2排出量に応じた課税が行われている[4]。自発性を促す間接的手段では，環境情報の作成・公開・提供に関する手法が含まれており，事業者自身が事業による環境負荷の実態を把握し事業活動に反映させるとともに，消費者等の購入側が環境情報により事業者や製品の選別を行いやすくしている。

　1995年に制定（2000年完全実施）された容器包装リサイクル法では，市町村が容器包装ごみの分別収集・保管を行い，生産者側に再商品化の義務を課しており，拡大生産者責任の理念の先取りとされているが，分別収集費用は市町村であり，税金による負担となっている。以前に比べ分別収集率や再商品化率は上昇しているが，ゴミに占める容器包装物の

割合は高い[5)]。レジ袋有料化はレジ袋辞退率やマイバック持参率を大幅に高め，レジ袋削減に効果的であることが示されている。ほかの包装材についても，回収を含めリサイクル費用負担を生産者に課し（商品価格に転嫁されることにより），消費者の商品選択時のリサイクル費用の考慮，生産者による容器包装材の削減やリサイクル費用の少ない素材の利用・開発，などのインセンティブを高めることを求める意見がある。

　表 14-1 の注において，基盤的手段が，原因者を誘導・制御，自発的取り組みを促す手段となる可能性について言及されている。OECD 12 カ国で成功した環境政策の事例分析においても，その手段は様々であるが，すべての事例で市民の意識が高いことが重要であったと指摘されており［イェニッケ，ヴァイトナー編，1998：36］，基盤的手段を含め政策を組み合わせての対応が必要である。

4．持続可能な生活

　"Think globally, Act locally."「地球規模で考え，足下から行動を」。このフレーズは，1970 年代のはじめに唱えられたという［竹内，1990：2］。第 2 節で示したように，各家庭が環境に及ぼす影響は大きい。一人ひとりの行動と環境問題を結びつけて考え，具体的な行動に移すことが求められている。SDGs には環境に関わる目標が多く，12 番目に「持続可能な消費と生産のパターンを確保する（Responsible Production and Consumption）」が掲げられ，ロゴ（図 14-4）には「つくる責任，つかう責任」が示されている。

出典：国際連合広報センターウェブサイト「SDGs のアイコン」より

図 14-4　SDGs の目標「持続可能な消費と生産のパターンを確保する」のロゴ

環境に配慮した生活を行う消費者をグリーンコンシューマーとよぶ。図14-3に示す循環型社会形成推進の施策体系の最下段に国などが率先して再生品等の調達を推進するグリーン購入法があるが，各個人がグリーン購入をはじめ，環境配慮を行うことが持続可能な生活のために有効である。表14-2にはグリーンコンシューマー全国ネットワークによる「グリーンコンシューマー10原則」を示している。「必要なものを必要な量だけ買う」は当然のように思われるが，消費に駆り立てられる環境の中で必ずしも十分に実行されていない。まずは必要性そのものを考え，必要と判断した場合にも，購入以外の手段として借りる，共有する（シェア）などの可能性を含め検討することが不可欠である。購入する場合，使用時だけでなく資源採取から廃棄まで（運搬も含む）を通じて環境負荷の小さいものを選択するためには全過程通じた環境負荷の測定，ライフサイクルアセスメント（LCA）が必要である。LCAによるCO_2などの測定値を比較するほか，環境ラベルを環境配慮情報として用

表14-2　グリーンコンシューマー10原則

1. 必要なものを必要な量だけ買う
2. 使い捨て商品ではなく，長く使えるものを選ぶ
3. 包装はないものを最優先し，次に最小限のもの，容器は再利用できるものを選ぶ
4. 作るとき，使うとき，捨てるとき，資源とエネルギー消費の少ないものを選ぶ
5. 化学物質による環境汚染と健康への影響の少ないものを選ぶ
6. 自然と生物多様性を損なわないものを選ぶ
7. 近くで生産・製造されたものを選ぶ
8. 作る人に公正な分配が保証されるものを選ぶ
9. リサイクルされたもの，リサイクルシステムのあるものを選ぶ
10. 環境問題に熱心に取り組み，環境情報を公開しているメーカーや店を選ぶ

出典：グリーンコンシューマー全国ネットワーク『グリーンコンシューマーになる買い物ガイド』
　　　環境省（2002）『平成14年版環境白書』p.25

いることができる。環境ラベルには，事業者が自由に宣言する自己宣言型，エコマークのように第三者機関が一定の基準に基づき環境負荷が小さいことを認証する第三者認証型，LCAの測定値を示すような環境情報表示型がある。価格比較の場合にも，単に販売（購入）価格だけでなく，LCAと同様に，ランニングコスト（使用時にかかる費用），廃棄費用，耐用年数なども含めて考えることが必要である。環境配慮の取り組みを考慮して個別の商品を選ぶだけでなく，生産者や販売者も選択対象となる。国際標準化機構の「ISO14000シリーズ（環境マネジメントシステムや環境監査に関する国際規格）」の取得，環境会計（事業活動における環境保全のための費用とその活動により得られた効果を，可能な限り定量的に測定），環境報告書（環境保全の方針，目標，計画，環境マネジメントの状況，環境負荷の削減への取り組み等）の公表などから取り組みを知ることができる。つくる人への公正な分配の保証の捕捉は簡単ではないが，フェアトレードマーク付の商品やフェアトレードを行っている店等を通じて利用することができる。環境だけでなく労働など社会的側面も含め，倫理的な消費行動を行うことをエシカル消費という。商品の購入は商品に対する投票行動（経済的投票）である（図14-5）。投票行動の結果が次の生産に反映されることも多い。環境負荷の異なる同種の商品がある場合に環境負荷の小さい商品が選択されることが多くなれば，その供給の増加を促すこととなる。消費者は生産者の受け手ではなく，双方向の循環の中に位置づけられる。

　リサイクルについて，同様の商品でリサイクルの有無があれば，リサイクルのある方を選択することが循環型社会への推進につながる。しかし，リサイクルは必ずしも資源採取の抑制につながらない。従前に比べるとペットボトルの回収率は高くなったが，ペットボトル販売量も1990年代に比べると増加した。24時間利用可能な店舗，自動販売機の普及

図14-5　消費者と生産者の関係

により，いつでもどこでも購入可能であり，開封後ふたができる利便性
から，水筒持参ではなく購入量自体が増加した。繰り返しの使用（リ
ターナブル），ペットボトルから生産する再生樹脂のボトル原料化の徹
底がなければ新規の資源を必要とする。リサイクルの限界を踏まえ，よ
り環境負荷の小さい手段は何かを考えることが必要である。

　消費者として消費だけでなく貯蓄においても環境配慮行動ができる。
金融市場や直接投資を通じて環境への配慮に適切な誘因を与えることで
企業や個人の行動を環境配慮型に変えていく仕組みを環境金融という
［環境省，2014：120］。環境を考慮した社会的責任投資（第9章参照）
により働きかけが可能である。社会的責任投資のためにも，企業の環境
への取り組みに関する情報が必要である。自分自身で投資先を選択でき
ない場合には，投資信託会社等による複数の企業を組み合わせたエコ
ファンドへ投資する方法もある。

　環境問題に対する関心は高まってきており，「大量生産・大量消費型
の生活様式を改めること」が重要かについて「大変そう思う」と回答す
る者は34.4％，「ややそう思う」を含むと88.2％が重要と考えている［環
境省，2017］。日頃の暮らしとの関わり（「日常生活における一人ひとり
の行動が，環境に大きな影響を及ぼしている」）についても30.2％が
「そう思う」，57.6％が「ややそう思う」と考えている。しかし，図14-6

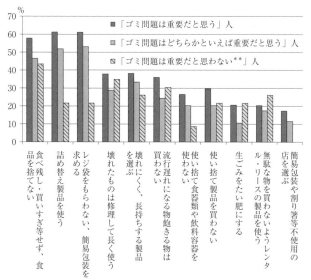

＊日頃ゴミを少なくするために行っている行動
＊＊「どちらかといえば重要だと思わない」を含む
資料：内閣府『環境問題に関する世論調査』（平成 24 年 6 月調査）

図 14-6　ゴミ問題への意識別具体的行動＊実施率

に示すように，重要と考える場合にも必ずしも行動につながっていない[6]。広瀬（1995）は環境配慮の意識と行動のズレに対して，環境配慮行動までの意思決定を態度の形成と行動意識の形成の 2 段階に分け，それぞれへの影響要因を提示している。このモデルでは，態度形成には，環境リスク（環境問題の危機感），責任帰属（自分にも責任の一端があること），対処有効性（行動が問題解決に有効であること）を認知することが関わっており，行動意識形成へは便益費用，実行可能性，社会規範の評価が関わっている。まずは，一人ひとりがどのようなことが環境負荷の大きい行為かを知り，自身の実態を把握することが必要である。例えば，CO_2 削減に取り組もうとする場合，まず図 14-7 に示すような

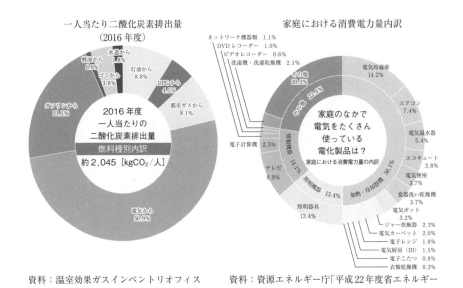

資料：温室効果ガスインベントリオフィス

資料：資源エネルギー庁「平成22年度省エネルギー
政策分析調査事業 家庭におけるエネルギー
消費実態について」

参考：全国地球温暖化防止活動推進センターウェブサイト（http://www.jccca.org/）より

図 14-7　日常生活による環境負荷の例

実態を知ることにより生活の改善点を考えることができる。実態把握の道具の1つに環境家計簿がある。環境家計簿の型は様々であるが，環境の収支を記録するものである[7]。導入コストが課題であるが，家庭のエネルギー関係の機器をつなぎ，エネルギー使用を可視化し管理するホーム・エネルギー・マネジメント・システム（HEMS）の利用も有効である。把握した実態をもとに，PDCA サイクル（行動計画（Plan）→実行（Do）→評価（Check）→見直し（Action））を通じ環境負荷の低減へ繋げていくことができる。

　環境に配慮したライフスタイルの実践は，環境，遠いところに住む誰か，未来の誰かへ向けたものであるだけではなく，現在，そして将来の

自分のためのものでもある。大量生産・大量消費・大量廃棄型社会から循環型社会へ社会・生活のシステムを変革するための行動が一人ひとりに求められている（図 14-8，図 14-9）。基本的な考え方を，経済合理性から環境合理性（経済社会活動を持続的に行えるよう資源効率を高め環境負荷を最小限にとどめるなど，環境が人類にもたらす価値を重視した合理的な判断に基づいて行動すること）［環境庁，1999：82］へと変えていくことが必要である。

　企業活動や行政を担う人も消費者である。一人の人が多様な側面を持ち，その置かれている立場により呼称が異なる。様々な立場に身を置いた場合にも，一人ひとりが常に環境を重視する価値観を持ち，平等，公平に敏感であり，それらに価値をおく姿勢が求められる。価値観の転換について，個人の価値観と相互作用をもつ家庭や社会の支配的な考え方を変える，社会の価値観と相互作用をもつ社会の仕組みを制度や法律により設計変更することで可能となる。自然環境に接し自然の恵沢を直接

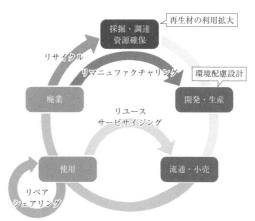

出典：環境省，2018，『第四次循環型社会形成推進基本計画（パンフレット）』p.5

図 14-8　循環型社会

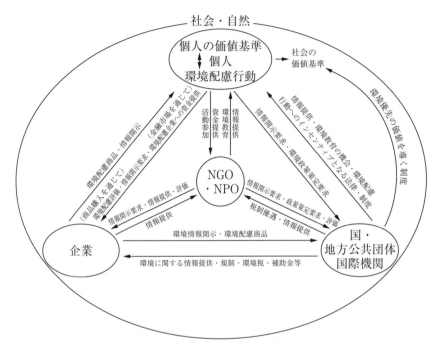

出典：環境庁（1999）p.284 の図をもとに，筆者が独自に作成
出典：重川（2001）p.156

図 14-9　持続可能な社会をつくるための循環

体験として感受する，その感覚は感性として価値観形成の基盤となる。
成長段階に応じた環境教育を生涯教育の中に位置づけ，学ぶべき時に学
ぶ，学びたい時に学ぶことのできる体制をつくり，理性として理解す
る。感性と理性双方への働きかけにより，持続的可能な社会をつくる価
値観を形成することが必要である［重川，2001：156-157］。

【コラム】　持続可能な開発目標（Sustainable Development Goals：SDGs）

　2015 年開催の持続可能な開発サミットにおいて，2030 年までの完全実施を掲げ「我々の世界を変革する：持続可能な開発のための 2030 アジェンダ」が採択された。2000 年採択の「国連ミレニアム宣言」をもとに，2015 年までに貧困や飢餓の解消を目指し，実行された「ミレニアム開発目標（MDGs）」を土台にしている。

　経済成長，社会的包摂，環境保護を調和させながら，「誰一人取り残さない」よう目標達成することを目指している。5 つの P（人間 people，地球 planet，豊かさ prosperity，平和 peace，パートナーシップ partnership を要素とする以下に示す 17 の目標が掲げられている。各目標を具体化した全体で 169 のターゲットが示されている。

　目標 1 ：あらゆる場所で，あらゆる形態の貧困に終止符を打つ

　目標 2 ：飢餓に終止符を打ち，食料の安定確保と栄養状態の改善を達成するとともに，持続可能な農業を推進する

　目標 3 ：あらゆる年齢のすべての人々の健康的な生活を確保し，福祉を推進する

　目標 4 ：すべての人々に包摂的かつ公平で質の高い教育を提供し，生涯学習の機会を促進する

　目標 5 ：ジェンダーの平等を達成し，すべての女性と女児のエンパワーメントを図る

　目標 6 ：すべての人々に水と衛生へのアクセスと持続可能な管理を確保する

　目標 7 ：すべての人々に手ごろで信頼でき，持続可能かつ近代的なエネルギーへのアクセスを確保する

　目標 8 ：すべての人々のための持続的，包摂的かつ持続可能な経済成長，生産的な完全雇用およびディーセント・ワークを推進する

　目標 9 ：レジリエントなインフラを整備し，包摂的で持続可能な産業化を推進するとともに，イノベーションの拡大を図る

　目標 10：国内および国家間の不平等を是正する

　目標 11：都市と人間の居住地を包摂的，安全，レジリエントかつ持続可能にする

　目標 12：持続可能な消費と生産のパターンを確保する

　目標 13：気候変動とその影響に立ち向かうため，緊急対策を取る

目標14：海洋と海洋資源を持続可能な開発に向けて保全し，持続可能な形
で利用する
目標15：陸上生態系の保護，回復および持続可能な利用の推進，森林の持
続可能な管理，砂漠化への対処，土地劣化の阻止および逆転，な
らびに生物多様性損失の阻止を図る
目標16：持続可能な開発に向けて平和で包摂的な社会を推進し，すべての
人々に司法へのアクセスを提供するとともに，あらゆるレベルに
おいて効果的で責任ある包摂的な制度を構築する
目標17：持続可能な開発に向けて実施手段を強化し，グローバル・パート
ナーシップを活性化する

(SDGs 日本語訳：国際連合広報センター「持続可能な開発目標報告 2018」
概要ウェブサイトより)
(http://www.unic.or.jp/activities/economic_social_development/
sustainable_development/2030agenda/sdgs_report/)
資料：国際連合広報センターウェブサイトの SDGs 関係資料を基に作成

（注）

1) ある財（サービスも含む）について，現在だれかが利用している場合，利用する人が増加しても追加費用がかからず（非競合性），ほかの人の利用を排除することが困難（非排除性）な財。このような性質から私的には供給されにくい。

2) 1964 年制定の林業基本法を改正した法律。

3) リデュース，リユース，リサイクルをあわせて 3R，「ごみになるものは断る（Refuse）」を加えて 4R と呼ぶことがある。（図 14-3 参照）

4) 2016 年度からは税率 289 円/CO_2 トン。

5) 住宅地の家庭ゴミを調査している環境省「容器包装廃棄物の使用・排出実態調査（平成 29 年度）」によると，容器包装の占める割合は湿重量比 20.9%，容積比 56.6%。店舗や地域によってレジ袋の有料化を行っているところもあるが，容器包装ゴミ中プラスチックゴミが多く，削減の方策として有料化の義務化が検討されている。国によっては禁止している国もある。

6) 同様の項目を調査内容に含み経年的に調査が実施されている環境省「環境によるやさしいライフスタイル実態調査」の結果では，実施状況はほとんど変化なし，

あるいは低下傾向にあることが示されている［環境省，2018：66］

7)　内容について，行動リストに○×をつけ○の数により実態を把握するものや，エネルギー消費や容器包装物を CO_2 換算して負荷を算出するものなど，媒体について，冊子などの紙のほか，ウェブサイト上で利用可能なものなど様々。

参考文献

淡路剛久「環境法の生成」，阿部・淡路編著『環境法［第 4 版］』（有斐閣，pp.1-29，2011）

後藤則行「環境問題・環境政策の評価基準」植田・森田編『環境政策の基礎』（岩波書店，pp.9-40，2003）

広瀬幸雄『環境と消費の社会心理学』（名古屋大学出版会，1995）

Janicke, Martin and Helmut Weidner eds, *Successful Environmental Policy*, rainer bohn, 1995（M・イェニッケ，H・ヴァイトナー編，長尾伸一・長岡延孝監訳『成功した環境政策』有斐閣，1998）

環境庁『平成 11 年版環境白書総説』（大蔵省印刷局，1999）

環境庁『平成 12 年版環境白書総説』（ぎょうせい，2000）

環境省『平成 14 年版環境白書』（ぎょうせい，2002）

環境省『第三次循環型社会形成推進基本計画の（概要)』（2013a）

環境省『平成 25 年版 環境白書/循環型社会白書/生物多様性白書』（2013b）

環境省『平成 26 年版環境白書/循環型社会白書/生物多様性白書』（2014）

環境省『環境にやさしいライフスタイル実態調査 国民調査の結果 平成 28 年度調査』（2017）

環境省『平成 30 年版 環境白書/循環型社会白書/生物多様性白書』（2018）

加藤尚武編『環境と倫理』（有斐閣，2005）

国際自然保護連合，世界自然保護基金，国連環境計画，世界自然保護基金日本委員会（翻訳）『新・世界環境保全戦略 かけがえのない地球を大切に』（小学館，1991）

村井吉敏『エビと日本人』（岩波書店，1988）

村井吉敏『エビと日本人 II』（岩波書店，2007）

268

内閣府『環境問題に関する世論調査（平成 24 年 6 月調査)』(2012)

大来佐武郎監修『地球環境と市民』(中央法規出版社，1990)

重川純子「環境と生活経営」御船美智子・上村協子編著『現代社会の生活経営』(光生館，pp.143-158，2001)

重川純子・山下綾子「環境配慮行動への動機づけを高める「消費生活と環境」の学習」(『埼玉大学教育実践センター紀要』16，pp.67-72，2017)

高柳彰夫・大橋正明編『SDGs を学ぶ』(法律文化社，2018)

竹内恒夫「地球にやさしい社会への視点」大来監修『地球環境と市民』(中央法規出版社，pp.2-5，1990)

植田和弘・森田恒幸編『環境政策の基礎』(岩波書店，2003)

植田和弘「環境政策と行財政システム」寺西俊一・石弘光編『環境保全と公共政策』(岩波書店，pp.93-122，2002)

WWF,「日本のエコロジカル・フットプリント 2017 最新版」(2018)，(https://www.wwf.or.jp/activities/lib/lpr/20180825_lpr_2017jpn.pdf)

WWF, *Living Planet Report 2018*, 2018〔Aiming Higher. Grooten, M. and Almond, R. E. A.（Eds)〕.

学習課題

1．『環境白書／循環型社会白書／生物多様性白書』などにより，日常生活による環境負荷の状況を調べてみよう。

2．グリーンコンシューマーとはどのような消費者かを説明し，具体的にどのような購買行動をすることかを挙げてみよう。

3．自分自身の生活の環境負荷の実態を把握し，改善のための計画を策定してみよう。

15 | 生活経済の教育

《**目標＆ポイント**》　金融教育，金融経済教育，消費者教育など，生活と経済の関わりを取り上げる教育の必要性が指摘されている。この背景と具体的内容について考える。

《**キーワード**》　金融教育，金融経済教育，消費者教育，規制改革，自己責任化，金融リテラシー，パーソナル・ファイナンス

1. 生活経済に関する教育の必要性

　これまでの章でとりあげたように，家計を取り巻く環境が大きく変化してきている。右肩上がりの就労収入，年齢上昇に伴う収入上昇，安定的な雇用を前提にすることはできない。世帯人員数の減少や進学率の上昇，長寿化など，家計主体の状況も変化してきている。消費者信用や多様な金融商品を活用するためには知識が必要となる。このような変化を背景に，生活におけるお金に関する教育の必要性が高まっている。

　この種の教育で先行しているアメリカにおいても，1990年代後半以降，お金に関する教育を行う主体が公私を問わず増加した。90のパーソナル・ファイナンス（家計や金融）に関する教育プログラム[1]の調査によると，1980年以前に実施されていたものは6%のみ，1980年代に開始したものが16%，65%は1990年代以降にスタートしている［Vitt et al., 2000：14］。日本と同様に，この背景には社会保障への懸念や政府から個人，雇用主から雇用者へと責任の主体の移行があると指摘されている。

2005 年には OECD により「国際レベルでは初めての financial education の大規模な研究の書籍」[前書きより]が出版され[2]，OECD 加盟各国において，金融商品の増加・複雑化，ベビーブーマーの引退，長寿化，年金制度の変化など共通の背景があり，日本を含むいくつかの国の調査によると，おしなべて金融に関する理解や意識が低く，financial education の必要性が高まっていることが指摘されている[OECD, 2005]。

2. 生活経済に関する教育の呼称

生活経済に関する教育として，金融経済教育，消費者教育，金融教育，経済教育などの語が用いられている。金融広報中央委員会が2001年，2003年に実施した「金融に関する消費者アンケート調査」の項目は金融商品に関する事項が大部分であり，消費者にとっての「金融」は限定的であったが，2005年発行の冊子では，金融教育はキャリア教育，経済教育を完全に包含，金銭教育，消費者教育，法教育とも重なりが大きい広範囲の内容を含むものとして提示された[金融広報中央委員会，2005：9]。

海外でも同様に様々な呼称が用いられている。先述のパーソナル・ファイナンス教育プログラムの報告書では，financial literacy education の語が用いられているが，同様の内容を含む教育を示す語として，personal financial education, financial education, savings education, personal finance employee education, workplace financial education, consumer education, consumer finance protection education, investor or investment education, money management education, retirement savings education and retirement education が紹介されている[Vitt et al., 2000：3]。貯蓄，投資，金銭管理など重点をおく内容や，雇用者，退職・退職予定者など教育を受ける対象などにより異なる

呼称が用いられている。これらの教育はいずれも「個人や家族が自分を高める人生の選択をするために不可欠なお金の管理に関する調整能力を備えるもの」でなければならない，とされている。OECDではfinancial education（金融教育）を「消費者/投資家が，金融に関する商品・概念・リスクの理解を高め，情報や教育や客観的なアドバイスを通して，情報に基づいた選択をし，金融のリスクや機会により気づくようになり，助けを求めるところを知り，技能と自信を広げ，自身のお金に関わるよい暮らし（financial well-being）を改善するためほかの効果的な行動をとるようなプロセス」[3]としている［OECD，2005：13］。

3. 家庭の経済環境の変化
―規制緩和，規制改革―

　行政改革の流れの中で，行政による経済的規制の原則自由化等の規制緩和策の推進を目指し，1995年には「規制緩和推進計画」が策定され，その後規制改革，規制改革・民間開放へ引き継がれた。規制緩和，規制改革の目的には，消費者の選択肢を拡大し質の高い多様なサービスを享受できるようにすることがあげられている。

　経済的規制に加え，医療や福祉，労働，教育などの社会的規制の改革も行われている。主に国や地方自治体が担っていた事業についても企業等が担うことが可能になり，消費者にとって選択の幅が広がるが，適切に選択できなければその恩恵は享受できない。自己責任化が推進される中，各個人には，情報を活用し，選択できる能力が必要とされている。

4. 生活経済に関する知識の習得状況

　図15-1には生活経済に関するクイズを7つ示している。あなたはいくつ正解しただろうか。これらは2016年の金融広報中央委員会「金融リ

いずれも１つだけ○を付けてください。⑥は（　　　　　）に数値を記入。

①家計管理やクレジットカードに関する次の記述のうち，適切でないものはどれでしょうか。(46.9)
　1. クレジットカードを自分の収入に合わせて計画的に利用する
　2. クレジットカードの未決済額は，実質的には借金である
　3. 手数料（金利）負担は，リボルビング払いでは生じるが，分割払いでは生じない
　4. 利用代金を支払わないと，以降のカード使用ができなくなることがある
　5. わからない

②一般に「人生の３大費用」といえば，何を指すでしょうか。(47.6)
　1. 一生涯の生活費，子の教育費，医療費
　2. 子の教育費，住宅購入費，老後の生活費
　3. 住宅購入費，医療費，親の介護費
　4. わからない

③金融トラブルに巻き込まれないための行動として，適切でないものはどれでしょうか。(72.4)
　1. 自分の個人情報はなるべく言わない
　2. 金融経済に関する知識を身に付けるよう努力する
　3. 判断に迷ったときは，業者を信じて一任する
　4. 購入しようとする商品の評判をインターネットで確認する
　5. わからない

④保険に関する以下の記述のうち，適切でないものはどれでしょうか。(60.0)
　1. 学生であっても 20 歳以上になると国民年金保険料を納める必要がある
　2. 自動車事故を起こした場合の損害賠償は，自賠責保険により全額カバーされる
　3. 生命保険は，自分や家族の変化に合わせて必要性や保障額を見直すことが望ましい
　4. 医療保険では，加入前に発症した病気について補償されないことがある
　5. わからない

⑤預金保険制度で１千万円まで保護される預金の種類に関する次の記述のうち，適切なものはどれでしょうか。(42.3)
　1. 普通預金だけが保護される
　2. 普通預金，定期預金，外貨預金など全ての種類の預金が保護される
　3. 普通預金と定期預金は保護される
　4. 自己責任の原則から，いかなる預金も保護されない
　5. わからない

⑥100 万円を年率 2% の利息がつく預金口座に預け入れました。それ以外，この口座への入金や出金がなかった場合，１年後，口座の残高はいくらになっているでしょうか。利息にかかる税金は考慮しないでご回答ください。(65.7)
　1.（　　　　　）万円　　　2. わからない

⑦金融商品の契約についてトラブルが発生した際に利用する相談窓口や制度として，適切でないものはどれでしょうか。(73.7)
　1. 消費生活センター　　2. 金融 ADR 制度　　3. 格付会社　　4. 弁護士

質問の後ろの数字は正解率。正解は本章末。
出典：金融広報中央委員会「金融リテラシー調査」(2016 年実施) 質問項目より抜粋

図 15-1　生活経済に関するクイズ

テラシー調査」から抜粋している。金融知識等の正誤問題25件の平均正解率は55.6％である。図15-2に示す領域ごと（表15-3④参照）の正解率では，金融取引の基本，外部知見の活用は比較的高いが，ほかの領域は50％程度である。年齢別では，家計管理を除き，概ね年齢が高い方が正解率が高い。図示していないが，性別正解率は，男性58.1％，女性53.2％と男性の方がやや高い。領域別には，生活設計，家計管理，金融取引の基礎では女性の方が各3ポイント程度高いが，ほかの領域では男性の方が高く，特に，金融・経済の基礎では14.6ポイントの差がある。OECDによる同様の調査では，女性や社会的に不利な層では生活経済に関する理解が低い。一層不利な状況に陥らないためにも教育機会が重要である。様々な属性による理解や意識，態度の違いを踏まえた教育内容や方法の検討が必要である。

　金融知識の獲得状況と金融に関わる行動や考え方には関連がみられる［金融広報中央委員会，2016］。金融経済情報を見る頻度の高さや家計管

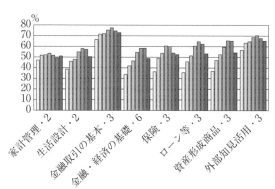

□18-29歳　□30歳代　■40歳代　■50歳代　■60歳代　■70歳代　■合計

注：項目の後ろの数字は質問数

資料：金融広報中央委員会「金融リテラシー調査」（2016）

図15-2　年齢別生活経済に関する知識の正答率

理の実施，金融商品を理解した上での商品選択，損失回避傾向や横並び意識が低めであることと知識の高さは関係している。学生の中で金融教育の受講経験（回答者の認識）の有無別の比較では，受講経験者の方が知識の正答率が高く，望ましい行動を行っている割合が高い。また，金融教育の実施についても，受講経験者の方がより必要性を認識している。学校教育の中では，主に社会科や公民科，家庭科の中で取り上げられているが，実生活の中で活用可能な知識としての定着が課題となっている。

5. 省庁等による経済に関する教育の取り組み

　日本においても，各個人が選択能力を高める取り組みが行われてきた。金融分野では，金利自由化など金融の自由化が進められ，1996 年に始まった金融システム改革（日本版ビッグバン）の推進以降，金融サービス利用者に対する教育の必要性が唱えられた。表 15-1 には 2000 年以降の省庁等による生活の経済に関する教育の主な事項を示している。2000年の金融審議会答申において金融分野における消費者教育の必要性が取り上げられ，2002 年には文部科学省に学校における金融教育の推進を要請した。2004 年には金融経済教育に関する懇談会，2005 年には金融経済教育懇談会が設置されている。2005 年には関係 3 府省庁と金融広報中央委員会（事務局：日本銀行内）により経済教育に関する関係省庁連絡会議が設置され，内閣府では，個々人が自立的な意思決定能力を高めていくことが必要不可欠で学校教育や生涯学習など様々な場や機会を通じ積極的な支援が重要との認識から，経済教育サミットを開催した。

　金融広報中央委員会では，2000 年の金融審議会答申を踏まえ 2002 年には「金融に関する消費者教育の推進にあたっての指針」を作成した。さらに，ペイオフの全面解禁や金融トラブルの増加を背景に 2005 年度を金融教育元年と位置付け，金融教育に関する活動を拡充している。

表 15-1　2000 年以降の省庁等による主な生活の経済に関する教育の展開

年	金融広報中央委員会	金融庁	内閣府・消費者庁（2009 年から）	その他	関連する出来事
2000	「金融に関する消費者教育の推進にあたっての指針」作成。消費者教育の進め方についての連絡協議会〜、金融に関する消費者教育協議会〜	金融審議会答申「21 世紀を支える金融の新しい枠組みについて」において金融分野における消費者教育推進の必要性を指摘			
01					確定拠出年金開始
02		文部科学省に学校における金融教育の推進要請			
03					個人の自己破産件数最大
04	金融経済教育に関する懇談会〜		消費者基本法制定		
05	「金融教育元年」と位置づけ		消費者基本計画（消費者教育は重点項目の 1 つ）内閣府・文部科学省消費者教育連絡協議会〜経済教育サミット		ペイオフ全面解禁
06			関係省庁消費者教育会議。①「消費者教育の体系シート─ライフステージ・トピック」作成		貸金業法改正
07	②「金融教育プログラム─社会の中で生きる力を育む授業とは─」（各学校段階に応じた金融教育の内容提示）		新領域・ライフステージ別の目標に対する学習内容作成	多重債務問題改善プログラムの 1 つに「多重債務者発生予防のための金融経済教育の強化」（多重債務者対策本部）	電子マネー（普及）元年、団塊の世代（1947〜49 生まれ）60 歳に
08		文部科学省に学校における金融経済教育の推進要請			リーマンショック
09					
10				消費者教育フェスタ〜（文部科学省）	
11				消費者教育推進委員会〜（文部科学省）	
12			消費者教育推進法制定。消費者教育推進会議〜		団塊の世代（1947〜49 生まれ）65 歳に
13	金融経済教育推進会議〜	金融経済教育研究会〜	③消費者教育の体系イメージマップ Ver.1.0 作成	「日本経済再生に向けた緊急経済対策」の中、金融資本市場の活性化等において金融経済教育推進	
14	金融リテラシー・マップ（④の内容を年齢別に具体化して提示）				少額投資非課税制度（NISA）開始
15					
16					
17					個人型確定拠出年金（iDeCo）開始
18					民法改正（2022 年 4 月〜成人年齢 18 歳に）確定拠出年金法等改正（継続投資教育の努力義務化）

教育内容を具体的に示したものを斜体字で示している。会議等については単色で囲いのないものには〔 〕をつけている（但し、必ずしも現在まで継続しているわけではない。①から④の番号は表 15-3 に対応）

*金融に関する健全な意思決定を行い、究極的には金融面での個人の良い暮らし（well-being）を達成するために必要な金融に関する意識、知識、技術、態度及び行動の総体〔金融経済教育研究会（2013）p.1〕

各省庁等の資料、ウェブサイト情報を参考に作成

　2004年には消費者保護基本法が大幅に改正され，名称も消費者基本法に変更された。この法律では消費者の権利を明示し，金融分野だけでなく消費生活全般について自主的かつ合理的に行動できる自立した消費者の育成を目指している。消費者基本法に基づき策定された消費者基本計画では，消費者教育の一層の推進強化が掲げられている。2012年には，「消費者が主体的に消費者市民社会の形成に参画することの重要性について理解及び関心を深めるための教育」を教育内容に含む消費者教育推進法が制定された。2018年の民法改正により成人年齢が引き下げられることになり，施行前に集中的に若者向けの消費者教育を推進することになった。金融教育の重要性を認識していたOECDは2008年には金融教育に関する国際的なネットワーク4)を発足させ，金融リテラシーを高めるため国際比較調査や研究，好事例の共有などを行っている。表15-2には各国の取組段階を示している。

表15-2　金融教育に対する各国の国家戦略の段階（2015年時点）

段階	件数	国・地域
改訂中/2回目のものを実行段階	11	Australia; Czech Republic; Japan; Malaysia; Netherlands; New Zealand; Singapore; Slovak Republic; Spain; United Kingdom; United States
初回のものを実行段階	23	Armenia; Belgium; Brazil; Canada; Croatia; Denmark; Estonia; Ghana; Hong Kong, China; India; Indonesia; Ireland; Israel; Korea; Latvia; Morocco; Nigeria; Portugal; Russian Federation[3]; Slovenia; South Africa; Sweden; Turkey
積極的策定の段階	25	Argentina; Chile; China (People's Republic of); Colombia; Costa Rica; El Salvador; France; Guatemala; Kenya; Kyrgyzstan; Lebanon; Malawi; Mexico; Pakistan; paraguay; Peru; Poland; Saudi Arabia; Serbia; Tanzania; Thailand; Uganda; Uruguay; Zambia
計画の段階	5	Austria; Former Yugoslav Republic of Macedonia (FYROM); Philippines; Romania; Ukraine; Zimbabwe

出典：OECD（2015）p.11 より

6. 生活経済に関する教育の分野・領域

生活経済の教育の分野・領域設定

　表 15-3 には，表 15-1 に示した教育内容の例示のある 4 つの体系の項目を示している。①と③は幼児期から高齢期まで②は小学生から高校生まで，各いくつかの段階別に内容が示されている。④では 4 領域・15 項目に区分され，金融経済教育推進会議において小学生から高齢者までのライフステージごとの内容が示されている。

　①と③の消費者教育の体系では，情報や知的財産の利用なども含む消費生活全般に関わる内容が取り上げられている。家計管理や生活設計などは契約（「契約・取引」，「生活の管理と契約」）に含まれている。

　金融広報中央委員会による金融教育（②）は「お金を通じて自分の生活のこと，社会のこと，将来のことをしっかり考える態度を養うことに主眼がある」とされ，生きがいや就労，社会貢献など広範囲な内容を含んでいる。「生活設計・家計管理」には，「ものを大切にすること，我慢の気持ち，意思決定の理解と体得，計画を立てて消費すること，年齢相応の金銭管理の実践，貯蓄の意義と実践，ライフプランニング，預金・株式・債券・生命保険・損害保険の知識，各種金融商品の知識とリスク，リスクとリターン，ローンの仕組みなど」，金融商品に関する知識や選び方などの内容も含まれている［金融広報中央委員会，2005：10］。

　金融経済教育研究会では，「一人の社会人として，経済的に自立し，より良い暮らしを送っていく上で最も基本となるのが「家計管理」と将来を見据えた「生活設計」の習慣」とし，それぞれを金融リテラシーの独立した 1 分野にしている［金融経済教育研究会，2013：8］。

　①から④いずれにも，知識に関する項目だけでなく，態度や行動に関する項目が含まれている。

表 15-3　省庁等による生活の経済に関する教育の領域・内容

①消費者教育の体系シート　項目内容の文末表現は短縮して表示

安全	商品（食品を含む）の安全性等に関する情報を確認し，生命・健康への影響に配慮して，商品を選択・利用
	商品による事故・危害に適切な対処
	安全に暮らせる社会を目指し，消費者の安全を確保するための取組に協力
契約・取引	自己の必要性を満たすために，適切に判断し，合理的な選択
	家計を適切に管理し，合理的な生活設計やお金の使用
	契約の意味・内容や契約上の権利と義務を理解し，契約を誠実に履行
	トラブルにあったときに適切な対処ができるとともに，安心して契約・取引ができる社会を目指し，必要な取組に協力
情報	情報通信を消費生活の向上に役立てる
	個人情報を適切に管理し，自他の権利や利益に配慮して情報通信を適切に活用
	知的財産権に配慮して，他人の創作物などを利用
環境	商品の購入段階において，商品の環境に関する情報を確認し，環境への影響に配慮した商品を選択
	商品の使用・廃棄段階において，物を大切にするとともに，消費生活が環境に及ぼす影響を認識し，適切な対処
	持続可能な社会を目指し，消費生活に関わる環境保全の取組に協力・参加

消費者教育支援センター，2006，消費者教育体系化のための調査研究報告書

②金融教育の内容

生活設計・家計管理	資金管理と意思決定
	貯蓄の意義と資産運用
	生活設計
経済や金融のしくみ	お金や金融のはたらき
	経済把握
	経済変動と経済政策
	経済社会の諸課題と政府の役割
消費生活・金融トラブル防止	自立した消費者
	金融トラブル・多重債務
	健全な金銭観
キャリア教育	働く意義と職業選択
	生きる意欲と活力
	社会への感謝と貢献

金融広報中央委員会，2007，金融教育プログラム―社会の中で生きる力を育む授業とは―

③消費者教育の体系イメージマップ Ver.1.0（消費者教育推進のための体系的プログラム研究会）

消費者市民社会の構築	消費がもつ影響力の理解
	持続可能な消費の実践
	消費者の参画・協働
商品等の安全	商品安全の理解と危険を回避する能力
	トラブル対応能力
生活の管理と契約	選択し，契約することへの理解と考える態度
	生活を設計・管理する能力
情報とメディア	情報の収集・処理・発信能力
	情報社会のルールや情報モラルの理解
	消費生活情報に対する批判的思考力

消費者庁ウェブサイト http://www.caa.go.jp/kportal/search/pdf/imagemap.pdf

④最低限身に付けるべき金融リテラシー（金融庁）

家計管理		適切な収支管理（赤字解消・黒字確保）の習慣化
生活設計		ライフプランの明確化及びライフプランを踏まえた資金の確保の必要性の理解
金融知識及び金融経済事情の理解と適切な金融商品の利用選択	金融取引の基本としての素養	契約にかかる基本的な姿勢の習慣化
		情報の入手先や契約の相手方である業者が信頼できる者であるかどうかの確認の習慣化
		インターネット取引は利便性が高い一方，対面取引の場合とは異なる注意点があることの理解
	金融分野共通	金融経済教育において基礎となる重要な事項（金利（単利，複利），インフレ，デフレ，為替，リスク・リターン等）や金融経済情勢に応じた金融商品の利用選択についての理解
		取引の実質的なコスト（価格）について把握することの重要性の理解
	保険商品	自分にとって保険でカバーすべき事象（死亡・疾病・火災等）が何かの理解
		カバーすべき事象発現時の経済的保障の必要額の理解
	ローン・クレジット	住宅ローンを組む際の留意点の理解 ①無理のない借入限度額の設定，返済計画を立てることの重要性 ②返済を困難とする諸事情の発生への備えの重要性
		無計画・無謀なカードローン等やクレジットカードの利用を行わないことの習慣化
	資産形成商品	人によってリスク許容度は異なるが，仮により高いリターンを得ようとする場合には，より高いリスクを伴うことの理解
		資産形成における分散（運用資産の分散，投資時期の分散）の効果の理解
		資産形成における長期運用の効果の理解
外部の知見の適切な活用		金融商品を利用するにあたり，外部の知見を適切に活用する必要性の理解

金融経済教育研究会，2013，金融経済教育研究会報告書

海外の生活経済の教育の分野設定

　北欧のノルディック・カウンシルによる消費者教育の分野について，2000 年［Nordic Council of Ministers］には，パーソナル・ファイナンス，消費者の権利・義務，商業的説得（commercial persuasion），消費・環境・倫理観，食品，安全の 6 分野，2009 年［Nordic-Estonian Consumer Education Group］には，持続可能な消費と，メディアと技術のリテラシーを中心テーマに，家庭経営と参加，消費者の権利と責任，パーソナル・ファイナンス，マーケティングと商業メディアの 4 分野が設定されている。パーソナル・ファイナンスには，国民経済と家計の関係や，家計の管理のほか，家計改善のための援助情報や環境を視点とした消費などの項目が含まれている。

　イギリスやオーストラリアのファイナンシャル教育では，知識と理解（knowledge and understanding），能力（competence），責任（responsibility），事業（enterprise）の 4 つの視点をあげ，内容を例示している［MCEECDYA，SCCC］。単なるお金の管理に留まらず，消費者の権利と責任，社会的責任など幅広い内容が含まれている。

　OECD では，主要な能力としてお金と取引，計画と管理，リスクと報酬，経済環境の 4 つをあげている。経済環境には消費者保護，権利と責任，教育・情報・助言，詐欺などが含まれている。

7．個人・家庭の経済活動

　教育内容を検討するにあたり，これまでの章の内容を振り返りながら，個人あるいは家庭として行われている経済活動を具体的にあげてみよう。まず，収入を得るには，ほかの主体に労働力を提供する，自分で事業を営む，資産の運用をする，公的年金を得る等政府や地方自治体からの移転，ほかの主体からの移転，過去の蓄えの引き出しなどがある。次

に，得た収入を支出すること，支出内容は消費，貯蓄，投資，保険，税金・社会保険と様々である。消費する場合にはニーズとウォンツを区別しながら優先順位を考える，貯蓄や投資の場合には安全性，収益性，流動性を考えながら商品を選択する，保険の購入では公的な制度による保障の程度，リスク発生時の対応の可能性，必要な保障額，負担可能な保険料を考える，税金・社会保険では負担する必要のある税金や社会保険の種類と金額を理解する，等が必要である。消費や貯蓄・投資の選択では，社会や自然環境への配慮も重要な観点となる。支出額が収入額を上回る場合には借金する場合もあり，借り入れの仕組み（返済方法を含む）の理解が必要である。また，家計が破綻しないように，短期的には家計簿記帳などの方法で家計管理を行う，長期的には物価，金利，雇用，社会保険，税制等々の経済社会環境の見通しをたててライフプランを作成する。フローだけでなくストックの管理も行う。さらに，直接金銭がかかわる活動のほか，家事労働やボランティア活動の無償労働など直接は金銭がかかわらない経済活動を行っている。経済活動を行う単位として世帯，家族を1つとして考える場合とその内部構造，家族・世帯内の経済関係をとらえる場合がある。

8. 個人・家庭が経済活動を行うために必要な 知識・能力

先に示したような経済活動を営むために必要な教育が生活経済の教育である。これらの活動を行う大前提には，貨幣の機能やお金の示す価値についての理解がある。また，経済社会環境が複雑化する中では，個人，家族だけですべてを行うのではなく，必要に応じて相談をしたり，アドバイスを求めることもおきる。消費者団体等に参加し，学習活動をしたり，参加しないまでもその存在意義を理解し，活動の支援を行うこ

とも，広い意味において個人や家庭の経済活動といえる。広義の家庭の経済活動には，団体に参加して，あるいは個人として，よりよい経済活動が営めるような環境づくりを政府や企業などほかの主体に働きかけること，そもそも個人や家族にとって，また社会にとって「よりよい」状態とはどのようなものであるかを考えることも含まれる。

　2012 年の OECD による 15 歳を対象とした調査では金融リテラシーを「金融についての概念やリスクについての知識・理解と，一定の金融場面を超えて効果的に意思決定をしたり，個人や社会のお金に関わるよい暮らし（financial well-being）を改善したり，経済生活に参加できるようにするために，そのような知識・理解を適用できるような技能，動機，自信」と定義している。定義づくりに関わったルサルディは，知識・理解だけでなく効果的な意思決定ができることが目的である点，単なる貯蓄増加や借金減少ではなくお金に関わるよい暮らしの改善が目的であること，個人だけでなく社会に効果的であること，経済生活に参加できるようにすること，の 4 つを革新的な点としており［Lusardi，2015］，単に知識を増やすのではなく，実効性を重視している。

　生活経済の教育の内容には，図 15-3 に示すように，個人や家族の経済

・個人や家族の経済状況に関することとそれをとりまく経済環境・社会の制度に関すること
・金銭を介する経済活動と直接的には金銭を介さない経済活動
・経済社会環境が個人・家族の経済に影響を及ぼす内容と個人・家族の経済が経済社会環境，自然環境に影響を及ぼす内容
・お金の価値
・ニーズとウォンツの区別等消費行動に関すること
・相談したり，連携するなど専門家や他の家庭経済主体の協力を得る

知識・理解，情報収集，情報・状況読解，実行

出典：重川純子（2007）の図に一部加筆

図 15-3　生活経済の教育の内容

状況とそれをとりまく経済環境・社会の制度に関すること，金銭を介する経済活動と直接的には金銭を介さない経済活動，経済社会環境が個人・家族の経済に影響を及ぼす内容と個人・家族の経済が経済社会環境に影響を及ぼす内容，お金の価値，購買行動におけるニーズとウォンツの欲求の区別などが考えられる。これらの事柄について，実態を理解したり知識として知る（知識・理解），情報を収集する（情報収集），状況・情報を読み解く（情報・状況読解），実際に行うことができる（実行）ことが必要である。「行うことができる」中には，家計簿をつける，クレジットカードを適切に使用するなど専ら自分自身の力によるもののほか，相談したり，連携するなど他人や専門家の協力を得るものがある。

　先述の通り，様々な意思決定場面で多選択肢化することが予測される。適切な選択を行うため十分な情報公開が行われることになっている[5]。まず，選択肢の存在，その内容に関する情報を捉える情報収集能力が必要である。次いで，情報収集した選択肢の内容を理解し，選び取る前に予測される結果を考える。例えば，支出（選択）した内容が個人に対して同じ効果をもつ場合，金銭の有効利用という点からは価格が安い方がよい。しかし，価格の背景に環境への配慮や労働者への配慮があるとすると，個人の選択の結果が社会に対しては異なった方向の効果を及ぼすことになる。選び取った後には実際の結果を予測と比べて読み解くなどの，理解力，批判的読解能力が不可欠である。

　様々な分野について個々人や各家庭による情報収集には限界がある。情報は本来読み手が理解できるように提供されることが必要であるが，情報の読解についても収集と同様，消費者側の処理能力には限界がある。必要な情報収集や読解のサービス提供の増加も予測されるが，費用を伴う場合には，必ずしも必要とするすべての人が利用できない可能性もある。すでにウェブサイト上あるいは対面的な関係の中で行われてい

るように，個人同士が連携し，また，専門家・専門職や専門機関とも協力しながら，生活経済に関する情報の発信，共有をすすめるようなあり方が考えられる。それぞれが考えるよりよい経済活動を行うためには，個人や家族が経済活動を行う環境を固定的なものと捉えず，自らが必要と考える環境はどのようなものであるか考え，それを作り出すように働きかける変革能力も必要である。このためにも，居住地域などの空間やネット空間において連携する連携能力が鍵となる。

【コラム】　行動経済学・経済心理学

　人は合理的に選択していると考えられていたが，近年，行動経済学や経済心理学の知見から，必ずしも合理的ではないことが示されている。

　選択肢が多すぎて決められなかったり，情報を十分読まず，目に入りやすい情報だけで判断したり，示された選択肢の中から中程の価格のものを選んだりしたことがないだろうか。どのように合理的でなく選択してしまうのか，自分自身の傾向を知ることも，生活経済の教育内容の 1 つである。

　金融広報中央委員会 ［2012］［2013］，チャルディーニ ［2014］，友野 ［2006］ など参照。

【図 15-1 の正解】
①3　②2　③3　④2　⑤3　⑥102　⑦3

（注）
1) 報告書発行の 2000 年までに実施されているもの。
2) この後，OECD において financial education が積極的に推進されている。
3) いくつかの OECD の報告書の中で細かな表現が異なっているが，ここでは OECD［2005］による。なお原文は以下の通り。"the process by which financial

consumers/investors improve their understanding of financial products, concepts and risks and, through information, instruction and/or objective advice develop the skills and confidence to become more aware of (financial) risks and opportunities to make informed choices, to know where to go for help, and take other effective actions to improve their financial well-being".

4) OECD International Network on Financial Education (INFE) に 115 カ国以上から 260 の公的な機関が参加 (2019 年 2 月時点)。

5) 情報公開が十分でない場合には，公開を求める働きかけが必要である

参考文献

Cialdini, Robert B., Influence : The Psychology of Persuasion, 2008 (ロバート・B・チャルディーニ，社会行動研究会訳『影響力の武器 (第三版)』，誠信書房，2014)

堀田剛吉・村尾勇之編『家庭経済教育の理論と実践』(家政教育社，1984)

金融広報中央委員会『金融教育ガイドブック～学校における実践事例集～』(2005)

金融広報中央委員会『金融教育プログラム―社会の中で生きる力を育む授業とは―』(2007)

金融広報中央委員会『行動経済学の金融教育への応用の重要性』(2012)

金融広報中央委員会『行動経済学の金融教育への応用による消費者の学習促進と行動改善』(2013)

金融広報中央委員会『「金融リテラシー調査」の結果』(2016)

金融経済教育研究会『金融経済教育研究会報告書』(金融庁金融研究センター，2013)

Lois A. Vitt, Carol Anderson, Jamie Kent, Deanna M. Lyter, Jurg K. Siegenthaler and Jeremy Ward, Personal Finance and the Rush to Competence: Financial Literacy Education in the U.S., Institute for Socio-Financial Studies, 2000.

Lusardi, Annamaria, 2015. Financial Literacy Skills for the 21st Century : Evidence from PISA, *Journal of Consumer Affairs*, 49 (3) : 639-659.

Ministerial Council for Education Early Childhood Development and Youth Affairs

(MCEECDYA), National Consumer and Financial Literacy Framework (Revised 2009), 2009.

Nordic Council of Ministers, Consumer Education in the Nordic Countries : Proposal of objectives for and content of consumer education in the compulsory school and at upper secondary school level in the Nordic countries, 2000.

Nordic-Estonian Consumer Education Group, Teaching consumer competences : a strategy for consumer education, 2009.

OECD, Improving Financial Literacy, OECD Publishing, 2005.

OECD, National Strategies for Financial Education: OECD/INFE Policy Handbook, 2015

大澤克美・松尾直博・東條憲二『金融教育の現在と未来』（東信堂，2018）

重川純子「規制改革と家庭経済教育」日本家政学会家庭経済学部会編『規制改革と家庭経済の再構築』（建帛社，pp.202-211，2007）

消費者教育支援センター『消費者教育体系化のための調査研究報告書』（2006）

Scottish Consultative Council on the Curriculum (SCCC), Financial Education in Scottish Schools : A Statement of Position, 1999.

友野典男『行動経済学』（光文社新書，2006）

吉野直行監修，上村協子・藤野次雄・重川純子編『生活者の金融リテラシー』（朝倉書店，2019）

学習課題

1．生活経済に関する教育の必要性が高まっている理由を説明してみよう。
2．金融広報中央委員会のウェブサイト内に掲載されている「金融リテラシー調査」に回答してみて，自分の金融リテラシーを評価してみよう。

索引

●配列は五十音順。＊は人名を示す。

著者紹介

重川純子（しげかわ・じゅんこ）

1965 年	愛媛県に生まれる
1987 年	お茶の水女子大学卒業
1989 年	お茶の水女子大学大学院家政学研究科修士課程修了
現在	埼玉大学教育学部教授
専攻	生活経済学，生活経営学
主な著書	『家計研究へのアプローチ』（共著　ミネルヴァ書房）
	『規制改革と家庭経済の再構築』（共著　建帛社）
	『生活者の金融リテラシー』（共編著　朝倉書店）
	『生活の経済』（編著　放送大学教育振興会）
	『新訂　生活経済学』（放送大学教育振興会）
	『現代社会の生活経営』（共著　光生館）
	『家計簿からみた近代日本生活史』（共著　東京大学出版会）

放送大学教材　1710150-1-2011（ラジオ）

改訂新版　生活経済学

発　行　　　2020 年 3 月 20 日　第 1 刷
　　　　　　2023 年 1 月 20 日　第 3 刷
著　者　　　重川純子
発行所　　　一般財団法人　放送大学教育振興会
　　　　　　〒 105-0001　東京都港区虎ノ門 1-14-1　郵政福祉琴平ビル
　　　　　　電話　03（3502）2750

市販用は放送大学教材と同じ内容です。定価はカバーに表示してあります。
落丁本・乱丁本はお取り替えいたします。

Printed in Japan　ISBN978-4-595-32196-2　C1377